Körper • Geschlecht • Affekt

Birgit Bütow · Ramona Kahl
Anna Stach (Hrsg.)

Körper · Geschlecht · Affekt

Selbstinszenierungen
und Bildungsprozesse
in jugendlichen Sozialräumen

 Springer VS

Herausgeber
Prof. Dr. Birgit Bütow
Ernst-Abbe-Fachhochschule Jena
Jena, Deutschland

Dr. Anna Stach
Bergische Universität Wuppertal
Wuppertal, Deutschland

Ramona Kahl
Philipps-Universität Marburg
Marburg, Deutschland

ISBN 978-3-531-18264-3
DOI 10.1007/978-3-531-18998-7

ISBN 978-3-531-18998-7 (eBook)

Die Deutsche Nationalbibliothek verzeichnet diese Publikation in der Deutschen Natio-nalbibliografie; detaillierte bibliografische Daten sind im Internet über http://dnb.d-nb.de abrufbar.

Springer VS
© Springer Fachmedien Wiesbaden 2013

Gedruckt auf säurefreiem und chlorfrei gebleichtem Papier

Springer VS ist eine Marke von Springer DE. Springer DE ist Teil der Fachverlagsgruppe Springer Science+Business Media.
www.springer-vs.de

Inhalt

2
Wirkung und Rezeption
medialer Inszenierungen bei Jugendlichen

3
Institutionalisierte Jugendbildungs-
und Kulturarbeit

Einleitung: Körper, Geschlecht, Affekt – Selbstinszenierungen und Bildungsprozesse in jugendlichen Sozialräumen

Birgit Bütow / Ramona Kahl / Anna Stach

1. Zugänge und Ziele

Der vorliegende Band versammelt Beiträge, die aus geschlechtertheoretischer Perspektive Selbstinszenierungen und Bildungsprozesse in drei jugendlichen Sozialräumen in den Blick nehmen: In jugendkulturellen Szenen und Gleichaltrigengruppen; in medialen Inszenierungen und Rezeptionsprozessen von Jugendlichen sowie in institutionalisierten Angeboten der Jugendkulturarbeit bzw. im Fußball. Praxen der Selbstinszenierung, die immer auch die Darstellung des eigenen Körpers zusammen mit emotionalem Ausdruck umfassen, sind im Jugendalter gegenwärtig in einem nie gekannten Ausmaß für Geschlechterkonstruktionen bedeutsam. Warum?

Prozesse des sozialen Wandels haben im 20. und 21. Jahrhundert zu Entstandardisierungen, Entgrenzungen und Pluralisierungen von Lebensentwürfen geführt. Im Zuge dessen hat sich auch die westliche Industriestaaten kennzeichnende Polarisierung der Geschlechter verflüssigt. Die neuen Konstellationen machen die Frage interessant, welche Geschlechterkonstruktionen in jugendlichen Sozialräumen gegenwärtig vorzufinden sind und ob mit der Relativierung der Geschlechterpolarisierung auch eine Aufhebung von Hierarchien in jugendlichen Geschlechterbeziehungen einher gehen.

Ziel des Bandes ist erstens, eine Bestandsaufnahme von Geschlechterkonstruktionen in jugendlichen Sozialräumen über empirische Untersuchungen zugänglich zu machen und auszuloten. Zweitens soll der Versuch unternommen werden, Konstruktionsprozesse von Geschlecht mit dem Fokus auf Bildung zu fassen. Drittens soll in der Zusammenschau Auskunft darüber erteilt werden, ob spezifische Tendenzen zu erkennen sind und ob das Kennzeichen lediglich darin besteht, dass es eine Vielfalt gegenwärtiger Geschlechterkonstruktionen von Jugendlichen gibt oder ob sich strukturelle Aspekte von Geschlechterverhältnissen darin zeigen oder es Muster gibt, die über Tradiertes hinausweisen. Schließ-

lich und viertens sollen die Ergebnisse theoretische und empirische Anschlüsse
an sozial- und medienpädagogische Konzepte aufzeigen.

Um diese Zielstellungen des Sammelbandes nicht nur durch die einzelnen
Beiträge zu verfolgen, sondern zusammenfassend hervorzuheben, haben wir die
Einleitung folgend strukturiert: Zunächst skizzieren wir die theoretischen Zugän-
ge von Geschlechterbildungsprozessen im Überblick, welcher das verbindende
bzw. das übergreifende Moment zwischen den einzelnen Beiträgen des Sammel-
bandes heraushebt – dieses sind zum einen sozialräumliche Bildungsprozesse von
Geschlecht, zum anderen die Bedeutung und Bewältigung von Körperlichkeit und
Affekt in Übergängen des Jugendalters. Anschließend stellen wir die einzelnen
Artikel inhaltlich vor und kommentieren diese mit weiterführenden Studien und
Thesen zu unseren Fragestellungen. Inhaltlich folgen wir dabei den drei Sozialräumen von Jugendkulturen / Peers, Medien(-Rezeption) und institutionellen Angeboten. Am Schluss werden weiterführende Überlegungen zu Begründungen
von sozial- und medienpädagogischen Konzepten auf der Grundlage aller Beiträge angestellt. Hierin wird der Begriff von Bildung nochmals aufgegriffen und
als reflexive Geschlechterbildung ausdifferenziert.

Die Idee für den vorliegenden Band geht auf eine Arbeitsgruppe des DGfE-
Kongresses 2010 in Mainz „Geschlechterinszenierungen bei Mädchen und Jungen: Sozialräumliche Beziehungen als Bildungsräume in biographischen Übergängen des Jugendalters" zurück. Darüber hinaus wurden auf der Grundlage des
Konzeptes für den Sammelband bekannte Jugend- und GenderforscherInnen gewonnen und junge NachwuchswissenschaftlerInnen angesprochen, die sich in aktuellen empirischen Studien mit Geschlechterkonstruktionen in Jugendkulturen
und der Medienrezeption beschäftigen. Dadurch entstand die Vielfalt an Inhal-
ten und Generationen der beteiligten AutorInnen.

2. Konstruktionen von Geschlecht als Bildungsprozesse

Konstruktionsprozesse von Geschlecht werden in den Beiträgen als Teil komplexer Bildungsprozesse verstanden. Diese sind offen und durch die Verschränkung
mit gesellschaftlichen Normen der Geschlechterordnung, ihren subjektiven Verarbeitungen und jugendkulturellen Praxen gekennzeichnet. Ergebnisse der qualitativen Genderforschung zeigen, dass Mädchen und Jungen in sozialräumlichen,
informellen Bildungsprozessen postmoderne, flexible Subjektivierungsweisen
bewältigen und ihre Identitätsbildung und sozialen Zugehörigkeiten realisieren.
Diese Bildungsprozesse fungieren aber auch regelhaft als Transmissionsriemen
von gesellschaftlichen Ungleichheitverhältnissen. Daher sind jugendliche Sozial-

räume keineswegs freie, selbstbestimmte Experimentierräume: Peer-Groups greifen in ihrer Kommunikation und Interaktion in komplexer und vielfältiger Weise auf gesellschaftliche Muster und Normierungen zurück.

Im Hinblick auf den individuellen, reflexiven Umgang mit Normierungen scheint der Faktor (schulischer, formaler) Bildung im Zusammenhang mit dem familiären sozialen Milieu die entscheidende Einflussgröße zu sein (vgl. Popp 2007). Eine Studie über Mädchen in Cliquen belegt einerseits eine nahezu durchgängige Wirksamkeit von gesellschaftlichen Normierungen und auch von Sexismus, die Mädchen in unterschiedlicher Weise reflexiv bearbeiten (können), zum anderen eine Beteiligung beider Geschlechter an deren Reproduktion (Bütow 2006).

Geschlecht wird in gemischt-geschlechtlichen und in homogenen Sozialräumen interaktiv und kommunikativ hergestellt – und in biographische Konstruktionen ‚eingebaut'. Viele Prozesse vollziehen sich performativ. In Formen der Selbstinszenierung in Mädchen- bzw. Jungengruppen stehen Körper und Verhalten im Mittelpunkt: Dadurch wird Geschlecht dargestellt, zugleich aber auch kommunikativ bearbeitet. Dieses geschieht, indem bestimmte Stile kommentiert und bewertet werden. Das in diesen informellen Bildungsprozessen erworbene Wissen kann mit anderen Reflexionen über sozialräumliche Aktivitäten zu kohärentem Gender-Wissen entwickelt werden (vgl. Stauber 2007). Reale Widersprüche der weiblichen Biographie bleiben dabei allerdings genauso außen vor, wie auch Konkurrenzen und Hierarchien unter Mädchen und Jungen. Diese müssen meist individuell bewältigt werden und sind daher oft mit individuellen Zuschreibungen von Erfolg und Misserfolg verknüpft.

In gemischt-geschlechtlichen Sozialräumen gehen Bildungsprozesse einerseits als Distinktionspraxen zwischen Mädchen und Jungen vonstatten, andererseits als Versuche und Praxen der Durchkreuzung und Annäherung beider Geschlechtergruppen. Gerade bei letzterem sind Übergänge zu Grenzverletzungen und Sexismus fließend und stets virulent.

Die Beiträge loten die Konstruktionen von Geschlecht als Bildungsprozesse in unterschiedlichen Sozialräumen und Konstellationen aus.

3. Geschlechterkonstruktionen und Körperpraktiken

In der Adoleszenz rückt die Aufgabe, die Veränderung des Körpers in das Selbst zu integrieren, in den Vordergrund. Diese Aufgabe ist mit der Entwicklung weiblicher bzw. männlicher sexueller Identität verknüpft (vgl. z. B. Flaake 2001; Flaake 2005). Der Körper ist daher Teil der Konstruktionsprozesse von Geschlecht und in jugendliche Bildungsprozesse einbezogen. Angesichts der Reflexivität der Körper geraten Körperästhetik und Körperinszenierungen in den Blick. Auf Körperlichkeit und Sexualität bezogene soziale Deutungen und Normen zirkulieren in unterschiedlichen sozialen Kontexten: In medialen Weiblichkeits- und Männlichkeitsbildern, in schulischen Anforderungen und Interaktionen, in Normen und Bewertungen in Gleichaltrigengruppen. Sie enthalten Bedeutungszuschreibungen, eröffnen Spielräume des Denkens, Fühlens und Handelns oder engen sie ein. Auch sind sie geprägt von unbewussten Motiven und impliziten Wissensvorräten im Kontext von Geschlecht.

Cornelia Helfferich hat auf die kulturellen Körperpraktiken als imaginäre Lösungen der kollektiven Problemlagen von Mädchen und Jungen in der Adoleszenz aufmerksam gemacht. Imaginär bedeutet in diesem Zusammenhang, dass die Widersprüche und Konflikte, die zu verarbeiten sind, auf der Ebene der kulturellen Körperpraktiken nicht gelöst werden können. Sie zeigen Verarbeitungen der vorliegenden Konflikte in ihrer intersektionalen Verknüpfung (vgl. Helfferich 1994; S. 9).

Barbara Stauber verfolgt mit ihrem Konzept der jugendlichen Selbstinszenierungen ebenso wie Helfferich eine handlungstheoretische Perspektive, verweist aber auf die Produktivität von Selbstinszenierungen. Diese versteht sie als Handlungspraxis, die Mädchen und Jungen, junge Frauen und Männer kollektiv ausüben (vgl. Stauber 2004). Sie zeigt auf, dass Jugendliche mit Selbstinszenierungen ihre Handlungsfähigkeit erproben „und zwar unter immer neuen Kontextbedingungen, in wechselnden, manchmal aber auch über Phasen hinweg konstant bleibenden Selbstdarstellungen, das heißt in Bewegungs-, Körper-, Kleidungs- und Sprachspielen" (Stauber 2007; S. 34). Angesichts der Entgrenzungs- und Pluralisierungstendenzen verschaffen Selbstinszenierungen Bausteine für die Identitätsarbeit. Sie sind ebenso eine Ressource für die Bewältigung der Anforderungen im Übergang ins Erwachsensein (vgl. Stauber 2007). Hier ist zu ergänzen, dass auch die Darstellung und Wahrnehmung von Emotionen in den Körperinszenierungen eine wichtige Rolle spielen.

Konstruktionen von Geschlecht stehen, wie gezeigt wurde, in engem Verhältnis zu Körperpraxen. Sie werden über Körperpraxen hergestellt, sind oft unbewusst und folgen implizitem Wissen. Sie werden nicht nur kommunikativ sondern auch interaktiv, über habituelle Übereinstimmungen hergestellt. Wird die Frage nach Konstruktionsprozessen von Geschlecht im Zusammenhang mit Körperpraxen aufgeworfen, so ist unumgänglich das Feld der marktbestimmten Massenmedien zu berücksichtigen. Jugendkulturell ausgerichtete Angebote sind fest in unterschiedlichsten Medien vorhanden und relevant. Sie greifen in einem bisher ungekannten Ausmaß in Selbstfindungsprozesse von Jugendlichen ein. Popularisierte Körperinszenierungen und Affektlagen liefern Orientierungsfolien, die immer auch Geschlechterrollen und Körperpraxen vorgeben. Diese medialen Körperinszenierungen bieten Vorlagen, auf die Jugendliche zurückgreifen. Sie werden in Anerkennungspraxen von Peers in den unterschiedlichen Sozialräumen eingebunden.

4. Zugänge und Erträge zu Selbstinszenierungen und Bildungsprozessen in jugendkulturellen Szenen und Gleichaltrigengruppen

Der Beitrag von Birgit Bütow untersucht die Jugendkultur der Skater als konjunktive Erfahrungsräume, die fast ausschließlich für Jungen einer spezifischen Altersphase im Übergang zum Jugendlichen zugänglich sind und von männlichen Jugendlichen in weitgehender Eigenregie gestaltet werden. Charakteristisch für den Sozialraum der Skater ist, dass Geschlechterwissen über habituelle Übereinstimmungen generiert wird. Verbale Kommunikation und Reflexion treten dagegen stark zurück. Der Ausschluss von Mädchen erweist sich, wie Bütow anschaulich zeigt, als die Basis des Erlebens von Gemeinsamkeit der Jungen. Die Herstellung des geschlechtshomogenen Raums dient dazu, die vorhandenen sozialen Differenzen unter den Jungen zu neutralisieren und unsichtbar machen. Der Ausschluss der Mädchen ist wesentlicher Teil des impliziten Geschlechterwissens, das habituell, also nicht reflexiv hergestellt wird und erst in der Gruppendiskussion ins Bewusstsein rückt. Die Exklusionspraxen der Jungen entsprechen einerseits anderen männlich konnotierten Räumen (z. B. Stammtische) – oder sie sind gar gesellschaftlich Normatives wie im Sport – zum anderen sind sie situativ, räumlich und zeitlich begrenzt. Das Zusammensein mit Mädchen außerhalb der Gruppe gehört für die Mehrzahl der Jungen zum (hetero)normalen Jugendlichen-Status. Die Eroberung öffentlicher Räume in exklusiven Jungen-Cliquen hingegen, wie sie für die Skater charakteristisch ist, ist eine sehr effektive Form der männlichen Selbstsozialisation, in der bestimmte Elemente in der weiteren Biographie nutzbar sind, wie etwa Erfahrungen in der Konkurrenz, sich gegenüber anderen durchzusetzen, sich öffentlich zu präsentieren, Erfolg zu haben. Ob diese Muster jedoch immer passfähig sind, ist offen. Wie Cornelia Helfferich in ihrer Studie gezeigt hatte, können gerade Dominanzgebaren und vordergründige Coolness von Jungen dazu führen, dass Schulerfolge und Schulintegration prekär werden (vgl. Helfferich 2009). Das bedeutet, dass Geschlechterkonstruktionen immer an bestimmte institutionelle Rahmungen und biographische Muster gebunden sind. Ihre Wirkung und Bedeutung entfalten sich also kontextuell (vgl. Bütow 2006) oder auch im Sinne einer „ruhenden Ressource" (Budde 2003; S. 74).

Barbara Stauber und John Litau thematisieren anhand ihrer Untersuchung jugendliches Rauschtrinken in informellen Sozialräumen, in denen subjektive und kollektive Selbstinszenierungen – und tendenziell – auch Bildungsprozesse stattfinden. Sie zeigen auf, dass sich das Rauschtrinken zugleich als Risiko- und Schutzraum erweist, in dem die Erfahrung gemacht wird, dass Jugendliche sich umeinander kümmern. Bildungsprozesse bei Mädchen und Jungen beziehen sich demnach gleichermaßen auf Fürsorgepraxen und auf das Experimentieren und Ausloten von körperlichen Grenzen. Die informelle Gruppe fungiert als Bühne für Körperinszenierungen, auf der Geschlechterkonstruktionen eine eher implizite Rolle spielen. Die Untersuchung kommt zu dem Ergebnis, dass die Praxen des Experimentierens mit Körpergrenzen und der Fürsorge Jugendlichen durchaus eine Überschreitung von stereotypen Geschlechterzuschreibungen ermöglichen: Auch Mädchen können sich an exzessivem Rauschtrinken beteiligen, ohne dass sie in tradierte Rollen verwiesen werden, etwa indem sie sich um Jungen kümmern oder indem sie, entweder von sich aus oder auf der Basis der Gruppennorm, nicht soviel Alkohol trinken. Die riskante Praxis der Jugendlichen wird nicht diskreditiert, sondern aus der Sicht der Jugendlichen als körperliche Grenzüberschreitung beurteilt. Auf den ‚pädagogischen Zeigefinger‘ wurde in dem Beitrag von Stauber und Litau ebenso verzichtet, wie auf die Diskussion möglicher gesundheitlicher Folgeschäden. Damit reiht sich der Beitrag über jugendliches Rauschtrinken in die Tradition von Jugendforschung ein, die eine Vielfalt jugendlicher Sozialformen als zeitweilige, phasenspezifische Bühnen von Grenzüberschreitung, der Bewältigung von Übergängen und der jeweiligen biographischen Bedeutung untersucht (vgl. dazu z. B. Bütow 2006; Bütow / Wensierski 2002; Zeller 2009). Er zeigt, dass das Rauschtrinken von Jugendlichen eine offenkundig austauschbare Achse und soziale Praxis ist, in denen sich Mädchen und Jungen experimentell in Gender einüben und sich auch von gängigen Stereotypen lösen können.

Die Untersuchung von Michael Herschelmann nimmt den jugendkulturellen Sozialraum des Rap exemplarisch in den Blick. Er stellt die Frage, warum Rap von männlichen Jugendlichen gehört wird, und welche Funktionen diese Musik in der männlichen Lebensbewältigung hat. Er zeigt anhand von zwei Fallrekonstruktionen auf, dass Schulversagen und Marginalisierung über diese Musik in produktiver oder regressiver Qualität bewältigt werden kann. Marginalisierung und Kränkungserfahrungen werden durch Phantasietätigkeit, die mit den Inszenierungen des Rap verknüpft sind, verarbeitet. Gewalt- und Größenphantasien spielen hier eine zentrale Rolle. Diese verschaffen eine zeitweilige Überwindung von Frustration, Ohnmachts- und Versagenserfahrungen, die im Sozialraum von Schule gemacht werden. Inhaltlich sind die Phantasien an Gewalt gegen Mädchen und Frauen gekoppelt, wie sie für Porno-Rap typisch sind. Die Studie von Herschelmann zeigt, dass die Gewaltphantasien angesichts der Norm des Gewaltverbots kaum zugänglich und thematisierbar sind. Dennoch sind diese virulent und bedeutsam. Ein einseitiger, restriktiver Umgang in sozialpädagogischen Räumen verbietet sich daher. Die Fallanalysen von Herschelmann belegen, dass Jungen durch Rap-Musik biographische Probleme auch produktiv bewältigen können.

Britta Schuboth wendet sich dem Sozialraum der Emo-Szene in Internetforen zu und lotet dort Geschlechterkonstruktionen aus. Darin fokussiert sie männliche Selbst- und Körperinszenierungen und Diskurse über Männlichkeit. Sie möchte aufzeigen, dass in der Emo-Szene solche Männlichkeitskonstruktionen in den Vordergrund treten, die sich von traditionellen Mustern stark unterscheiden. Männliche Körperinszenierungen von Emo-Jugendlichen signalisieren Verletzungsoffenheit, Zurückhaltung und starke Emotionalität. Bestimmte Inszenierungen spielen ganz offen auf sexuelle Orientierungen an, die von der nach wie vor gültigen Norm der Heterosexualität abweichen. Sexualität, Emotionalität und Konflikte werden in den Internetforen umfassend thematisiert. Daher deutet Schuboth diese als jugendliche Sozialräume, in denen alternative Männlichkeiten artikuliert werden und zur Darstellung kommen. Dadurch könnten – so die These – andere Jugendliche ermutigt werden, tradierte Formen von Männlichkeit in Frage zu stellen und neue Optionen für sich zu entdecken. Britta Schuboth macht in ihrem Artikel aber auch deutlich, dass diese neuartigen Konstruktionen umkämpft sind. Das zeigen die Aggressionen und gewalttätigen Übergriffe, denen vor allem männliche Emo-Jugendliche ausgesetzt sind.

Das Web 2.0 bietet neben den festgelegten und stark standardisierten Programmen des Fernsehens auch öffentliche Räume der jugendkulturellen Verständigung, die mit der Vielfalt, dem Nebeneinander vieler Stimmen sowie dem offenen Zugang ein gewisses demokratisches Potential bergen. Clarissa Schär widmet sich in diesem Rahmen der Frage, inwieweit Körperinszenierungen in jugendkulturellen Sozialräumen des Internet gesellschaftlichen Normen und Stereotypen folgen und inwieweit Möglichkeiten zur Erweiterung genutzt werden (können). Ihr Untersuchungsmaterial sind fotografische Selbstportraits von Jugendlichen der Plattform *Festzeit*. Die von ihr durchgeführte Bildanalyse kommt zu dem Ergebnis, dass sich die Selbstdarstellungen stark an geschlechterstereotypen Körperinszenierungen orientieren. Zwar existieren in anderen Netzwerken auch subversive Körperdarstellungen, die mit gängigen Stereotypen konkurrieren, doch solche sind im untersuchten Forum weniger zu finden. Hier generieren übliche geschlechterstereotype Darstellungsmuster der Populärkultur eine normative Linie für die Selbstportraits und stellen eine Vergleichsfolie für die Beurteilungs- und Anerkennungspraxen in dem sozialen Netzwerk dar. Dies verhindert den selbst bestimmten, spielerischen Umgang mit Normen. Für die Jugendlichen in einer Altersphase des Übergangs, der Suche nach Orientierung und Identität lässt sich dieses Phänomen als ein „Sich-Messen" an Vorgefundenem einordnen, vor allem auch aufgrund der gewünschten Anerkennung durch Andere (vgl. auch Bütow 2006).

5. Zugänge und Erträge zu Selbstinszenierungen und Bildungsprozessen in der Wirkung und Rezeption medialer Inszenierungen

In den folgenden Beiträgen zu Rezeptionsweisen medialer Angebote dokumentiert sich eindrucksvoll die Bedeutung und Wirksamkeit von tradierten Geschlechterstereotypen. Die Notwendigkeit der Differenzierung von Geschlechterkonstruktionen im Kontext des sozialen Milieus wird dabei berücksichtigt (vgl. Bohnsack 1989; Bütow 2006).

Die milieuspezifische Bedeutung von Geschlechterkonstruktionen dokumentiert der Beitrag von Anna Stach zum Fernsehformat *Germany's next Topmodel*. Untersucht wurde die Sendung im Hinblick darauf, welche weiblichen Körperphantasien durch die Inszenierungsstrategien transportiert werden und wie diese in gemischt-geschlechtlichen Schulklassen verarbeitet werden. Die Analyse ergibt, dass der weibliche Körper unter den Druck kritischer Begutachtung gerät und sich die Norm des schlanken Leistungskörpers in der Rezeption weitgehend durchsetzt. Die Rezeption ist daher als ein Körperbildungsprozess zu verstehen, in den vor allem normative Geschlechterkonstruktionen eingehen. Jungen und Mädchen mit geringer Bildungsaspiration affirmieren die Körpernormen offensiver als diejenigen mit höherer Bildungsaspiration. In der gemeinsamen Rezeptionssituation, das führt Anna Stach beispielhaft aus, werden tiefe Geschlechterspannungen und –hierarchien sichtbar.

Am Umgang Jugendlicher mit Bildmaterial eines japanischen Jugendcomics (Manga) zeigt der Beitrag von Ramona Kahl geschlechterbezogene hierarchische Rezeptionsprozesse auf. Die Gruppendiskussionen verdeutlichen, dass das wahrgenommene Geschlecht im Bild von den jugendlichen Rezipienten ins Verhältnis zu ihrem Geschlecht gesetzt wird und ihre Einschätzung des Materials ganz zentral bedingt. Darüber hinaus wird das Ich in der sozialen Hierarchie zum aktuellen Thema, das sich sowohl in der geschlechtsbezogenen Kommentierung des Bildmaterials niederschlägt als auch im gruppendynamischen Prozess der Ausgrenzung von MitschülerInnen. Die Jugendgruppen berufen sich auf traditionelle, dichotome Geschlechtervorstellungen, die sie als Norm etablieren und als konsensfähig vorführen. In Peers einer bestimmten Altersgruppe kommt es durch dualistische, geschlechterpolarisierende und –stereotype Distinktionspraktiken zur Reproduktion tradierter Muster. Diese sind offenkundig für Jugendliche in Altersübergängen zeitweilig wichtig.

Die Rezeption geschlechtsbezogener Körperinszenierungen in Fernsehwerbespots durch SchülerInnen untersucht Nina Friese in ihrem Beitrag. Sie thematisiert zum einen die Geschlechterseparation in der Befragungssituation, in der die Jungen sich auf eine Beobachterposition zurückziehen, während die Mädchen sich über ihre Einschätzung der Werbespots austauschen. Die Autorin führt die unterschiedliche Beteiligung der Jungen und Mädchen auf den schulischen Kontext zurück, in dem die Mädchen mit ihren kommunikativen Kompetenzen gegenüber den Jungen strukturell im Vorteil sind. Zum anderen macht sie an der Werberezeption der Schülerinnen deutlich, dass sie in einem Spannungsverhältnis zwischen den medialen Vorbildern und den Werten und Normen ihres Lebensumfelds stehen. Sie diskutieren Authentizitäts- und Attraktivitätsfragen und rekurrieren dabei auf stereotype (weibliche) Schönheitsideale, ohne diesen jedoch in der eigenen Lebensrealität nachzukommen. Der Beitrag macht deutlich, dass die Schülerinnen am Beginn der Pubertät nach Sicherheit über die Aushandlung von Geschlechterrollen und Körperidealen in geschlechtshomogenen Aushandlungsgruppen suchen.

Pinar Tuzcu widmet sich dem Sozialraum des Internet. Sie nimmt transkulturelle Körperinszenierungen der Musikerin und Performerin *Lady Bitch Ray* in den Blick. Die Analyse verschränkt die geschlechtliche mit der ethnischen Selbstdarstellung und zeigt auf, wie *Lady Bitch Ray* sowohl das stereotype Bild der ‚rückständigen, sexuell unbefreiten Migrantin' durchkreuzt als auch gängige Geschlechterstereotype in der (deutschen) Rapkultur. Sie ironisiert und transformiert die Bilder der Frau als Sexualobjekt und des hypermaskulinen, machistischen Mannes. *Lady Bitch Ray* inszeniert dabei eine hybride transkulturelle weibliche Identität und will mit ihren geschlechterreflexiven und transkulturellen Darstellungen Bildungsprozesse anstoßen. Sie selbst fungiert offenkundig als lebendige Option von Intersektionalität. Zugleich dokumentieren die Analysen von Tuzcu, dass es zeitweilige sozialräumliche Optionen gibt, Geschlechter- und andere Normierungen zu durchkreuzen.

6. Zugänge und Erträge zu Selbstinszenierungen und Bildungsprozessen in der Jugendbildungs- und Kulturarbeit

In den Beiträgen werden institutionelle Angebote als sozialräumliche Kontexte von Geschlechterkonstruktionen anhand von empirischen Studien vorgestellt: Dies sind zum einen kulturpädagogische Angebote, zum anderen ein Fußballverein. Mädchen, so der Grundtenor der beiden Beiträge, werden auf sehr unterschiedlich Weise auf ihrem Weg als Jugendliche durch die je unterschiedlichen Rahmungen reflexiv und ermöglichend begleitet.

Mit Bildungsprozessen und Selbstinszenierungen junger Frauen im künstlerischen Bereich setzt sich der Beitrag von Elke Josties auseinander. Sie untersucht jugendliche Bildungsprozesse, die durch Praxen des Breakdance, in Musikbands und der Theaterregiearbeit im Kontext geschlechterreflexiver Jugendkulturarbeit angestoßen werden. An Beispielen von Einzelinterviews und Gruppendiskussionen zeigt sie die Bedeutung von Migration und Geschlecht im künstlerischen Engagement der jungen Frauen auf. Ihre Auseinandersetzungen in geschlechtshomogenen und -heterogenen Sozialräumen kreisen um soziale Anerkennung und Teilhabe. Elke Josties arbeitet heraus, dass sich die jungen Frauen, die an der Jugendkulturarbeit teilhaben, gegen essentialisierende Zuschreibungen und Geschlechterstereotype verwahren. Sie bestehen auf ihrer Individualität, die sie vor allem auch im freien körperlich-künstlerischen Ausdruck verorten. Somit kann aus der Sicht von Mädchen sehr gut beschrieben und analysiert werden, dass Gender-Reflexivität nicht mit Zuschreibungen einhergehen sollte, sondern dass sozialpädagogische Angebote zuschreibungsfreie Ermöglichungsräume sein sollten.

Der spannungsgeladenen Vergeschlechtlichung von Fußballspielerinnen im männlich geprägten Sozialraum Fußball geht der Beitrag von Gabriele Sobiech nach. Anhand von biographischen Interviews wird deutlich, dass die Mädchen sich in der Kindheit einen männlichen Körperhabitus im Sportspiel mit den Jungen aneignen, der mit der Pubertät in eine Krise gerät. Das männliche Sportumfeld reagiert mit Separierung der jugendlichen Mädchen; die weibliche Gleichaltrigengruppe fordert einen weiblichen Habitus und droht bei Nichterfüllung mit Ausgrenzung aus der Mädchengruppe. Die jugendlichen Fußballerinnen eignen sich deshalb in der Pubertät zusätzlich eine weibliche Handlungspraxis an und wechseln selbst als erwachsene Leistungssportlerinnen zwischen einer männlichen und einer weiblichen Körperinszenierung. Dieses bleibt eine biographische, individuelle Bewältigungsleistung. Ob und wie solche Konflikte institutionell begleitet werden (können), muss hier ein offenes Problem bleiben.

7. Sozial- und medienpädagogische Herausforderungen im Kontext von Geschlechterbildung: Anschlüsse und Begründungen aus der Biographieforschung

Bildungsprozesse von Geschlecht – so bleibt resümierend festzuhalten – sind biographische Konstruktionsleistungen, die in den Altersübergängen zwischen Kindheit, Jugend und Erwachsenenalter insbesondere in sozialräumlichen Kontexten stattfinden. Dabei greifen Mädchen und Jungen auf tradierte – ihnen in diesen schwierigen Übergängen Orientierung bietende – Muster zurück. Geschlecht wird daher bei Jugendlichen in ihren Übergängen oft essentialisiert. Dieses deutet auf die hohe Bedeutsamkeit und Wirkung von Geschlechterdualismen und –normierungen hin, die in den Differenzierungspraktiken deutlich werden. Des Weiteren finden sich situative und sozialräumliche Muster der Grenzüberschreitung. Beides kann als konflikthaft vor dem Hintergrund nach wie vor wirksamer Geschlechterverhältnisse und Normierungen beschrieben werden – und begründet auch sozial- wie medienpädagogische Herausforderungen zwischen der Anerkennung und dem Respekt der Eigensinnigkeit des Subjekts und Formen pädagogischer Ermöglichung von Bildungsprozessen. Bei der nach wie vor strukturellen Wirksamkeit von Geschlechterdualismen, die in den vorliegenden Beiträgen herausgearbeitet wurde, gilt es dennoch festzuhalten: Geschlechterkonstruktionen folgen keinen universalistischen Mustern, sondern auf höchst vielfältige und differenzierte Weise als biographische Arbeit. Aus diesem Grund verbieten sich hinsichtlich sozial- und medienpädagogischer Angebote verallgemeinernde Sichtweisen. Vielmehr sind Anschlüsse und Begründungen zu differenzieren. Aufschlussreiche Begründungen können hierbei auch Rückgriffe auf die Biographieforschung liefern, die im Folgenden kurz skizziert werden.

Geschlecht als sozialräumliche „ruhende Ressource" und als biographischer Sinnüberschuss

In sozialräumlichen Kontexten wird Geschlecht auf sehr unterschiedliche Weise affektiv, körperlich und eher „subkutan" erfahren und inszeniert, um dann in jeweiligen Rahmungen von Biographie eingebaut, abgelagert oder genutzt zu werden. Diese Tatsache beschreibt der Begriff „Geschlecht als ruhende Ressource" für sozialräumliche Kontexte (Budde 2003; S. 74). Man spricht hier von einer „Entdramatisierung von Geschlecht" (Faulstich-Wieland / Weber / Willems 2004; S. 217ff.). Um die biographische Bedeutung von sozialräumlichen Erfahrungen hinsichtlich des Geschlechts, im Sinne von Bildungsprozessen präzise zu fassen, sollten die Begriffe der Biographisierung und Biographizität genutzt werden.

An dieser Stelle kann dieses nur angedeutet werden, bedarf aber einer weiteren Ausführung. Die Begriffe Biographisierung und Biographizität sind entwickelt worden, um Lern- und Bildungsprozesse theoretisch zu fassen und institutionelle Arrangements zu begründen (vgl. Alheit 1995; 2003). Biographische Bildungsprozesse können auch als „mitlaufende" Prozesse (Alheit / Dausien 2006; S. 434) charakterisiert werden, die Menschen oft nicht bewusst reflektieren. Über narrative Erzählungen können diese impliziten Wissens- und Erfahrungsbestände sichtbar und einer reflexiven Bearbeitung (im Sinne von individueller Selbstvergewisserung bis hin zur wissenschaftlichen Rekonstruktion) zugänglich gemacht werden. Menschen entwickeln in ihrem Leben einen je spezifischen biographischen Code als Ergebnis und Voraussetzung von (reflexiver) Erfahrungsaufschichtung, Sinnhaftigkeit und somit auch von Bildungsprozessen, die auch als Biographisierung bezeichnet werden kann (vgl. Alheit 2003). In diesen dokumentieren sich zugleich auch inkorporierte gesellschaftliche Strukturen und Verhältnisse. Biographie kann daher in seiner Doppeltheit als Gesellschaftlichkeit von Strukturen und als Subjektivität des Individuums begriffen und analysiert werden. Zu diesen Aspekten von Biographie hat die Genderforschung in den letzten Jahren wichtige theoretische und empirische Beiträge geleistet (vgl. z. B. im Überblick Kraul 2006; vgl. auch Gahleitner / Miethe 2011).

Die „biographische Gestalt" oder Erfahrungscodes von Frauen / Mädchen und Männern / Jungen verkörpern subjektive Verarbeitungsstrukturen und eigene Logiken, die einerseits sinnhaft sind, zugleich aber auch „Sinnüberschüsse" enthalten. Diese wiederum ermöglichen die Bewältigung von unbekannten, nicht alltäglichen Situationen, ohne dass Menschen in grundsätzliche Identitätskrisen geraten. Diese können unter Bezugnahme auf Alheit als Biographizität bezeichnet werden (vgl. Alheit 2003). Sozialräumliche Erfahrungen von Geschlecht (etwa in Skater-Cliquen, in der Schulklasse oder im Fußballverein – vgl. die Beiträge des vorliegenden Bandes) können vor diesem theoretischen Hintergrund hinsichtlich der biographischen Bedeutung als Sinnüberschüsse oder als Potenziale gefasst werden, die im weiteren Leben von Mädchen und Jungen relevant werden können – oder sich gar als dysfunktional und konflikthaft erweisen. Ein mögliches Beispiel für den ersten Fall wären die körperlichen Erfahrungen der Skater im Hinblick auf Konkurrenz und Wettbewerb, die im Zusammenhang mit anderen biographischen Ressourcen genügend transitorische Momente besitzen, um als Prinzipien im späteren Berufsleben zu fungieren. Haben Jungen schwierige soziale Rahmenbedingungen, können diese Sinnüberschüsse zu prekären Bewältigungsmustern führen und damit konflikthaft sein (vgl. Helfferich 2009).

Reflexive Genderbildung

Die Beiläufigkeit von Geschlechterbildungsprozessen, die oft unreflektierte Nutzung von Gender-Potenzialen und Gender-Erfahrungen – die gerade in den nach wie vor noch hierarchischen Geschlechterverhältnissen konflikthaft und problematisch verlaufen können – begründet den professionellen Rahmen von Gender-Bildung. Andererseits bedarf dieser nicht nur einer weiteren kritischen Diskussion und systematischer empirischen Analysen (an denen es bislang fehlt), sondern auch eines Respekts vor der Eigensinnigkeit von Mädchen und Jungen.

Was bedeutet dies für pädagogische Prozesse im Kontext von Geschlechterbildung? Sozialräume, in denen Geschlecht besonders offenkundig thematisiert oder bearbeitet wird, bieten erstens für Mädchen und Jungen Möglichkeiten zur Bildung von Geschlecht (vgl. Bütow 2011). Wenn diese zum Ausgangspunkt für genderreflexive, pädagogische Angebote gemacht werden, die einen weitgehend selbstbestimmten Umgang mit Ambivalenzen und Widersprüchlichkeiten bieten, dann sind Herausforderungen offenkundig. Dies gilt sowohl für den inhärenten Sexismus als auch für andere Benachteiligungsmuster in Jugendszenen. Ob und wie sich diese Muster biographisch insgesamt auf Lebenswege auswirken, ist zweitens eine vollkommen offene Frage. Und wenn es drittens pädagogische, oft geschlechtshomogene Angebote gibt, die Benachteiligungen der Geschlechter ausgleichen sollen (z. B. Skaten oder HipHop für Mädchen), dann werden unstritig wichtige Erfahrungsbereiche eröffnet. Aber auch hier stellt sich die Frage nach der biographischen Bedeutung und ihren Anschlussmöglichkeiten von informeller, non-formaler und formeller Bildung (vgl. Josties 2007; Reißig 2007; Ruile 2010). Es ist daher zu problematisieren, wie Bildungsprozesse von Geschlecht thematisiert werden können, und zwar in einer reflektierten Balance jenseits von Essentialisierung und Universalisierung (vgl. Bütow/Munsch 2012).

Trotz der Wissenslücken über die Verknüpfung der verschiedenen Formen von Bildung scheinen die Vermittlungsfunktionen von sozialpädagogischen Angeboten evident (vgl. z. B. Bock/Otto 2007). Bildung muss – insofern sie Prozesse der Selbstbildung anregen und befördern kann – an biographische und sozialräumliche Voraussetzungen anknüpfen, was sowohl für schulische als auch außerschulische Kontexte gilt (ebd.). Dies gilt daher auch für Bildung, die Gender in den Fokus nimmt (vgl. Josties 2007; Zeller 2009).

In Elke Josties' Analysen zur geschlechtsspezifischen Wirksamkeit von Jugendkulturarbeit kann herausgearbeitet werden, dass Mädchen zwar entsprechende sozialpädagogische Angebote vor dem Hintergrund ihrer biographischen Passung nutzen und ihre Subjektivität entfalten, aber strukturelle Benachteiligungsmuster oft nicht durchbrechen können (vgl. Josties 2007).

Dennoch: (Sozial-)Pädagogische Institutionen können im Vergleich zu anderen sozialräumlichen Kontexten von Familie, Freundschaften und Gleichaltrigen einen Ort bieten, der Bildungsprozesse von Mädchen und Jungen im Sinne von Bewältigungsaufgaben des Heranwachsens professionell fördert und ermöglicht. Bezogen auf Konstruktionsprozesse (besser: sozialräumliche Selbstbildung) von Geschlecht bei Mädchen und Jungen kann genderreflexive Arbeit (vgl. Bütow 2012) als sozialpädagogischer Rahmen verstanden werden, in dem kritische Bildungsarbeit stattfindet, in welchem Mädchen und Jungen die Möglichkeit bekommen, Diskrepanzen und Konflikte zwischen gesellschaftlichen und eigenen Entwicklungsmöglichkeiten zu erkennen und eigene, selbst bestimmte Strategien zu entwickeln. Wie die Beiträge dokumentieren, zeigen sich nach wie vor Ungleichheiten von Mädchen gegenüber Jungen, die einer engagierten politischen Thematisierung bedürfen, aber auch entsprechender professioneller Voraussetzungen, die komplizierten, postmodernen Ungleichheitsmuster in den Lebenswelten von Mädchen und Jungen zu entschlüsseln und zu bearbeiten.

Birgit Bütow, Ramona Kahl & Anna Stach
Mai 2012

Literatur

Alheit, Peter (1995): „Biographizität" als Lernpotenzial. Konzeptionelle Überlegungen zum biographischen Ansatz in der Erwachsenenbildung. In: Krüger, Heinz-Hermann / Marotzki, Winfried (Hrsg.): Erziehungswissenschaftliche Biographieforschung. Opladen, S. 276-307

Alheit, Peter (2003): Identität oder „Biographizität"? Beiträge der neueren sozial- und erziehungswissenschaftlichen Biographieforschung zu einem Konzept der Identitätsentwicklung (Zweitabdruck). In: Petzold, Hilarion G. (Hrsg.): Biographiearbeit – narrative Therapie – Identität. Paderborn, S. 6-25

Alheit, Peter / Dausien, Bettina (2006): Biographieforschung in der Erwachsenenbildung. In: Krüger, Heinz-Hermann / Marotzki, Winfried (Hrsg.): Handbuch erziehungswissenschaftliche Biographieforschung. Wiesbaden, S. 431-457

Bock, Karin / Otto, Hans-Uwe (2007): Die Kinder- und Jugendhilfe als Ort flexibler Bildung. In: Harrig, Marius / Rohlfs, Carsten / Palentien, Christian (Hrsg.): Perspektiven der Bildung. Kinder und Jugendliche in formellen, nicht-formellen und informellen Bildungsprozessen. Wiesbaden, S. 203-218

Bohnsack, Ralf (1989): Generation, Milieu und Geschlecht. Ergebnisse aus Gruppendiskussionen mit Jugendlichen. Opladen

Budde, Jürgen (2003): Zwischen Macho, Freak und Onkel. Männlichkeitsinszenierungen in der Reality Soap „Big Brother". In: Luca, Renate (Hrsg.): Medien. Sozialisation. Geschlecht. Fallstudien aus der wissenschaftlichen Forschungspraxis. München, S. 69-84

Budde, Jürgen (2008): Bildungs(miss)erfolge von Jungen und Berufswahlverhalten bei Jungen / männlichen Jugendlichen. Bildung – Bildungsforschung, H. 23, Berlin und Bonn

Bütow, Birgit / Wensierski, Hans-Jürgen von (2002): Jugendcliquen in Ostdeutschland. Biographische und ethnographische Analysen. Forschungsbericht. Jena

Bütow, Birgit (2006): Mädchen in Cliquen. Sozialräumliche Konstruktionsprozesse von Geschlecht in der weiblichen Adoleszenz. Weinheim

Bütow, Birgit (2010): Mädchenarbeit in der Sozialpädagogik. In: Matzner, Michael / Wyrobnik, Irit (Hrsg.): Handbuch Mädchen-Pädagogik. Weinheim und Basel, S. 286-299

Bütow, Birgit (2011): Sozialräumliche Konstruktionsprozesse von Geschlecht in der weiblichen Adoleszenz. Betrifft Mädchen, H. 3, S. 108-113

Bütow, Birgit (2012): Genderperspektiven in der Bildung. In: Bütow, Birgit / Munsch, Chantal (Hrsg.): Soziale Arbeit und Geschlecht. Herausforderungen jenseits von Universalisierung und Essentialisierung. Münster, S. 142-159

Bütow, Birgit / Munsch, Chantal (2012) (Hrsg.): Soziale Arbeit und Geschlecht. Herausforderungen jenseits von Universalisierung und Essentialisierung. Münster

Faulstich-Wieland, Hannelore / Weber, Martina / Willems, Katharina (2004): Doing Gender im heutigen Schulalltag. Empirische Studien zur sozialen Konstruktion von Geschlecht in schulischen Interaktionen. Weinheim und München

Flaake, Karin (2001): Körper, Sexualität und Geschlecht. Studien zur Adoleszenz junger Frauen. Gießen

Flaake, Karin (2005): Junge Männer, Adoleszenz und Familienbeziehungen. In: King, Vera / Flaake, Karin (Hrsg.): Männliche Adoleszenz. Frankfurt und New York, S. 99-119

Gahleitner, Silke Birgitta / Miethe, Ingrid (2011): Biografie. In: Ehlert, Gudrun / Funk, Heide / Stecklina, Gerd (Hrsg.): Wörterbuch Soziale Arbeit und Geschlecht. Weinheim und München, S. 75-77

Harrig, Marius / Rohlfs, Carsten / Palentien, Christian (2007) (Hrsg.): Perspektiven der Bildung. Kinder und Jugendliche in formellen, nicht-formellen und informellen Bildungsprozessen. Wiesbaden

Helfferich, Cornelia (1994): Jugend, Körper und Geschlecht. Die Suche nach sexueller Identität. Opladen

Helfferich, Cornelia / Burda, Silke / Baßler, Bianca / Pfeiffer, Petra / Rißler, Georg / Wagner, Rainer (2009): Bildungschancen und Geschlechterverständigung von Mädchen und Jungen mit eingeschränktem Bildungshintergrund. Forschungsbericht. Freiburg (unveröffentlicht)

Josties, Elke (2007): Jugendkulturarbeit mit Mädchen und jungen Frauen. Biographische Fallstudien. In: Rohmann, Gabriele (Hrsg.): Krasse Töchter. Mädchen in Jugendkulturen. Berlin, S. 253-269

Kraul, Margret (2006): Biographieforschung und Frauenforschung. In: Krüger, Heinz-Hermann / Marotzki, Winfried (Hrsg.): Handbuch erziehungswissenschaftlicher Biographieforschung. Wiesbaden, S. 483-498

Popp, Ulrike (2007): Kontextuelle Zugänge der Geschlechter zu Bildungsprozessen. In: Harrig, Marius / Rohlfs, Carsten / Palentien, Christian (Hrsg.): Perspektiven von Bildung. Kinder und Jugendliche in formellen, nicht-formellen und informellen Bildungsprozessen. Wiesbaden, S. 63-80

Reißig, Birgit (2007): Sozialkompetenzen sichtbar machen und für den Ausbildungs- und Berufsweg nutzen. Bericht zur Erprobung des DJI-Portfolios „Soziale Kompetenzen". Wissenschaftliche Texte 2 / 2007, Halle / München

Ruile, Anna Magdalena (2010): Lernen in Jugendszenen. Ein Ausweg aus sozialer Ungleichheit im Bildungssystem? Marburg

Stauber, Barbara (2004). Junge Frauen und Männer in Jugendkulturen. Selbstinszenierungen und Handlungspotentiale. Opladen

Stauber, Barbara (2007): Selbstinszenierungen junger Szene-Aktivistinnen. Gender-Konstruktionen in Jugendkulturen. In: Rohmann, Gabriele (Hrsg.): Krasse Töchter. Mädchen in Jugendkulturen. Berlin, S. 32-44

Zeller, Maren (2009): Die Bedeutung der Kategorie Geschlecht als ein Aspekt biographischer Bildungsprozesse. In: Behse-Bartels, Grit/Brandt, Heike (Hg.): Subjektivität in der qualitativen Forschung. Opladen und Farmington Hills, S. 201-213

1
Jugendkulturelle Szenen und Gleichaltrigengruppen

Bildungsprozesse von Geschlecht in konjunktiven Erfahrungsräumen von Jugendkulturen – Das Beispiel der Skater

Birgit Bütow

1. Aufwachsen unter den Bedingungen von Entgrenzung

Mädchen und Jungen wachsen gegenwärtig unter entgrenzten gesellschaftlichen Rahmungen auf (vgl. Gille et al. 2006; Grunert/Krüger 2000; Kötters/Krüger/Brake 1996), die in besonderer Weise biographische Bewältigungs- und Konstruktionsleistungen erfordern. Im Gegensatz zu früher gibt es heute kaum mehr deutlich voneinander abgetrennte Frei- und Entwicklungsräume zur Unterscheidung der einzelnen Lebensalter: Mädchen und Jungen müssen sich gleichermaßen bereits sehr früh mit den künftigen Verwertungslogiken ihrer Bildungswege, also mit den Lebenswegen als Erwachsener auseinander setzen, so dass das Jugendalter bereits in den letzten 20 Jahren bei Kindern als Zugehörigkeits- und Reifekriterium an Bedeutung gewonnen hat (Sardei-Biermann 2006). Andererseits verschwimmen die Grenzen zwischen Jugend- und Erwachsenenalter. Die Konsequenz dieser Entwicklungen ist, dass die Altersphasen und Statusübergänge zumindest auf institutionell immer weniger vorgegeben werden (etwa im Rahmen von Gesetzen oder Altersvorgaben hinsichtlich von Bildungsabschlüssen und – wegen). Menschen müssen daher erheblich mehr individuelle biographische Konstruktionsleistungen als früher aufbringen (vgl. ausführlicher Bütow 2008). Das kalendarische Alter verliert in den letzten 20 Jahren seine Orientierungsfunktion für den Erwachsenenstatus im Zusammenhang mit den Entwicklungen in der Erwerbs- und Wohnsituation sowie mit veränderten Formen der privaten Lebensführung (vgl. Stecher 1996).

In Anbetracht erodierender Orientierungsschemata in der Gesellschaft sind die Anforderungen zur Bewältigung von Übergängen und zur Konstruktion von Identität in der Sozialisation für Mädchen wie Jungen gestiegen (vgl. auch Stauber 2004). Es stellt sich die Frage, wie Geschlecht konstituiert wird. Wie gelingt es Mädchen und Jungen angesichts diffuser Geschlechtervorbilder und diffundierender gesellschaftlicher Institutionen, sich auf der individuellen, biographischen Ebene stimmig bzw. kohärent zu entwickeln? Welche Bedeutung haben Peers und ihre sozialen Interaktionen?

Im vorliegenden Beitrag soll diesen Fragen nachgegangen werden, indem Geschlechterkonstruktionen als sozialräumliche Bildungsprozesse gefasst und empirisch beschrieben werden (vgl. auch Bütow 2012; Zeller 2009). Dazu wird in mehreren Schritten vorgegangen: Zunächst werden Jugendkulturen und Peers als sozialräumliche Rahmungen skizziert, die eine immense Bedeutung in der Bewältigung von Übergängen in der Adoleszenz und damit auch bei der Konstruktion von Geschlecht haben. In einem zweiten Schritt werden Bildungsprozesse von Geschlecht biographisch und sozialräumlich gefasst, um sie dann mit dem Konzept der konjunktiven Erfahrungsräume einer empirischen Analyse methodologisch zugänglich zu machen (vgl. Bohnsack 2003; Bohnsack et al. 2001). Dieses soll dann exemplarisch in einem dritten Schritt anhand von Bildungsprozessen in männlich konnotierten Erfahrungsräumen verdeutlicht und diskutiert werden. Dabei wird Bezug auf eine bereits abgeschlossene Studie zur Bedeutung von Jugendcliquen und Jugendkulturen bei der Bewältigung von Übergangen im Jugendalter (Bütow / Wensierski 2002; Bütow 2006) genommen.

2. Die Bedeutung von Jugendkulturen und Peers bei der Konstruktion von Geschlecht

Jugendkulturen und Peers, die in den letzten 20 Jahren gegenüber Institutionen (wie z.B. Schule, Ausbildungseinrichtungen, Familie) an Bedeutung gewonnen haben (vgl. Bütow / Wensierski 2002; Harring 2007; S. 243f.), sind wichtige sozialräumliche Rahmungen für Jugendliche und junge Erwachsene in der Bewältigung von Altersphasen und anderen biographischen Übergängen geworden.

Empirische Analysen (vgl. Bütow 2006; vgl. auch Rohmann 2007; Stauber 2004) konnten zeigen, dass Konstruktionsprozesse von Geschlecht zentrale Bedeutung bei der Bewältigung von Übergängen der Kindheit, Jugend und Erwachsenenalter haben. Der in der Forschung verwendete Begriff des Erwerbs von Genderkompetenzen in diesen Konstruktionsprozessen als Fähigkeit, sich selbst stimmig und authentisch in seiner Geschlechtszugehörigkeit zu inszenieren (vgl. Stauber 2007), greift im Hinblick auf die Prozesshaftigkeit zu kurz und ist einseitig funktional ausgerichtet. Wenn Konstruktionsprozesse von Geschlecht als biographische und sozialräumliche Bildungsprozesse erfasst werden sollen, ist der wissenssoziologische, auf Berger und Luckmann zurückgehende Begriff des impliziten und expliziten Genderwissens angemessen (vgl. Berger / Luckmann 2000). Dieses Wissen ermöglicht es Jugendlichen, Geschlechtercodes zu dechif-

frieren, sich dazu in Beziehung zu setzen und ggf. von Zumutungen zu distanzieren, sich also reflexiv zu Anderen zu verhalten. Komplexe Verschlüsselungen
und Widersprüche von Gender müssen dechiffriert und in eigene Identitätskonstruktionen integriert oder daraus ausgeschlossen werden. Parallel dazu bilden
die Integration und Anerkennung von Mädchen und Jungen in Peer Groups bzw.
Jugendkulturen den zentralen sozialräumlichen Rahmen, um diese Kompetenzen interaktiv und kommunikativ zu entwickeln und individuell abzugleichen.
Im Spannungsfeld von Integration und Anerkennung in die Gruppe der Gleichaltrigen einerseits, und der Anforderung, eigene Wege und Zuschreibungen zu
finden andererseits, entstehen so Widersprüche. Diese zeigen sich insbesondere
auch in Mustern der Anerkennung und Integration in der Schule, welche oft denen der Anerkennung in Cliquen diametral gegenüberstehen und mitunter schulische Bildungsverläufe erschweren (vgl. dazu Helfferich 2009; Krüger et al. 2010).
So kann der coole Skater in der Freizeit viel Anerkennung durch Gleichaltrige
bekommen, in der Schule hingegen sind andere Fähigkeiten erforderlich, so dass
Coolness nicht immer zum Erfolg, sondern oft zur Bagatellisierung von Anforderungen im Lernen mit den entsprechenden Leistungseinbußen führt (vgl. ebd.;
vgl. auch Pfaff et al. 2010).

Biographisch relevante soziale Kategorien wie Alter, Milieu und Geschlecht
sind miteinander verschränkte Konstruktionsleistungen in der Wechselwirkung
mit den unmittelbaren sozialräumlichen Bezügen, die jeweils situativ in Interaktion und Kommunikation erbracht werden und sich in biographischen Mustern und Identitäten sedimentieren (vgl. Bütow 2006). Peer Groups greifen in der
Kommunikation und Interaktion in komplexer, komplizierter und sehr vielfältiger Weise auf gesellschaftliche Muster und Normierungen zurück (Medien, mit-
tel- und unmittelbare Vorbilder und Inszenierungen). Im Hinblick auf den individuellen, reflexiven Umgang mit Normierungen scheint der Faktor Bildung im
Zusammenhang mit dem familiären sozialen Milieu die entscheidende Einflussgröße zu sein. Jugendliche aus bildungsferneren Kontexten haben einerseits gegenüber anderen größere Schwierigkeiten, sich gegenüber tradierten Normierungen von Geschlechterrollen reflexiv zu verhalten oder sich gar davon in ihrer
Lebensplanung zu distanzieren (vgl. Böhnisch/Funk 2002; Bohnsack 1989). Andererseits kann in empirischen Analysen gezeigt werden, dass Mädchen soziale
Differenzen und tradierte Rollenmuster in ihrem Distinktionspotenzial durchaus
reflexiv nutzen (Bütow 2006). Dies zeigt sich z. B. darin, dass Mädchen mit einem bildungsoptimistischen Lebensentwurf Beziehungen zu Mädchen und Jungen anderer sozialer Zugehörigkeit und tradierten Geschlechterrollen haben, um
sich der Stimmigkeit des eigenen Entwurfes zu versichern – etwa wenn Abituri-

entinnen enge Beziehungen zu Jugendlichen mit gescheiterten Lebensentwürfen haben. Diese können als (zeitweilige) Protest- und Abnabelungsmuster von Mädchen charakterisiert werden.

Mädchen wie Jungen müssen die diffuser werdenden Übergänge des Alters, des Geschlechts, der biographischen Gestaltung des Lebenslaufs (d. h. auch die Bearbeitung von Lebensformen und Formen der Integration in den Arbeitsmarkt) individuell bewältigen – und sowohl vor sich selbst als auch gegenüber anderen legitimieren. Die institutionellen Unterstützungsangebote sind häufig nicht passfähig, so dass es bei einer vorwiegend individuell zu erbringenden Übergangsleistung bleibt. Peers und Jugendkulturen können dabei wichtige Impulse zur Selbstthematisierung und Selbstorganisation in einer flexiblen Gesellschaft geben. Andererseits haben ältere Studien über Jugendkulturen gezeigt, dass die Unterstützungspotenziale hier eher geringer sind (vgl. z. B. Helsper et al. 1991). Auch die eigene Studie belegt zum einen die Bedeutung von sozialen Ressourcen (Elternhaus / Erziehungsstil und Beziehungsqualität der Eltern, Bildung, soziales Milieu), zum anderen die nahezu durchgängige Wirksamkeit von gesellschaftlichen Normierungen, aber auch von Sexismus, die Mädchen ganz unterschiedlich reflexiv bearbeiten bzw. bearbeiten können.

In allen Sozialräumen der Bewältigung der Jugendphase, aber insbesondere in denen des Übergangs zum Erwachsenenalter sind Normierungen, Ambivalenzen und Widersprüche des Lebenslaufs evident (vgl. Erzinger 2009; Fend 2009; Gille 2008).

Ein weiterer Aspekt ist bei der Konstruktion von Geschlecht in sozialräumlichen Kontexten wichtig: Geschlecht wird interaktiv und kommunikativ hergestellt. Das heißt, viele Prozesse gehen nicht intendiert und bewusst vonstatten. Demnach ist der körperlichen, nicht-sprachlichen Ebene entsprechende Aufmerksamkeit zu schenken. Auch hier bieten sich sozialräumliche Zugänge an. Bei der Raumaneignung spielen Formen der Selbstinszenierung und Selbstdarstellung im Zusammenhang und in der Wechselwirkung mit *Körperlichkeit* (z. B. bei HipHopern, Skatern oder Graffitis) eine zentrale Rolle. Demnach können der Okkupation von öffentlichen Territorien, die quasi zur ‚Bühne' körperlicher Inszenierungen werden, zentrale Funktionen bei der Konstruktion von Geschlecht zugewiesen werden. Mit der Aneignung von Räumen ist zugleich verknüpft, dass Mädchen und Jungen Kompetenzen zur Interpretation, zur Sinngebung, zur Umdeutung der darin eingeschriebenen kulturellen Muster entwickeln, um als Dazu-Gehörige zu gelten bzw. sich davon zu distanzieren.

Dennoch sind Sozialräume von Gleichaltrigen keine entkoppelten Moratorien, sondern Transmissionsriemen und Bildungsräume für erschwerte, diffusere individualisierte Übergänge. Geschlechterkonstruktionen bewegen sich nicht im entgrenzten Raum jenseits der Institutionen, sondern sind Teil der Geschlechterordnung. Vielmehr scheint Geschlecht, gerade in Anbetracht wachsender Diffusitäten, zu einer Sicherheit, Ordnung und Orientierung bietenden sozialen Bezugsgröße zu werden. Geschlechterkonstruktionen gewinnen durch körperliche Zuweisungen eine scheinbare Eindeutigkeit, die Sicherheit und Orientierung in einer diffuser werdenden Gesellschaft und den Altersübergängen bieten. Die Eindeutigkeit von körperlichen Inszenierungen stellt sich augenfällig im sportlichen Wettbewerb ein, wie etwa in Skater-Szenen. Andererseits ist die körperliche Inszenierung eine ideale Projektionswand für Mehrdeutigkeiten, Uneindeutigkeiten, Maskeraden und Parodien, die in vielen Jugendkulturen und auch Medien Raum für Phantasien, Ausprobieren, Ausleben von Geschlecht in den verschiedensten Tönungen bietet. Dies kann in allen Szenen identifiziert werden: In allen spielen körperliche Inszenierungen, Darstellungen und Verkleidungen eine zentrale, identifikatorische Rolle (vgl. Rohmann 2007). Insofern ermöglichen Sozialräume, in denen Geschlecht besonders offenkundig und körperlich thematisiert wird – egal mit welchen Implikationen – Konstruktionen von Geschlecht. Das Potenzial zur Entwicklung von Bewältigungskompetenzen zur Bildung von persönlichkeitsrelevanten Aspekten des Mädchen- oder Junge-Seins in sozialräumlichen Kontexten liegt somit auf der Hand. Eine besondere Form von Bildung von Geschlecht im Sinne von Eindeutigkeit bieten körperliche, wettbewerbsbezogene Inszenierungen.

Es stellt sich daher das Problem, wie diese Bildungsprozesse empirisch wie auch theoretisch zu fassen sind, will man nicht auf der deskriptiven Ebene stehen bleiben oder einen normativen, pädagogisierenden (Harrig 2007; S. 252ff.), einseitig „adultozentristischen Blick" (Rose/Schulz 2007; S. 275) auf jugendliche Gender-Inszenierungen verfolgen. Ein anderes Problem besteht in der biographischen Relevanz und Nachhaltigkeit von Bildungsprozessen in der Adoleszenz. Die Befunde zur Konstruktion von Geschlecht – insbesondere der sozialräumliche, situative und interaktive Herstellungsprozess von Geschlecht – scheint die These zu belegen, dass hier Vorsicht im Hinblick auf Biographisierungen angebracht ist. Andererseits kann in einigen Studien gezeigt werden, dass Geschlecht als „ruhende" Ressource angesehen werden kann, die eine situative Passung oder Aktivierung in entsprechenden interaktiven Kategorisierungsprozessen erfahren kann (vgl. z. B. Karl 2011; 222 ff.; Meuser 2010).

3. Bildungsprozesse in konjunktiven Erfahrungsräumen

Der Begriff Bildung ist angemessen, um die Eigenaktivität bei der Entwicklung von Konzepten und Handlungsstrategien des Selbst zu fassen[1]. Bildung folgt einer sozialen und individuellen Eigenlogik und kann gewissermaßen als ein „offenes Projekt" charakterisiert werden. Bildung ist ein Prozess, der nur vom Individuum selbst zu realisieren ist, der es ermöglicht, über sich und die Welt (kritisch) zu reflektieren. Dieser kann nicht qua Pädagogik kognitiv oder gar normativ mit Zielvorstellungen besetzt „vermittelt" werden. Bildungsprozesse entziehen sich einer fremdbestimmten, normativen „Verzweckung" (Hornstein 2004: 18).

Wie werden Bildungsprozesse theoretisch gerahmt und somit empirisch zugänglich gemacht? Viele der vorliegenden Studien arbeiten explizit oder implizit mit normativen Behauptungen und theoretisch begründeten Wahrscheinlichkeitsrelationen. Typisch sind in diesem Zusammenhang auch die Problematiken der Trennung zwischen „objektiver" gesellschaftlicher Realität und „subjektiver Erfahrungen" handelnder Akteur/innen in der empirischen Forschung (vgl. ausführlich Bohnsack 2003). Dies betrifft insbesondere quantitative Studien: Die detailreiche Längsschnitt- bzw. Intervallstudie von Helmut Fend zu Lebensverläufen und Lebensbewältigung (vgl. Fend et al. 2009) weist beispielsweise mit Statistiken generative, milieubezogene Bildungsprozesse im Hinblick auf soziale Bewältigungskompetenzen nach. Hier bleiben statistische Unschärferelationen, trotz der Plausibilität der Erklärungen mit dem Generationen-Ansatz. Auch qualitative, ethnographische Studien (z. B. Analysen von Krappmann und Oswald zu Gender-Interaktionen bei Schulkindern vgl. Krappmann / Oswald 1995) stützen sich oft (oder auch „unter der Hand") in der Erklärung ihrer Ergebnisse auf psychologische Theorien (in diesem Falle auf das Konzept des „Lernens am Modell" oder auch auf das Konzept des „sozialen Lernens").

Konstruktionsprozesse von Geschlecht erfordern hingegen einen mehrdimensionalen Zugang und eine die verschiedenen Ebenen integrierende Methodologie, wie auch die Überwindung der Trennung der für die Forschung typischen Leitdifferenz von „objektiver Realität" und „subjektiver Erfahrung". Diese bietet sich mit der maßgeblich von Ralf Bohnsack entwickelten dokumentarischen Methode auf der Grundlage und Weiterentwicklung des Konzepts des konjunktiven Erfahrungsraums von Karl Mannheim an. An dieser Stelle können wichtige Prämissen dazu nur sehr verkürzt skizziert werden.

---

1   Der biographische Bildungsbezug folgt übrigens einer längeren Tradition in der Jugendforschung, die sich bis zu Marianne Kieper (1980) zurück verfolgen lässt und erst in jüngeren Studien wieder aufgegriffen wurde (vgl. Bütow 2006; Zeller 2009).

Über die Einbindung in konjunktive[2] Erfahrungsräume konstituieren Menschen in und durch kollektive Handlungspraxen ihre Zugehörigkeit zu sozialen Gruppierungen. Diese erscheinen als Aufschichtung biographischer Erfahrungen, die bestimmte Gemeinsamkeiten und Erlebniszusammenhänge, ein bestimmtes, gemeinsames implizites und explizites „Wissen" aufweisen. Dies kann als ein in die Handlungspraxis eingelassenes und diese Praxis orientierendes und damit impliziertes Erfahrungswissen beschrieben werden. Menschen konstituieren demnach nicht nur ihre Zugehörigkeit handelnd, sondern auch ihre soziale Realität. Diesem Zusammenhang folgend, können subjektive Erfahrungen und objektiv scheinende Realität nicht getrennt werden.

Demnach ermöglicht ein solcher Zugang der Überwindung der Leitdifferenz von „objektiver" Realität und subjektiven Erfahrungen eine Rekonstruktion von Prozessen der Genese, Herstellung und Reproduktion von Wissen und Erfahrungen. Diese erschließen sich empirisch, indem der dazu gehörige (individuelle wie kollektive) Erfahrungsraum dazu systematisch und methodologisch begründet in Beziehung gebracht wird. Im Gegensatz zur wissenssoziologischen, phänomenologischen Analyse, in deren Mittelpunkt das WAS, die Rekonstruktion von sozialen Tatsachen, ihrem Immanenten stehen, geht es in der prozessrekonstruktiven oder auch „genetischen" Analyse um das WIE, also um Herstellungsprozesse und Praxen von Sinn generierenden Wirklichkeitskonstruktionen. Diese Handlungspraktiken können sowohl über kommunikative Inhalte – z. B. über Gruppendiskussionen – als auch über Beobachtungen prozess- und sequenzanalytisch mit der dokumentarischen Methode rekonstruiert werden. Auf diese Weise können Typiken der Konstruktion von Geschlecht vor dem Hintergrund konjunktiver Erfahrungen und habitueller Übereinstimmungen herausgearbeitet werden, wie sie sich im Rahmen von sozialräumlichen Kontexten von Peers zeigen und in bestimmten Mustern dokumentieren. Geschlechterkonstruktionen als konjunktives Wissen wurzeln in gemeinsamer Praxis bzw. in Erfahrungen von vergleichbaren Handlungszusammenhängen. Es kann davon ausgegangen werden, dass dieses konjunktive Wissen von Gender kein rational-reflektiertes ist, sondern durch gesellschaftliche Erwartungen und Normative, durch weitere, in der Sozialisation relevante soziale Rahmungen (Familie, Milieu) gebrochen und modifiziert wird.

Bohnsack konnte in seinen Studien zur Bedeutung von Peers (vgl. Bohnsack et al. 1995) zeigen, dass unsichere, prekäre Rahmungen und Sozialisationshintergründe von Jugendlichen dazu führen, dass habituelle Übereinstimmungen

---

2   Konjunktiv bedeutet auf der sprachlichen Ebene „verbindend". Die wissenschaftliche Bedeutung erschließt sich jedoch nur umfassend aus dem Konzept, das maßgeblich von Bohnsack entwickelt wurde.

im Sinne der Konstitution von konjunktiven Erfahrungsräumen eher handelnd in Aktionismen, denn in direkter Kommunikation hergestellt werden. Er prägt unter Bezugnahme auf Karl Mannheim dafür den Begriff des habituellen Handelns, der im Gegensatz zum kommunikativen Handeln nicht auf wechselseitigen Interpretationsprozessen basiert, sondern auf einer erlebten, gemeinsamen Handlungspraxis und einer Erlebnisaufschichtung. So können bspw. kollektive, situative Aktionismen von Hooligans als habituelles Handeln zur Bewältigung prekärer Sozialisationserfahrungen beschrieben werden. Sozialisationserfahrungen und biographische Geschichten, für die es kein unmittelbares kommunikatives Pendant gibt, können auf diese Weise episodal zur Entfaltung gebracht und somit Zugehörigkeit konstituiert werden.

Demnach ist dieser Zugang auch geeignet, um komplizierte Prozesse der Konstruktion von Geschlecht theoretisch wie empirisch aufzuschließen. Zugleich können damit Konstruktionsprozesse von Geschlecht als Bildungsprozesse erfasst und beschrieben werden. Diese Bildungsprozesse werden sowohl kommunikativ als auch interaktiv durch implizites bzw. explizites Wissen und Erfahrungen konstituiert und stets erneut moduliert.

4. Skating als männlicher Sozialraum

Skater-Szenen setzen sich oft fast ausschließlich aus Jungen verschiedenster Altersgruppen zusammen. Sie konstituieren sich – im Gegensatz zu den eher performativen Jugendkulturen des HipHop – über körperliche Inszenierungen und einen expliziten Ausschluss von Mädchen bzw. jungen Frauen.

Das folgende Fallbeispiel stammt aus einem abgeschlossenen Forschungsprojekt (vgl. Bütow/Wensierski 2002), in dem 43 biographische Interviews mit Jugendlichen im Alter von 14 bis 19 Jahren und 13 Gruppendiskussionen (Freundschaftscliquen, Schulcliquen, jugendkulturelle Grupperungen, deviante Jugendliche) sowie etliche Experteninterviews durchgeführt und ausgewertet wurden. Ergänzend wurden Video-Selbstporträts erstellt. Die Auswertung des Datenmaterials erfolgte mit der dokumentarischen Methode (vgl. Bohnsack 2003).

Zum Sozialraum der Skater

Zur Clique gehören etwa zehn Jungen, die zum Zeitpunkt der Gruppendiskussion im Alter von ca. 18 Jahren waren. An der Diskussion nahmen drei Jungen teil – Abdul, Endor und Jerry. Mit Zweien von ihnen konnte anschließend jeweils noch ein biographisches Interview vereinbart und durchgeführt werden.

Aus dem Gespräch wurde für die Fallanalyse unter dem Aspekt des geschlechtshomogenen Sozialraums eine typische Passage ausgewählt, in der das Skaten in seiner sozialen und kulturellen Bedeutung sowie in seiner Rahmung als Jungenraum interaktiv sehr dicht entfaltet. Das Video-Selbstporträt konnte im Sinne einer Triangulation damit in Beziehung gesetzt werden.

Entstehung und Entwicklung von *Jump* im Kontext der örtlichen Skater-Szene[3]

Die Zugehörigkeit und Integration in die Skaterclique beginnt etwa im Alter von 13, 14 Jahren. Durch den zunehmenden Kompetenzerwerb beim Skaten und der damit verbundenen sozialen Anerkennung entwickeln männliche Jugendliche ihre personale und soziale Identität. Die jeweils ältesten und erfahrensten Skater stehen innerhalb der Szene an der Spitze der Statushierarchie und haben deshalb auch Vorbildfunktionen. Die Aneignung von öffentlichen Territorien und die szeneimmanente Hierarchie, die sich entsprechend der sportlichen Virtuosität konstituiert, ermöglichen es den Jungen, dieses nicht nur als Karriere und Statusgewinn innerhalb der Szene wahrzunehmen, sondern auch als Aufmerksamkeitsbonus der Öffentlichkeit – der sich insbesondere auf Mädchen sowie Erwachsene fokussiert. Mädchen gelten als „schmeichelnde Spiegel" der Jungen (Bourdieu 1997; S. 203, zitiert nach Schulze 2007; S. 98). Während es den Jungen eindeutig darauf ankommt, den anwesenden Mädchen zu imponieren, geht es bei Erwachsenen – v. a. Sicherheitsdiensten – um die Auseinandersetzung um legitime Normen im öffentlichen Raum sowie um Ansprüche Jugendlicher auf autonome Nutzung von Territorien.[4]

Nach längeren Bewährungsproben kristallisiert sich aus der vormals etwa 50 Jungen umfassenden Szene ein Kern von etwa 10 Skatern heraus, die eine verschworene Gemeinschaft bilden – eine sogenannte „Posse" – und Mädchen zeitweilig und räumlich bewusst ausschließen. Die Exklusion bezieht sich ausschließlich auf die nur für die Jungen zulässigen Skater-Terrains und –Praktiken, nicht aber auf die gemeinsam veranstalteten Parties und andere fast „familiär" betriebenen Aktivitäten, wo auch Mädchen dabei sind. Die Skater, so zeigen die biographischen Porträts, haben zum Teil schon sehr lange Beziehungen zu Mädchen,

---

3   Die Fallanalyse basiert auf zwei biographischen Interviews, die mit der dokumentarischen Methode ausgewertet wurden (vgl. auch Bütow 2006; S. 113ff.). Die Ergebnisse wurden mit Sequenzen des Videoselbstporträts trianguliert.

4   Dieses Ergebnis kann insbesondere aus dem Video-Selbstporträt anhand der Analyse mehrerer Sequenzen herausgearbeitet werden. Die Themen „Mädchen", „Souveränität im öffentlichen Raum", „Grenzerfahrungen" haben eine herausragende Bedeutung bei den jugendlichen Selbstinszenierungen.

die jedoch außerhalb der Skater-Szene gepflegt werden. Die drei Jungen befinden sich am absehbaren Ende ihrer Skaterlaufbahn und am Beginn anderer Ausbildungsabschnitte. Demnach handelt es sich beim Skaten um eine phasentypische, auf die Adoleszenz bezogene Freizeitaktivität. Ausbildung und Paarbeziehungen gewinnen bei allen Jungen gegenüber dem Skaten zunehmend an Bedeutung.

Die „Posse" als mädchenfreier Raum

Im Videoselbstporträt zeigt sich, dass die Exklusion von Mädchen eine implizite Norm der Jungen ist, die von allen geteilt, interaktiv beim Skaten entfaltet und zur habituellen Übereinstimmung gebracht wird. Erst in der Gruppendiskussion entfaltet sich diese vorher implizite Norm auch kommunikativ:

> *Endor:* *weil, wir haben keine Mädels. Das (.) hat uns glaub ich schon vor einigem anderen Stress bewahrt.*
>
> *Abdul:* *Das sagt der Richtige.*
>
> *Endor:* *nee, ich meine jetzt die Skaterclique an sich sehe vom-vom-vom Sportgefühl her, dann (.) äh, is es jetzt nich so, dass der eine mit irgend nem Mädel aus der Clique zusammen gewesen is, un dann is Schluss und dann der andere und dann gab's Stress. Also so was gibt's. Aber das is mehr entfernt, (   )nich auf's Skateboard fahren beziehen. Das uns, globe ich, schon einige mal (.) bewahrt. Vor (   ) Stress.*
>
> *Abdul:*   *also bei uns   Was-was ich eigentlich sagen wollte, bei uns muss schon (.) sehr viel kommen, so um uns auseinander zu reißen, sag ich mal.*
>
> *Jerry:* *Auf jeden Fall.*

An dieser Passage wird deutlich, dass sich die Norm des Ausschlusses von Mädchen nicht unmittelbar aus der Reflexion von konkreten Erfahrungen im kollektiven Handlungsrahmen entwickelt hat, sondern sich scheinbar zufällig als Vorteil und Spezifikum ihrer Clique herausstellt: Zur unmittelbaren sportlichen Gemeinschaft bzw. zum Teamgeist der Jungen („Sportgefühl") passen Mädchen nicht dazu. Allerdings räumen die Jungen ein, Beziehungen zu Mädchen außerhalb der Clique zu haben, was auch in den biographischen Porträts herausgearbeitet werden kann. Die Jungen konstruieren einen geschlechtshomogenen Raum und Rahmen, worin das weibliche Geschlecht ausgeschlossen wird: Der Zusammenhalt innerhalb der Posse funktioniert trotz möglicher Divergenzen und Unterschiede dadurch, dass man diesen auf sportliche Praxen und Kriterien fokussiert. Ganz

selbstverständlich scheint dabei, das andere Geschlecht auszugrenzen – immer-
hin ist dieses gesellschaftliche Normalität bei vielen Sportarten und im schulischen Sportunterricht. In der Eigentheorie der Jungen stecken jedoch noch weitere Aspekte: Sie pflegen mit dem demonstrativ betonten Zusammenhalt und der
Gemeinsamkeiten auf dem Asphalt einen bestimmten Mythos von unverbrüch-
lichen ,side-by-side'-Beziehungen. Ein paar Passagen später werden ihre Differenzen artikuliert: Die Jungen messen dem Outfit eine unterschiedliche Bedeutsamkeit zu. Auch die Gründe zum Skaten sind heterogen. Das Skateboard und
der sportliche Rahmen sowie die Exklusion von Mädchen innerhalb dessen bilden hingegen das Gemeinsame und Verbindende, den fiktionalen Rahmen, innerhalb dessen die Jungen von Unterschieden zwischen ihnen abstrahieren können
und sich auf das Wesentliche – nämlich körperliche Virtuosität und Erlangung
von einem entsprechenden Status – zu konzentrieren. Dadurch gelingt die Inklusion von Jugendlichen mit höchst unterschiedlichen, teilweise sogar unvereinba-
ren jugendkulturellen Stilen, was der ehemalige Punker Endor und der sich vorher eher im rechten Spektrum bewegende Abdul deutlich belegen. Die Reduktion
der Zugehörigkeit zu den Skatern auf körperliche Geschicklichkeit und somatische Merkmale von Geschlecht demonstriert nur scheinbar einfach strukturierte, bipolare Muster. Vielmehr kann gezeigt werden, dass von der Aneignung öffentlicher Räume wichtige sozialisatorische Impulse ausgehen, die wiederum zu
Bestandteilen des individuellen Selbstverständnisses bzw. der Identität werden:
Wahrnehmung, Anerkennung, Erfahrung von Status und Hierarchie, Normen-
und Werteaneignung (wie z. B. Anstrengungs- und Leistungsbereitschaft), um
nur einige zu nennen. Auch die Exklusion von Mädchen ist fundamental für die
Sozialisation zu Jungen bzw. Männern: Im Wettbewerb mit den somatisch Gleichen können Jungen nicht nur einen Bezug zum eigenen Geschlecht herstellen –
also sich in den anderen wiedererkennen und vergleichen –, sondern auch Erfahrungen mit ihrem sozialen Status machen. Unterstützt und begleitet wird dieser
Prozess durch interaktiv hergestellte Gemeinsamkeiten von spezifischen Ritua-
len, die keinerlei verbaler Kommentierung bedürfen, sondern universell gültig
sind. Den Jungen gelingt so durch sozialräumliche, sportliche Aktivitäten, handelnd habituelle Gemeinsamkeiten herzustellen. Dieses Strukturmerkmal von
Skatern, nonverbal das Verbindende und Faszinierende dieses Wettbewerbs bzw.
Fahrens auf dem Board miteinander zu kommunizieren, zeigt sich in der Äußerung von Endor, dass das eine „Lebenseinstellung" sei, die man niemandem von
außerhalb vermitteln könne. Auch im Videoselbstporträt gibt es eine Fülle von
symbolischen Inszenierungen der Gemeinsamkeit: Beim Trinken von Alkohol,
bei gespielten Gewalt- und Schuss-Szenen, bei Szenen des Ekel-Ertragens, beim

Rauchen von Joints. Auch demonstrative Coolness, das Abspalten jeglicher Gefühlsregungen spielt eine durchgängig zentrale, konstitutive Rolle.

Die Exklusion von Mädchen aus diesen und den sportlichen Aktivitäten als kollektiver Bezugsrahmen ermöglicht es zudem, dass Spannungen und Konkurrenz zwischen Jungen, die sich aus der Anwesenheit des anderen Geschlechts im sportbetonten Sozialraum ergeben (würden), aber auch andere Wettbewerbs- und Statusaspekte, von sich gewiesen und zeitweilig ausgeklammert werden können. Der Ausschluss des anderen Geschlechts hat deshalb nicht nur die Funktion, einen geschlechtshomogenen Raum zu konstruieren, sondern auch soziale Unterschiede des eigenen Geschlechts symbolisch zu thematisieren und zu verorten – und zwar außerhalb ihres unmittelbaren Handlungsrahmens.

Ein weiterer Aspekt wird in der obigen Passage implizit kommuniziert und sind zentraler Teil des habituellen Handelns: Mädchen stellen die symbolische Geschlechterordnung der Jungen in Frage. Damit ist die Herstellung und Verteidigung von Geschlechterdifferenzen existenziell notwendig, um sich als Jungen zu behaupten. Dieses ist insbesondere in Übergängen von Kindheit zur Jugend immens wichtig.

Der Aufmerksamkeitsbonus der Skater innerhalb der Jugendlichen der Stadt zeigt sich in vielen Gruppendiskussionen und biographischen Interviews, worin die getroffenen Deutungen unterstützt werden können. Zugleich dokumentiert dieser Bonus die Effizienz dieser Form von männlicher Selbstsozialisation, die möglicherweise langfristige Folgen für die weitere biographische Entwicklung der Jungen haben kann. Außerdem sichern die an sportliches Können gekoppelten Aufstiegsmuster eine personelle Erneuerung aus der jeweils nachwachsenden Generation – und bilden damit ein bereits vorhandenes Erfolgsmodell männlicher Sozialisation. Die Kommunikationsmuster in der örtlichen Szene sorgen zudem für Mythenbildungen um die „Matadoren des Asphalt" und auch für einen steten Statusgewinn und eine gewisse Tradierung von Territorien und möglichen Lorbeeren als Skater – ein Ruf, der bis in die Schulen als Informations- und Orientierungsbörsen für jugendkulturelle Vielfalt reicht bzw. zunehmend in Internetplattformen kommuniziert und kommentiert wird (vgl. z. B. www.duffbeers. de). Dieser Transmissionsriemen garantiert auch, dass der geschlechtshomogene Rahmen des Sozialraums der Skater weitgehend dadurch konsistent bleibt, indem die kulturelle Symbolik des Boards eindeutig Jungen zugeschrieben wird und zugleich die Exklusion von Mädchen enthält.

Die Vehemenz und Stetigkeit der Reproduktion männlicher Sozialräume in der Skater-Szene ist demnach nicht nur der Bipolarität von Sportarten zuzuschreiben, sondern einer Vielzahl von begünstigenden Funktionen, die die Szene männlicher Sozialisation bietet. In Anbetracht diffuser werdender Muster von Männlichkeit scheint aber ein wesentlicher Faktor darin zu bestehen, dass Jungen hier sehr deutliche, körperbezogene und unmittelbare Distinktionsmuster erleben und Facetten männlicher Identität entwickeln können. Die in dem Video-Selbstporträt der Skater-Posse inszenierten Sequenzen dokumentieren die Suche nach Eindeutigkeit, etwa in den Normen des Erlaubten und Erträglichen im Alkohol- und Drogenkonsum, etwa in eindeutigen Männlichkeitsstereotypen von Gewalttätigkeit, Überlegenheit, von Kraft und Geschicklichkeit, von inszenierten „unernsten Wettbewerbsspielen" (vgl. auch Meuser 2010).

5. Biographische Bildungsprozesse durch Skating im Jugendalter?

Ob und inwieweit sich diese Erfahrungen, Wissensbestände und Einübungen in Männlichkeit in der weiteren Biographie, in der beruflichen Sozialisation oder in der Partnerbeziehung als funktional und tragfähig erweisen, ist eine offene Frage und ist auch in empirischen (Längsschnitt-)Studien noch nicht nachgewiesen.

Die Anerkennung sportlicher Virtuosität wie auch die Konstitution von Statuspositionen bezieht sich auf konkrete sozialräumliche Kontexte. Möglicherweise können diese Identitätskonstruktionen wie auch Kompetenzen in anderen Kontexten keine Anerkennung erzielen oder erweisen sich als nicht erwünscht (vgl. auch Rose / Schulz 2007; S. 281ff.). Analysen von Nicolle Pfaff und anderen (2010) zeigen, dass körperbezogene Anerkennungspraxen im Jugendalter insbesondere in unteren und mittleren sozialen Schichten, in höheren sozialen Schichten hingegen weniger bedeutsam sind. Die Einschätzung von Michael Meuser, dass Formen der männlichen Vergemeinschaftung die „libido dominandi" des Mannes mit ihrer doppelten Distinktionslogik – die Abgrenzung und der Wettbewerb unter Männern und die Dominanz gegenüber Frauen – befördern würde (Meuser 2010), muss daher einerseits dahingehend relativiert werden, dass es sich um räumlich und zeitlich begrenzte Aktivitäten handelt. Andererseits werden durch körperbezogene Inszenierungen und Wettbewerb bestimmte, zu Männlichkeitsnormen und männlicher Identität nach wie vor passfähige Muster gebildet, die im Sinne von „ruhenden" Bildungsressourcen ihre Funktionalität situativ entfalten und somit weitere Bildungsprozesse befördern können. Unter Bezugnahme auf die Studie von Pfaff et al. (2010) kann festgestellt werden, dass formale Bildungsoptionen dabei eine wichtige Rolle spielen. Jungen mit einem bildungsoptimistischen Lebensentwurf stehen demnach vielfältige soziale Felder von Anerkennung offen, während Jugendliche mit geringen Aufstiegschancen sich andere Formen suchen müssen, in denen Überlegenheit und Wettbewerb eine wichtige

Rolle spielen können. Oft gelingt dieses jedoch nur in prekärer Weise bei Jungen, etwa bei Jungen mit Migrationshintergrund in Form von Gewalt in der Schule (Helfferich et al. 2009).

Es bleibt festzuhalten, dass die kommunikativen und habituellen Handlungen der Skater (sichtbar in Körperinszenierungen) zu Bildungsräumen werden, indem sie der Selbstverortung dienen und die Gestaltung von sozialräumlichen Kontexten ermöglichen. Jungen konstruieren ihr Geschlecht angesichts diffuser Geschlechtervorbilder und diffundierender gesellschaftlicher Institutionen auf verschiedene Weisen, aber insbesondere durch Integration und gegenseitige Bezugnahme in Peers. Anhand der vorgestellten Gruppe der Skater konnte gezeigt werden, wie sich Geschlecht als Bildungsprozess konstituiert: Die darin involvierten Jungen transformieren in der körperlichen, sportlichen Virtuosität ihr implizites Wissen und Erfahrung als Jungen und konstituieren durch gegenseitige Bezugnahme eine habituelle Übereinstimmung – und damit den Rahmen von Jungen, die sich in der Übergangsphase vom Kind zum Jugendlichen bzw. als Jugendlicher befinden. In der sportlichen Virtuosität erfahren sie wesentliche Momente von Männlichkeit wie Stärke, Konkurrenzverhalten, Coolness (Abspaltung von Gefühlen und Schwäche) und Dominanz in unmittelbarer Rückmeldung durch Andere. Damit sind zwei wesentliche Aspekte von Bildung im weiter vorn genannten Sinne enthalten: Das implizite und explizite Wissen über sich selbst (z. B. Was kann ich? Wie wirke ich? Wo stehe ich?), als auch das „Wissen von Welt" (z. B. wie sind die anderen Jungen? Wie sind Erwachsene? Wie sind Mädchen?) konkretisiert sich so situativ und interaktiv. Ob und wie sich diese Bildung im weiteren Lebenslauf als biographische Ressource erweist, müssen die weiteren Erfahrungen und Praxen zeigen.

Der männlich konnotierte Rahmen ist dabei nicht nur ein einfacher geschlechtshomogener Raum, sondern er markiert implizite Konstruktionsprozesse von Geschlecht bei Jungen, die die beschriebenen Bildungsprozesse ohne Anwesenheit von Mädchen ermöglichen und zugleich bestimmte Hierarchisierungsprozesse befördern, nämlich die Präsenz und Wahrnehmung von Jungen in der Öffentlichkeit und die effektive Selbstsozialisation. Dass diese oft institutionell passfähig sind, wenn es um berufliche Aufstiegsmuster geht, zeigen die nach wie vor vorhandenen Geschlechterasymmetrien (vgl. z. B. Fend 2009).

Literatur

Berger, Peter L./Luckmann, Thomas (2000): Die gesellschaftliche Konstruktion der Wirklichkeit. Eine Theorie der Wirklichkeit. Frankfurt/M., 17. Auflage

Böhnisch, Lothar/Funk, Heide (2002): Soziale Arbeit und Geschlecht. Theoretische und praktische Orientierungen. Weinheim und München

Bohnsack, Ralf (1989): Generation, Milieu und Geschlecht. Ergebnisse aus Gruppendiskussionen mit Jugendlichen. Opladen

Bohnsack, Ralf (2003): Rekonstruktive Sozialforschung. Einführung in Methodologie und Praxis qualitativer Sozialforschung. Opladen

Bohnsack, Ralf/Loos, Peter/Schäffer, Burkhard/Wild, Bodo (1995): Auf der Suche nach Gemeinsamkeit und die Gewalt in der Gruppe. Hooligans, Musikgruppen und andere Jugendcliquen. Opladen

Bohnsack, Ralf/Nentwig-Gesemann, Iris/Nohl, Arnd-Michael (2001): Die dokumentarische Methode und ihre Forschungspraxis. Grundlagen qualitativer Sozialforschung. Opladen

Bütow, Birgit (2006): Mädchen in Cliquen. Sozialräumliche Konstruktionsprozesse von Geschlecht in der weiblichen Adoleszenz. Weinheim und München

Bütow, Birgit (2008): Der subjektive Altersstatus im Zeitvergleich. Vom Brüchigwerden sozialer Kategorien. In: Gille, Martina (Hrsg.): Jugend in Ost und West seit der Wiedervereinigung. Ergebnisse aus dem replikativen Längsschnitt des DJI-Jugendsurvey. Schriften des Deutschen Jugendinstituts: Jugendsurvey 4. Wiesbaden, S. 83-118

Bütow, Birgit/Wensierski, Hans-Jürgen von (2002): Jugend und Jugendcliquen in Ostdeutschland. Biographische und ethnographische Analysen. Forschungsbericht, Jena (unveröff.)

Erzinger, Andrea B. (2009): Langzeitfolgen familiärer Beziehungserfahrungen im Jugendalter für partnerschaftliche Beziehungen im Erwachsenenalter – Wird die Qualität der Partnerbeziehung über die Generationen „vererbt"? In: Fend, Helmut/Berger, Fred/Grob, Urs (Hrsg.): Lebensverläufe, Lebensbewältigung, Lebensglück. Ergebnisse der LifE-Studie. Wiesbaden, S. 245-266

Fend, Helmut (2009): Arm und reich im frühen Erwachsenenalter. In: Fend, Helmut/Berger, Fred/Grob, Urs (Hrsg.): Lebensverläufe, Lebensbewältigung, Lebensglück. Ergebnisse der LifE-Studie. Wiesbaden, S. 161-192

Gille, Martina (2008): Wandel des Rollenverständnisses junger Frauen und Männer im Spannungsfeld von Familie und Beruf. In: Martina Gille (Hrsg.): Jugend in Ost und West seit der Wiedervereinigung. Ergebnisse aus dem replikativen Längsschnitt des DJI-Jugendsurvey. Schriften des Deutschen Jugendinstituts: Jugendsurvey 4. Wiesbaden, S. 173-210.

Gille, Martina/Sardei-Biermann, Sabine/Gaiser, Wolfgang/de Rijke, Wolfgang (2006): Jugendliche und junge Erwachsene in Deutschland. Lebensverhältnisse, Werte und gesellschaftliche Beteiligung 12- bis 29-Jähriger. Wiesbaden

Grunert, Cathleen/Krüger, Heinz-Hermann (2000): Zum Wandel der Jugendbiographien im 20. Jahrhundert. In: Sander, Uwe/Vollbrecht, Ralf (Hrsg.), Jugend im 20. Jahrhundert. Sichtweisen – Orientierungen – Risiken, Neuwied, S. 192-210

Helfferich, Cornelia/Burda, Silke/Baßler, Bianca/Pfeiffer, Petra/Rißler, Georg/Wagner, Rainer (2009): „Das ist stark – was kann ich, was will ich, was werde ich" – Bildungschancen und Geschlechterverständigung von Mädchen und Jungen mit eingeschränktem Bildungshintergrund. Forschungsbericht (unveröffentlicht). Freiburg

Helsper, Werner/Müller, Herman J./Nölke, Eberhard/Combe, Arno (1991): Jugendliche Außenseiter. Zur Rekonstruktion gescheiterter Bildungs- und Ausbildungsverläufe. Opladen

Hornstein, Walter 2004: Bildungsaufgaben der Kinder- und Jugendarbeit auf der Grundlage jugendlicher Entwicklungsaufgaben. In: Lindner, Werner/Sturzenhecker, Benedikt (Hrsg.): Bildung in der Kinder- und Jugendarbeit. Vom Bildungsanspruch zur Bildungspraxis. Weinheim und München, S. 15-34

Karl, Ute (2011): Gender als interdependenter Kategorisierungsprozess im Jobcenter im Bereich der Unter-25-Jährigen. In: Kleinau, Elke/Maurer, Susanne/Messerschmidt, Astrid (Hrsg.): Ambivalente Erfahrungen – (Re-) Politisierung der Geschlechter. Opladen/Farmington Hills, S. 221-238

Kieper, Marianne (1980): Lebenswelten ,verwahrloster' Mädchen. Autobiographische Berichte und ihre Interpretation. Materialien M 48, München

Kötters, Catrin/Krüger, Heinz-Hermann/Brake, Anna (1996): Wege aus der Kindheit. Verselbständigungsschritte ins Jugendalter. In: Büchner, Peter/Fuhs, Burkhard/Krüger, Heinz-Hermann (Hrsg.): Vom Teddybär zum ersten Kuß. Wege aus der Kindheit in Ost- und Westdeutschland. Opladen, S. 99-128

Krappmann, Lothar/Oswald, Hans (1995): Alltag der Schulkinder. Beobachtungen und Analysen von Interaktionen und Sozialbeziehungen. Weinheim und München

Krüger, Heinz-Hermann/Köhler, Sina-Mareen/Zschach, Maren (2010) (Hrsg): Teenies und ihre Peers. Freundschaftsgruppen, Bildungsverläufe und soziale Ungleichheit. Opladen/Farmington Hills

Lenz, Karl/Schröer, Wolfgang/Schefold, Werner (2004): Befreiung aus dem Moratorium. Zur Entgrenzung von Jugend. Weinheim und München

Liebig, Brigitte/Nentwig-Gesemann (2009): Gruppendiskussion. In: Kühl, Stefan/Strodtholz, Petra/Taffertshofer, Andreas (Hrsg.): Handbuch Methoden der Organisationsforschung. Quantitative und qualitative Methoden. Wiesbaden, S. 102-124

Lindner, Werner (2004): „Ich lerne zu leben" – Zur Evaluation von Bildungswirkungen in der kulturellen Kinder- und Jugendarbeit. In: Lindner, Werner/Sturzenhecker, Benedikt (Hrsg.), Kinder- und Jugendarbeit. Vom Bildungsanspruch zur Bildungswirklichkeit. Weinheim, S. 243-259

Meuser, Michael (2010): Geschlecht und Männlichkeit. Soziologische Theorie und kulturelle Deutungsmuster. Wiesbaden, 3. Auflage

Pfaff, Nicolle/Hoffmann, Nora/Hänert, Martin (2010): Coolness, Körperlichkeit und Jugendkultur als milieuspezifische Anerkennung in der Peerkultur. In: Krüger, Heinz-Hermann/Köhler, Sina-Mareen/Zschach, Maren (Hrsg.): Teenies und ihre Peers. Freundschaftsgruppen, Bildungsverläufe und soziale Ungleichheit. Opladen/Farmington Hills, S. 171-194

Rohmann, Gabriele (2007) (Hrsg.): Krasse Töchter. Mädchen in Jugendkulturen. Berlin

Rose, Lotte/Schulz, Marc (2007): Gender-Inszenierungen. Jugendliche im pädagogischen Alltag. Königstein/Ts.

Sardei-Biermann, Sabine (2006): Soziale Nahwelt und Lebensverhältnisse in subjektiver Einschätzung. In: Gille, Martina/Sardei-Biermann; Sabine/Gaiser, Wolfgang/de Rijke, Johann: Jugendliche und junge Erwachsene in Deutschland. Lebensverhältnisse, Werte und gesellschaftliche Beteiligung 12- bis 29-Jähriger. Wiesbaden, S. 87-130

Stauber, Barbara (2004): Junge Frauen und Männer in Jugendkulturen. Selbstinszenierungen und Handlungspotentiale. Opladen

Stauber, Barbara (2007): Selbstinszenierungen junger Szeneaktivistinnen – Gender-Konstruktionen in Jugendkulturen. In: Rohmann, Gabriele: Krasse Töchter. Mädchen in Jugendkulturen. Berlin, S. 32-44

Stecher, Ludwig (1996): Biographische Selbstwahrnehmung und Lebensübergänge. In: Zinnecker, Jürgen/Silbereisen, Rainer K./Vascovics, Laszlo (Hrsg.): Jungsein in Deutschland. Jugendliche und junge Erwachsene 1991 und 1996. Opladen, S. 145-164

Schulze, Marion (2007): Mädchen im Hardcore: Not Just Boys' Fun? In: Rohmann, Gabriele: Krasse Töchter. Mädchen in Jugendkulturen. Berlin, S. 91-105

Zeller, Maren (2009): Die Bedeutung der Kategorie Geschlecht als ein Aspekt biographischer Bildungsprozesse. In: Behse-Bartels, Grit/Brandt, Heike (Hrsg.): Subjektivität in der qualitativen Forschung. Opladen & Farmington Hills, S. 201-213

Jugendkulturelles Rauschtrinken – Gender-Inszenierungen in informellen Gruppen

Barbara Stauber / John Litau

Jugendkulturelles Rauschtrinken ist schon seit geraumer Zeit im Blickpunkt der medialen Aufmerksamkeit und der öffentlichen Aufregung / Erregung. Indem wir von „jugendkulturellem Rauschtrinken" sprechen, positionieren wir uns explizit in kritischer Distanz zu diesem öffentlichen Diskurs und seinen Dramatisierungen. Dezidiert vermeiden wir Chiffren wie „Komasaufen", die den Affekt überbetonen und schon auf der semantischen Ebene keinen Raum lassen für die Idee, dass es beim Rauschtrinken um Praktiken gehen könnte, die zwar hochriskant und potentiell (selbst-) schädigend sind, denen aber – ohne sie zu idealisieren – auch eine gewisse Funktionalität (Franzkowiak 1996; Litau 2011) sowie – gerade mit Blick auf die interaktive Inszenierung von Körper und Geschlecht – eine subjektive wie kollektive Sinnhaftigkeit innewohnen könnte.

Aus einer qualitativen Studie, die wir mit rauscherfahrenen Jugendlichen durchgeführt haben, konnten wir Hinweise auf die Relevanz des Rauschtrinkens als jugendkultureller Praktik gewinnen (Stumpp u. a. 2009). Einige Ergebnisse dieser Studie, die nun in einem dreijährigen DFG-Projekt fortgesetzt und zu einem ansatzweise longitudinalen Design ausgebaut werden kann, konnten wir bereits genauer ausleuchten: zum einen den grundsätzlichen Aspekt, dass und wie Rauschtrinken und die mit ihm verbundenen riskanten sozialen Praktiken auf strukturell riskantes Aufwachsen im Kontext der späten Moderne verweisen (Beulich / Stauber 2011); zum anderen, wie im Rauschtrinken Möglichkeiten für Gender-Inszenierungen und damit auch für Variationen von Weiblichkeits- und Männlichkeitskonzepten entstehen (Litau / Stauber 2012). In dem Beitrag zu diesem Band werden wir die jugendkulturellen Aspekte des Rauschtrinkens genauer ausleuchten, wozu wir insbesondere sozialräumliche Aneignungsweisen, kollektive Regelbildungen und Ritualisierungen, die gemeinschaftliche Strukturierung von Freizeit zählen. Besonderes Augenmerk gilt dabei der körperlichen Dimension, ausgehend davon, dass diese in den genannten jugendkulturellen Aspekten des Rauschtrinkens eine besondere Relevanz hat, und Jugendliche hierbei immer auch somatische Kulturen ausbilden (Boltanski 1976). Damit einher gehen auch Geschlechter-Inszenierungen als Formen der Herstellung von Geschlecht, die jedoch situativ für die jugendlichen Akteur_innen nicht im Vordergrund stehen müssen. Ganz im Gegenteil ist es unseres Erachtens eine empirische Frage, wo und wie der Alkoholkonsum auch bezüglich der Gestaltung von Geschlechterbeziehungen und der Ausformulierung von Weiblichkeiten und Männlichkeiten genutzt wird.

Dieser Beitrag möchte also im Sinne der Grundausrichtung des Bandes das Rauschtrinken als einen jugendlichen Sozialraum thematisieren, in dem subjektive und kollektive Selbstinszenierungen und tendenziell auch (soziale) Bildungsprozesse stattfinden (Sting 2008). Hierzu werden wir – nach einer theoretischen Vergewisserung – Körperinszenierungen in rauschtrinkenden Gruppen untersuchen. In der vergleichenden Perspektive auf andere riskante somatische Praktiken wie etwa Essstörungen oder selbstverletzendes Verhalten wird deutlich, dass und wie informelle Gruppen den relevanten Sozialraum, die relevante Bühne für (riskante) Körperpraktiken bieten, ohne die diese letztlich gar nicht denkbar wären. Gleichzeitig kann gezeigt werden, inwiefern diese Inszenierungen immer auch Gender-Skripten folgen (Binswanger u. a. 2009) bzw. wo und wie sie diese umzuschreiben versuchen. In einem zweiten Zugang werden wir empirische Erkenntnisse aus Studien vorstellen, die für den hier eingenommenen Blick auf Rauschtrinken als jugendkultureller Praxis relevant sind. Sodann werden wir exemplarisch einige ausgewählte Ergebnisse unserer Untersuchung vorstellen und diskutieren, um von hier aus Anschlussstellen für weitere Forschung und Theoriebildung zu markieren.

1. Theoretische Ausgangspunkte

Im Folgenden wollen wir drei gendertheoretische Schlaglichter auf den überaus komplexen theoretischen Diskurs zu Gender und Körperlichkeit (Gugutzer 2004) werfen, die für die empirische Forschung zu jugendkulturellem Selbstinszenierungen relevant sind: Zum einen die Unterscheidung zwischen beobachtbaren Praktiken und dem subjektiven Binnenraum des Erlebens und Sinn-Gebens, zum zweiten ein praxeologisches Verständnis des Entstehens von Sinn, und schließlich das Konzept einer genderbezogenen Identitätsarbeit, für das die Inszenierungspraktiken hochrelevant sind.

Mit Paula-Irene Villa nehmen wir zunächst die Unterscheidung zwischen Körper und Leib vor:

> „Körper und Leib sind unterschieden, doch gleichzeitig und gleichursprünglich gegeben – dies gilt es immer zu beachten. Mit dem Körperbegriff ist gemeint, dass wir in der Lage sind,

eine äußerliche Haltung zu unserem Körper einzunehmen, die zum Beispiel reflexiv oder instrumentell sein kann. (..) Und doch ist unser Körper kein Gegenstand wie eine Handtasche oder ein Tisch. Denn zu dem, was im Alltag undifferenziert Körper genannt wird, gehört eine leibliche Dimension. Wir haben demnach nicht nur einen Körper, über den wir verfügen, sondern sind zugleich auch ein Leib, über den wir eben nicht verfügen. Dieser Leib ist der sozialphilosophische Fachbegriff für die Dimension des inneren Erlebens. Der Leib ist dabei das individuelle, radikal subjektive Fühlen, das sich anderen Menschen als solches nicht mitteilen kann." (Villa 2007: 19)

Im Unterschied zum Leib bedeutet der Körper, für sich und gleichzeitig für / durch andere sein: „to be somebody means to have some body" (Ferreira 2011). Vor allem auf dieser Ebene des Körpers, der auf ihn bezogenen bzw. ihn einbeziehenden Aktionen und Interaktionen verankern sich für die Akteure Sinnstrukturen. Wir schließen hier an einen praxeologischen, den Körper explizit einbeziehenden Sinnbegriff an, den Michael Meuser mit Bezug auf Mead und Bourdieu entwickelt hat (vgl. Meuser 2006: 100). Dieser Begriff von inkorporiertem Sinn ist verknüpft mit einem bestimmten Verständnis von Intersubjektivität: über den Körper finden vielerlei Verständigungen statt; dies impliziert gerade auch Verständigungen im Hinblick auf Zugehörigkeit oder Nicht-Zugehörigkeit zu jugendkulturellen Gruppen etwa in Form von ein- und ausschließenden Begrüßungsritualen und Kommunikationsformen, dies impliziert genauso die körperbezogenen Konsumpraktiken und die um sie herum entwickelten Ritualisierungen, die immer auch einen Selbstverständigungsprozess der Gruppe über sich selbst darstellen und in dieser Hinsicht diese erst hervorbringen.

Somatische Praktiken und ein hiermit verbundener praxeologischer Sinnbegriff sind nun für Gender als Zuschreibungspraxis wie auch als wichtige Ebene der Identitätsarbeit zentral (Keupp u. a. 2006). Beide – und dies ist der dritte zentrale Gedanke – scheinen zirkulär aufeinander bezogen zu sein: Geschlechterbezogene Identitätsarbeit ist immer auch Inszenierungsarbeit und -praxis (Villa 2007; Goffman 1977), spielt mit verschiedenen Darstellungsformen, bezieht sich in verschiedener Form auf Geschlechterdiskurse, und provoziert, dass die Akteur_innen je nach Inszenierung auch oft in Diskurse „hineingerufen" werden (Hall 2000). Dies kann am Beispiel männlicher Inszenierungen in der Emo-Szene gezeigt werden (Stauber 2011; vgl. die Beiträge in Büsser 2009), die aufgrund ihrer latenten Provokation von Männlichkeitsstereotypen und damit auch von Heteronormativität interaktiv und für die Beteiligten häufig auch diskursiv und reflexiv werden. Der Körper ist dabei zentrales Inszenierungsmedium – gerade für Jugendliche, für die er vielleicht das letzte Medium einer kompromisslosen Handlungsfähigkeit darstellt (vgl. Wenzel 1986). Nun ist aber die spannende Frage, *wie* Jugendliche sich hierbei auf Geschlecht beziehen, wie also in ihren konkreten Settings Geschlecht interaktiv hergestellt wird (West/Zimmerman 1987). Wird in der Genderforschung seit diesem ethnomethodologischen oder interaktionstheoretischen Turn davon ausgegangen, dass Geschlecht eine Herstellungskategorie und also kein Merkmal von Personen, sondern von sozialen Situationen ist (vgl. Gildemeister 2004), so radikalisiert die intersektionelle Analyse das kategoriale Offenhalten von Geschlecht als sozialer Kategorie: Danach ist immer erst Resultat konkreter empirischer Forschung, wie in ganz bestimmten Interaktionen Geschlecht im Zusammenspiel mit anderen sozialen Differenzkategorien hervorgebracht wird, was hierbei in den Vorder- oder Hintergrund tritt, wie sich die verschiedenen Zuschreibungskategorien hierbei überlagern – ob einander in ihrer Diskriminierungsfunktion verstärkend oder entkräftigend. Ebenso ist immer erst in der Empirie zu sehen, wie sich diese Hervorbringung von Geschlecht in einer mehrdimensionalen Betrachtung abbildet, die die Ebene der gesellschaftlichen Strukturen, die Ebene der sozialen Repräsentationen und die Ebenen der Praktiken und individuellen Positionierungen unterscheidet (Riegel 2012; Degele/Winker 2009). Geschlecht als interdependente Kategorie zu betrachten (Walgenbach 2007) ist mithin der zentrale theoretische Ausgangspunkt auch für neuere Entwicklungen in der *Jugendkulturforschung,* die von den Theorieentwicklungen der Genderforschung profitiert hat. War in den 1970er Jahren – im Anschluss an die zentrale Frage McRobbies „wo sind die Mädchen in der Jugendkulturforschung"? – die Perspektive zunächst eher differenzorientiert (was machen Mädchen *anders?*), und gab es in den 90-er Jahren Klassifizierungsversuche jugendkultureller Szenen als „male-minded", „girl-kompatibel" oder „female-minded", die mit Zuordnungen bestimmter Ausdrucksformen als ‚männlich' oder ‚weiblich' Gefahr liefen, Geschlecht zu reifizieren, so steht seit der Jahrtausendwende ein Perspektivenwechsel an: Statt darauf zu fokussieren, inwiefern Mädchen und junge Frauen in Jugendkulturen vorkommen bzw. wie sie was im Unterschied zu Jungen praktizieren, geht es darum zu schauen, *wie* Jugendliche in ihren jugendkulturellen Selbstinszenierungen „Geschlecht" herstellen und welche Kategorien dabei sonst noch eine Rolle spielen (Stauber 2011; Schulze 2008).

2. Jugendkulturelles Rauschtrinken als genderrelevante soziale Praktiken – Einblicke in einige qualitative Studien

In einer Reihe qualitativer empirischer Arbeiten werden unterschiedliche Aspekte von „Doing Gender" im Rauschtrinken von Jugendlichen herausgearbeitet. Für die Argumentationslinie dieses Beitrags heben wir hier nur diejenigen hervor, die mit genderbezogenen Körperinszenierungen im Kontext des Rauschtrinkens in informellen Gruppen zu tun haben.

Deutlich wird in diesen Studien, dass Gender nicht einfach das Trinkverhalten beeinflusst, sondern der Konsum an sich bereits als Doing Gender interpretiert werden kann. Nach Measham (2002) bietet der Kontext des Rauschtrinkens abwechslungsreiche Räume für unterschiedliche Formen der Inszenierung von Weiblichkeiten und Männlichkeiten. Prozesse der Genderkonstruktion benötigen soziale Anlässe, Settings und Aktivitäten im Peerkontext, in denen sie eingeübt werden und in denen sich mit ihnen experimentieren lässt. Erfahrungen mit Alkohol sind aber auch immer geprägt vom soziokulturellen Kontext des Konsums sowie von alkoholbezogenen Normalitäten innerhalb der kulturellen und sozialen Kontexte – als Orientierungsfolie wie als Reibungsfläche, an der es sich abzuarbeiten gilt. Rauschtrinken setzt sich häufig mit hegemonialen oder unterordnenden Gender-Skripten auseinander. Haag (2007) hat in diesem Zusammenhang eine Studie zu ‚Binge Drinking‘ als sozialer Inszenierung vorgelegt, in der sie auf der Basis von Gruppendiskussionen mit rauscherfahrenen jungen Frauen in Großbritannien sowohl Bestätigungen genderbezogener Hierarchien als auch Überschreitungen stereotyper Weiblichkeitszuweisungen feststellt, die gerade in den Identitätsdarstellungen auf eigenwillige und widersprüchliche Positionierungen in Bezug auf eine „ladette culture"[1] verweist. Was normalerweise als atypisches feminines Verhalten angesehen wird, wird im sozialen Kontext des (exzessiven) Trinkens „normalisiert" und legitimiert. Es animiert zu oder privilegiert sogar bestimmtes Verhalten (Measham 2002). Dabei werden die Geschlechter von den Jugendlichen selbst diskursiv unterschiedlich konstruiert, wie Landolt (2009) in ihrer Studie zu Geschlechterkonstruktionen in Gruppendiskussionen Schweizer Jugendlicher über Alkoholkonsum zeigen konnte. Landolt stellt heraus, dass vor allem weibliches Trinkverhalten für Jugendliche erklärungsbedürftig erscheint, wodurch die Bedeutung und Aufmerksamkeit in geschlechtergemischten Gruppenkontexten deutlich verschoben wird. Mädchen stehen so vor der Herausforderung, trinken zu müssen, um dazuzugehören, dürfen aber gleichzeitig nicht zu betrunken, sein um ihre Weiblichkeit nicht zu gefährden. Hier wird das alte Thema des Ausbalancierens von Zwiespalten im Kontext modernisierter Weiblichkeiten (Bitzan 2000) deutlich. Männliches Trinkverhalten erfordert dagegen keine spezielle Erläuterung und wird als normales Verhalten klassifiziert. Dies untermauert auch die Studie von Harnett u. a. (2000), die ein qualitatives Über-

---

1   Dieses Ergebnis kann insbesondere aus dem Video-Selbstporträt anhand der Analyse mehrerer Sequenzen herausgearbeitet werden. Die Themen „Mädchen", „Souveränität im öffentlichen Raum", „Grenzerfahrungen" haben eine herausragende Bedeutung bei den jugendlichen Selbstinszenierungen.

gangsmodell von männlichen Trinktypen vorschlagen, welches gleichzeitig die
Orientierung des Trinkens an und seine Beeinflussung durch allgemeine Lebens-
umstände nachzeichnet.

Fast alle qualitativen Arbeiten im Forschungsfeld verweisen auf die viel-
schichtige, v. a. ermöglichende Rolle von Alkohol in Zusammenhang mit ge-
schlechterbezogener Identitätsarbeit, wie etwa Demants (2009) Auswertung von
Fokusgruppeninterviews auf Basis der Actor-Network-Theory von Bruno Latour.
Danach wird Alkohol zu einem „actant" in einem Netzwerk und kann dadurch zu
einem „facilitator" für den Beginn von romantischen Beziehungen werden und
so auch eine Möglichkeit darstellen, als junge Frau hierbei eine aktivere Rolle zu
übernehmen. Die ermöglichende Praxis des Rauschtrinkens zeigt sich aber wiederum in ambivalenter Form: Den symbolischen Intentionen und Funktionen der
Jugendlichen für ihre Inszenierung und Positionierung in der Peergruppe und Gesellschaft stehen die körperlichen Wirkungen des Alkohols entgegen. Wie Demant und Törrönen (2009) anhand von Fokusgruppeninterviews mit dänischen
und finnischen Jugendlichen gezeigt haben, spielt Rauschtrinken gerade für die
geschlechterbezogene Identitätsarbeit junger Erwachsener in spätmodernen Gesellschaften eine wichtige Rolle. Dies vor allem, weil hierdurch Räume für soziale und körperliche Formen des Überschreitens gegebener Vorstellungen von
Gender, Alter und Styles entstehen, respektive dafür, Selbstdarstellungen und
Inszenierungen „spielerisch" zu erweitern. Dabei verspricht „playful drinking"
einen positiv konnotierten Rausch, der nicht von vornherein mit Geschlechterzuschreibungen einhergeht. Der spielerische Aspekt wird dabei immer wichtiger
und kann als die *neue Mitte* eines gelungenen Trinkerlebens verstanden werden
(Wißmann 2011). Auf der Folie einer anhaltenden Angleichung von geschlecht-
stypischem Trinkverhalten zeichnen Demant und Törrönen eine „Feminisierung"
der (skandinavischen) Trinkkultur nach, die nicht nur durch ein Aufholen und
durch die Annährung an eine gleichberechtigte Teilhabe junger Frauen am Frei-
zeitverhalten und Drogenkonsum gekennzeichnet ist (Measham 2002), sondern
auch durch die Abkehr junger Männer von einem traditionell männlich konnotierten, auf hohe Trinkmengen ausgelegten, „heroischen Trinken".

Die Analyse der Organisation und Praxis des Rauschtrinkens zeigt, wie Gen-
derprozesse sich in riskanten Praktiken abzeichnen können. Eine wichtige Rolle spielen hier der Raum- und Zeitbezug, die Sozialität und die Selbstbilder im
Rahmen des Konsums, genauso auch die Erwartungen an und Auswirkungen von
Alkohol. Hier überschreiben Jugendliche mit Bezug auf gegenderte Normalitäts-
folien die zum Thema Alkohol existierenden Gender-Skripte und schaffen modi-
fizierte Gender-Normalitäten. Was heißt zum Beispiel „Übertreiben" im Kontext

von jugendkulturellem Rauschtrinken? Wo werden die tradierten Normalitäten klar überschritten, wo werden neue Grenzen dessen, was für Jungen geht und was für Mädchen, etabliert? Deutlich wird: die oben genannten Dimensionen sind bereits „gendered", aber nicht als fixes Skript, sondern werden in neuen Prozessen von Doing Gender quasi überschrieben.

Fast alle dieser Arbeiten rücken den Gruppenkontext für diese Herstellungsleistungen von Geschlecht ins Zentrum. Hohe Priorität hat dabei das Dabei-Bleiben-Können trotz exzessiven Konsums. Für diesen Zweck werden Strategien des „kontrollierten Kontrollverlusts" (Measham 2002) entwickelt – entweder durch Wassertrinken oder durch absichtsvolles Erbrechen, einhergehend mit dem Mitführen einer Zahnbürste (Demant 2009), um, wie es eine junge Frau im Interview erläutert, auch nach einem eventuellen Erbrechen schnell wieder mit frischem Atem dabei sein zu können. Ganz deutlich wird die Priorität des Dabei-Bleibens in der Studie von Landolt, die in die Szenen hineingegangen ist und – in bester ethnographischer Praxis – ein Stück ihrer Abendgestaltung geteilt hat, und deren Ergebnisse ganz direkt kollektive bzw. Gruppenmeinungen widerspiegeln.

Auch unsere eigene Untersuchung (Stumpp u. a. 2009) brachte die Relevanz des sozialen Kontextes der informellen Gruppen für das Rauschtrinken sehr deutlich zum Ausdruck. Wir gehen nach unseren Ergebnissen davon aus, dass individuelle und kollektive Trinkpraktiken im Kontext jugendkulturellen Rauschtrinkens gar nicht voneinander zu trennen sind, und sich die individuellen Trinkbiographien und die jeweiligen Gruppenentwicklungsprozesse eng aufeinander beziehen lassen.

3. Einige Erkenntnisse aus unserer eigenen Studie

In unserer Studie zu Jugend und Rauschtrinken (Stumpp u. a. 2009) wird letzteres als ein jugendkulturelles Phänomen betrachtet, mit dem Jungen und Mädchen einige der Anforderungen in den Übergängen zum Erwachsensein bewältigen (Beulich / Stauber 2011). Um subjektive und kollektive Sinnstrukturen des Rauschtrinkens herauszuarbeiten, wurde ein qualitatives Forschungsdesign mit leitfadengestützten Einzelinterviews und narrativem Einstieg sowie ethnographische Feldbegehungen angewendet. Anstatt einen Geschlechterunterschied in den Konsumpraktiken schlicht vorauszusetzen bzw. nach seiner Bestätigung zu suchen, wurde gefragt, *wie* Mädchen und Jungen das Rauschtrinken und die hiermit verbundenen Praktiken dazu nutzen, die Anforderungen und Zumutungen von Weiblichkeit und Männlichkeit zu bewältigen bzw. ihre eigenen Vorstellungen hiervon zu entwickeln. Zentrale Aspekte des Rauschtrinkens sind danach die

Aushandlung von Verantwortung, das Einüben von Risikokompetenz wie auch die Gestaltung von Peer- und Geschlechterbeziehungen.

Herausgreifen möchten wir für diesen Beitrag ausgewählte Aspekte, die sich zum einen an der Frage orientieren, was das Jugendkulturelle am Rauschtrinken ist, und zum zweiten an der Frage, wo sich hierbei interessante Verweise auf die Herstellung von Geschlecht (als interdependenter Kategorie) finden.

Das, was das Rauschtrinken zu einer jugendkulturellen Praktik macht, ist unseres Erachtens eng verknüpft mit dem Tatbestand einer öffentlichen Inszenierung. Nicht von ungefähr wird vorzugsweise in der Öffentlichkeit getrunken, und ist „Rausgehen" für diese Jugendlichen wörtlich zu verstehen: Raus ins Freie. Dabei finden sich unterschiedliche Ausformungen: so bedeuten sozialräumliche Aneignungsprozesse im städtischen Raum überwiegend das regelmäßige „Besetzen" von informellen Plätzen wie etwa Parkplätzen vor Supermärkten und Diskotheken, Parks, Unterführungen etc.; im ländlichen Raum werden häufiger auch private Grundstücke einbezogen, aber auch die traditionellen Trinkgelegenheiten und -orte (wie die Fastnacht, Dorf- und Vereinsfeste). Beides mal entwickeln Gruppen relativ feste Ablaufmuster der Abendgestaltung – Choreographien in Raum und Zeit. So beginnt beispielsweise der Abend einer Gruppe im kleinstädtischen Raum an einem bestimmten Ausgangspunkt, einer Half-Pipe etwas außerhalb der Kleinstadt, dann geht man aufs „Gütle", einem kleinen Gartengrundstück der Eltern eines der Jugendlichen, später geht es weiter in die Stadt, um dann wieder zum Ausgangspunkt, der Half-Pipe, zurückzukehren, wo irgendwann die Nacht endet.

In diesem Kontext der öffentlichen Inszenierung von Rauschtrinken verschieben sich auch Geschlechterbilder. Die tradierte Selbstverständlichkeit, nach der öffentliches Trinken überwiegend von Männern praktiziert wird, wird hier gebrochen: öffentlich trinkende junge Frauen haben längst eine neue Normalität auf dieser Ebene der symbolischen Repräsentation geschaffen, insofern sie mindestens so sehr als Trinkerinnen im öffentlichen Bild präsent sind wie ihre männlichen Peers. Gesellschaftliche Gender-Normen und Grenzen werden damit aufgebrochen bzw. verschoben. Damit ist es aber genau die Frage verbunden, wo Jugendliche selbst wieder Grenzen setzen, und mit welchen Gender-Konnotationen sie diese versehen. Im Kontext des Rauschtrinkens ist diese Frage stets mit der Frage nach den Konsequenzen eines Kontrollverlustes verknüpft. So sehen es junge Frauen sehr stark als ihre Zuständigkeit an sich vor möglichen sexuellen Übergriffen zu schützen, indem sie versuchen die Kontrolle über das Geschehen zu bewahren. „Ja, ich mag einfach nicht irgendwann in der Ecke liegen und ich mag auch noch die Kontrolle über meinen Körper haben." (Alexandra 14: 597-598)

Sie hat sich dies zur Selbstverständlichkeit gemacht, andere delegieren diese Zuständigkeit an Freundinnen, immer aber ist es feminisierte Zuständigkeit.

Die Ritualisierungen, die bereits in der Dimension der sozialräumlichen Aneignung angesprochen wurden, sind der nächste erwähnenswerte Aspekt. Dieser betrifft die gesamte Freizeitgestaltung und -strukturierung, die um das Trinken herum organisiert wird: Ritualisierte Ablaufmuster werden von jeder Gruppe ein wenig anders ausgebildet – von der Verabredung über das Organisieren der Einkäufe bis hin zu der konkreten Gestaltung des Abends. Dies beinhaltet *auch,* Strategien vorzusehen, wie aufeinander aufgepasst werden kann – etwa durch die Regulierung des Konsums bzw. der Konsummengen, durch die Praxis, einander heimzubegleiten und diese Person auch nicht alleine zu lassen, wenn sie sich übergeben muss. Hierdurch finden Modellierungen von Geschlecht entlang *und jenseits* von „Geschlechtszuständigkeiten" (Hirschauer 1989) statt: So erzählen junge Frauen, wie sie auf ihre besten Freundinnen aufpassen, aber auch junge Männer berichten davon, diese Verantwortung innerhalb ihrer Gruppe übernehmen: „Ich pass halt immer auf die anderen auf so. Ich hab die große Verantwortung, meistens irgendwie" (Orhan, 15: 23-24*).* Mit dieser Rollenverteilung ist Orhan, der sich eher zu den wenig trinkenden zählt, nicht immer einverstanden, andererseits scheint er hieraus auch einen persönlichen Gewinn zu ziehen: „Ja, ich find's, manchmal denk ich mir auch so: ‚Ach, warum soll ich jetzt immer aufpassen?' Aber irgendwo find ich das schon besser so, halt. Weil ich ja sehe, im Prinzip, ich achte immer drauf und (…). Ja, das gefällt mir auch" (Orhan, 15: 473-483). Interessant ist hier zum einen, dass sich diese Momente von gegenseitiger Verantwortungsübernahme und Fürsorglichkeit bei Jungen und bei Mädchen finden. Die Erklärung herkömmlicher Geschlechterrollenzuschreibungen, wie sie auch in der Literatur als besondere ‚Fürsorglichkeit' unter Mädchen zu finden sind (vgl. Coleman / Cater 2005), ist hier also gerade nicht ausreichend. Interessant ist aber zum zweiten, dass die Anerkennung für diese dem Fürsorgebereich zuzurechnende Verantwortungsübernahme auch für die Jungen eher prekär ist. Die Frage ist also: welches Verhalten unter den Jugendlichen wird wie wahrgenommen und anerkannt? Ist Fürsorglichkeit per se ein vergeschlechtlichtes, nämlich weiblich konnotiertes „Skript" und damit mit einem ganz bestimmten Anerkennungsdefizit verbunden? Mithin könnte von jungen Frauen, aber auch von jungen Männern praktizierte Fürsorglichkeit Gefahr laufen, kaum wahrgenommen zu werden, und die Frage wäre, was diese prekäre Anerkennung für die betreffenden Jungen im Hinblick auf deren geschlechterbezogene Identitätsarbeit in informellen Gruppenkontexten bedeutet.

Der dritte Punkt, den wir hervorheben wollen, sind geschlechterbezogene Selbstinszenierungen, die durch Alkohol ermöglicht werden. In den informellen Gruppen, in und mit denen die von uns befragten Jugendlichen ihre Freizeit strukturieren, fungiert Alkohol als Katalysator für Interaktion und Kommunikation, das gemeinsame Trinken schafft aber gleichzeitig eine Bühne für Selbstinszenierungen – Inszenierungen, die sich wiederum in den Gruppendiskurs einspeisen, vor allem dann, wenn sie nicht erwartungskonform sind:

„Zum Beispiel Trinken ist auch ein Gesprächsthema, (...), du warst ja am Wochenende wieder besoffen oder so und du hast wieder nur noch rumgelegen und so (...) Dann lacht man da drüber und ja, amüsiert sich halt. So in etwa, wer wieder besoffen war und Scheiße gebaut hat. Nackt durch die Stadt (...) und solche Aktionen." (Trash, 17: 1027-1033)

Die individuellen, vor allem aber die kollektiven Erfahrungen und Erlebnisse im Kontext des Trinkens werden zum Gruppen-Thema, „Geschichten" rund um das Trinken, aber auch Verhaltensoptionen und mögliche Alternativen werden innerhalb der Gruppen diskutiert und ausgehandelt. Hierbei werden durchaus auch Werte-Diskussionen angestoßen, insofern es immer auch um Fragen des respektvollen Umgangs miteinander geht, vor allem in den Geschlechterbeziehungen.

Die verschiedenen Gruppen in einer Region werden von den Jugendlichen über ihre Trinkgewohnheiten identifiziert: das sind die, die härter trinken, das sind die anderen, die trinken weniger hart. So „steht" die Selbstzuordnung zu einer bestimmten Gruppe auch für die Selbstinszenierung als „harte" oder „weniger harte" Trinker_in. Und sie kann auch einem Wechsel von Orientierungen dienen, wie etwa der Selbstinszenierung von Sandra, einem 16- jährigen Mädchen aus unserem Sample, die sich nach etlichen Schock-Erlebnissen im Kontext ihres Alkoholkonsums explizit einer weniger hart trinkenden Gruppe zuordnet.

Sind Selbstinszenierungen im Zusammenhang mit Alkoholkonsum für junge Männer eher der Rollenerwartung entsprechend, und ist das moderate Trinken bei den weniger stark trinkenden Männer eher begründungsbedürftig (wobei die Begründungen im Kontext von Liebesbeziehungen, aber auch den Erwartungen des Vaters, oder der Fußballmannschaft etc. gefunden werden), so kann hoher Alkoholkonsum bei jungen Frauen einer explizit normalitätsdistinkten Weiblichkeitsinszenierung dienen. So etwa im Falle von Maria, die den Status, den sie sich in der Gruppe verschafft hat, am exzessiven Trinken, einer immer höheren Toleranzgrenze und dem hiermit verbundenen Erfahrungsvorsprung in Sachen Rauschkompetenz festmacht: Sie scheint gerade aus der Markierung eines Unterschieds zum „normalen Mädchenbild" einen Gewinn für ihre subjektive Interpretation von Weiblichkeit zu ziehen: „Zum Beispiel ich bin die, die voll viel trinkt und die anderen Mädchen sind halt nicht so, ich gehöre mehr zu den Jungs, weil ich bin einfach so und die Jungs trinken halt mehr. Die anderen die sind dann weg, die sind immer so, mindestens eine Flasche und dann weg" (Maria, 16: 371-374). Sie inszeniert sich hier als diejenige, die mit den Jungs lange durchhält, und damit einen Unterschied markiert zwischen sich und den anderen Mädchen, die "bereits" nach einer Flasche harten Alkohols aufhören müssen.

Normalitätsdistinkte Gender-Konstrukte im Sinne eines „doing gender differently" werden dabei nicht immer gleichermaßen gratifiziert. Ist die Anerkennung normalitätsdistinkten Verhaltens von Mädchen prekär, so auch das der Jungen:

> „(...) die Pummeligen, die meistens so ernst sind, wenn sie nüchtern sind. Wenn die dann dicht sind, sind die so süß. Wie kleine Kinder. Und reden dann auch noch so. So wie ein Baby und dann lachen die auch wie ein Baby. Dann sage ich: ,Ich habe dich so lieb'. Dann werden sie wie ein Mädchen, das ist dann so süß. Aber danach wenn sie nüchtern sind: ,Was willst du? Ich bin ja so ein harter Typ'." (Steffi, 17: 1056-1061)

In diesem Zitat wird die Struktur der Geschlechterzuschreibungen nicht verlassen; die Veränderung des Verhaltens wird nicht als andere Version von Männlichkeit verbucht, sondern als Baby- oder Mädchensein.

Dennoch scheinen sich in den Praktiken des Rauschtrinkens auch immer wieder Räume zu öffnen: Interessant sind in diesem Kontext Erwähnungen von homosozialen Begegnungen, die durch den Alkohol erleichtert werden:

> „Ja, ist unterschiedlich. Je nachdem wie man trinkt. Aber so, das letzte Mal war ich gut dabei und die anderen halt auch und da geht's dann halt schon zur Sache, da hängt man aneinander und man sieht irgendwelche rumknutschen was eigentlich auch Geschwister sein könnten so von der Freundschaft her. (...) ja gut, es kam auch schon vor, äh, dass letztes Jahr an Silvester, da habe ich aus Versehen mit nem Typ rumgemacht, aber da waren wir beide richtig hacke zu und das war dann halt schon einmalig. Das kommt halt schon vor." (Peter, 16: 7-16)

Obwohl Peter schnell wieder die heteronormative Welt „in Ordnung bringt", indem er betont, dass die geschilderte Situation „einmalig" war, relativiert er es dennoch, indem er darauf verweist, dass solche Ereignisse „halt schon vor(kommen)". Damit stehen sie aber für ein Öffnen der Spielräume, die in nüchternem Zustand aufgrund der Alltags-Homophobie eher gedeckelt bleiben.

Mit diesen Einblicken in unser Material soll deutlich werden, dass der Alkoholkonsum in informellen Gruppen und die mit ihm verbundenen Praktiken (auch) eine willkommene Folie für Gender-Inszenierungen zu sein scheint. Dabei werden Männlichkeiten und Weiblichkeiten immer auf der sozialen Bühne des Gruppengeschehens und der Gruppeninteraktion hergestellt, und der Alkoholkonsum stellt eine – möglicherweise austauschbare, aber durchaus spezielle – Themenachse dar, an der offensichtlich sehr vieles ausgehandelt und abgearbeitet werden kann.

4. Abschluss: theoretische Anschlüsse und Forschungs-Ausblicke

Zusammenfassend kann Rauschtrinken als ein jugendkulturelles Phänomen betrachtet werden, mit dem Jugendliche einige der Anforderungen in den Übergängen zum Erwachsensein bewältigen (Böhnisch 2008), darunter auch die Anforderung, sich kompetent in gemischt- und homosozialen Kontexten zu bewegen, sich kommunikationsfähiger und weniger gehemmt zu fühlen damit soziale Interaktionen zu ermöglichen und zu erleichtern und geschlechterbezogene Identitäten zu entwickeln. Durch die ritualisierte Organisation des Trinkens entstehen geschlechterrelevante Inszenierungsmöglichkeiten – von Verbundenheit, von Verbindlichkeit („meine beste Freundin passt auf mich auf"), von (anderen) Weiblichkeiten („ich bin anders als die Mädchen, ich vertrag' viel, ich gehöre eigentlich zu den Jungs"), von (anderen) Männlichkeiten ("ich pass halt immer auf die anderen auf"). Der Variationsraum Geschlecht scheint sich an manchen Stellen für die Akteur_innen zu öffnen, gleichzeitig ist die Frage, wie dies in den Wahrnehmungen der jeweils anderen aufgenommen, ob, wann und wie dies zum Beispiel wieder gender-konform rekodiert wird. Die weitergehende Frage ist also, inwiefern in den unterschiedlichen Modi des Alkoholkonsums (oder in Abgrenzung von exzessivem Trinken), auch Möglichkeiten entstehen, Männlichkeiten oder Weiblichkeiten eigenständig zu modellieren, oder ob sie im Bourdieu'schen Sinne als eine ‚Strukturübung' und damit schlicht als normaler und normierender Teil gegenderter Adoleszenzentwicklung zu lesen sind (Meuser 2005).

Gerade hier kommt der informellen Gruppe eine wichtige Bedeutung zu: sie sind im Rahmen des Rauschtrinkens für viele Jugendliche sowohl ein Risikoraum, in dem (teilweise exzessiv) Alkohol konsumiert wird, wie auch – im Zusammenhang mit der Verantwortungsübernahme – ein Schutzraum. Sie sind auf jeden Fall Experimentierraum für das Ausloten von körperlichen Grenzen, für das Verschieben von „Normgrenzen", für diesbezügliche Auseinandersetzungen, die Bildungsprozesse ermöglichen. Hier ist anzuknüpfen an Stephan Sting, der auf den Aspekt der sozialen Bildung gerade auch in riskanten kollektiven Praktiken und Erfahrungsräumen hingewiesen hat (Sting 2008). Rauschtrinken kann also nicht nur unter der Bewältigungs- sondern auch unter der Bildungsperspektive wahrgenommen werden – als komplexer sozialer Bildungsprozess in informellen Gruppen, in denen Jugendliche nicht nur Risikokompetenz ausbilden (Franzkowiak 1996), sondern auch die Variationsräume von Geschlecht als Bildungserfahrung erkunden. Das Rauschtrinken fungiert dabei als – derzeit sehr beliebte, prinzipiell aber austauschbare – Themenachse, um die herum vielfältige lebensübergreifende Erfahrungen und Bildungsprozesse abgewickelt und verhandelt werden. Geschlecht erweist sich dabei als immer wieder ausgehandelter Bereich von Grenzziehungen und Grenzverschiebungen, als eine Differenzierungslinie im Zusammenspiel mit anderen – wie etwa der Zuordnung zu bestimmten Gruppen mit bestimmten Praktiken, oder, wie sich in der Follow-up-Studie jetzt schon zeigt, im Zusammenspiel mit Zugängen zu Bildungs- und Ausbildungsoptionen.

Gendertheoretisch ist dabei anzuknüpfen an die Überlegungen zu den sozialen Herstellungspraxen von Geschlecht als ergebnisoffenen Interaktionen. Die Metapher des Palimpsests, mit der auf das permanente Um- und Überschreiben von Gender-Skripts in sozialen Interaktionen hingewiesen wurde (Binswanger u. a. 2009), erscheint hier ebenso hilfreich wie die Reflexionsaufforderungen mehrdimensionaler und intersektioneller Methodologien (vgl. Riegel 2010).

Literatur

Beulich, Florian / Stauber, Barbara (2011): Risikoverhalten und Risikolagen junger Frauen und Männer: Forschungsergebnisse zum Rauschtrinken Jugendlicher als Bewältigungsstrategie. In: Krekel, Elisabeth M. / Lex, Tilly (Hrsg.) Neue Jugend? Neue Ausbildung? Beiträge aus der Jugend- und Bildungsforschung. Bielefeld, S. 49-62

Binswanger, Christa / Bridges, Margaret / Schnegg, Brigitte / Wastl-Walter, Doris (Hrsg.) (2009): gender-Scripts. Widerspenstige Aneignungen von Geschlechternormen. Frankfurt / New York

Bitzan, Maria (2000): Konflikt und Eigensinn. Die Lebensweltorientierung repolitisieren. In: neue praxis, Heft 4, 30. Jg., S. 335-346

Böhnisch, Lothar (2008): Sozialpädagogik der Lebensalter. Eine Einführung. Weinheim

Boltanski, Luc (1976): „Die soziale Verwendung des Körpers". In: Kamper, Dietmar / Rittner, Volker (Hrsg.): Zur Geschichte des Körpers, München, S. 138-183

Büsser, Martin / Engelmann, Jonas / Rüdiger, Ingo (Hrsg.) (2009): emo. Portrait einer Szene. Mainz

Demant, Jacob (2009): When Alcohol Acts: An Actor-Network Approach to Teenagers, Alcohol and Parties. In: Body & Society 15, 1, S. 25-46

Demant, Jakob / Törrönen, Jukka (2011): Changing drinking styles in Denmark and Finland. The feminization of Scandinavian drinking cultures. Vortrag im Rahmen des 35. Annual Alcohol Epidemiology Symposiums der Kettil Bruun Society (KBS) in Kopenhagen, 1-5 Juni, 2009 (unveröff.).

Ferreira, Vitor Sergio (2011): Living utopian bodies and real risks: the cases of undereating and overtraining disciplines among young people, lecture at Tübingen University, 15. 7. 2011.

Franzkowiak, Peter (1996): Risikokompetenz – eine neue Leitorientierung für die primäre Suchtprävention? In: Neue Praxis 26, 5, S. 409-425

Gildemeister, Regine (2004): Doing Gender – Soziale Praktiken der Geschlechterunterscheidung. In: Becker, R./Kortendiek, B. (Hrsg.): Handbuch Frauen- und Geschlechterforschung 2004. Wiesbaden, S. 132-140

Goffman, Erving (1977): The Arrangement between the Sexes. Theory and Society 4: 301-331

Gugutzer, Robert (2004): Soziologie des Körpers. Bielefeld

Haag, Maren (2007): Binge Drinking als soziale Inszenierung. Zur vergeschlechtlichten Bedeutung exzessiven Alkoholkonsums. Freiburg im Breisgau: Fördergemeinschaft wissenschaftlicher Publikationen von Frauen.

Hall, Stuart (1996): Introduction: Who needs "identity"? In: Hall, S./Du Gay, P. (Hrsg.): Questions of cultural identity. London, S. 1-17

Hall, Stuart (2000): Postmoderne und Artikulation. Ein Interview mit Stuart Hall. Zusammengestellt von Lawrence Großberg. In Stuart Hall, Cultural Studies. Ein politisches Theorieprojekt. Ausgewählte Schriften 3. Hamburg, 52-77

Harnett, Robert/Thom, Betsy/Herring, Rachel/Kelly, Moira (2000): Alcohol in Transition: Towards a Model of Young Men's Drinking Styles. In: Journal of Youth Studies 3, 1, S. 61-77

Helfferich, Cornelia (1994): Jugend, Körper und Geschlecht. Opladen

Hibell, Björn/Guttormsson, Ulf/Ahlström, Salme/Balakireva, Olga/Bjarnason, Thoroddur/Kokkevi, Anna/Kraus, Ludwig (2009): The 2007 ESPAD Report – Substance Use Among Students in 35 European Countries. Stockholm: The Swedish Council for Information on Alcohol and Other Drugs (CAN).

Hirschauer, Stefan (1998): Die interaktive Konstruktion von Geschlechtszugehörigkeit, in: Zeitschrift für Soziologie, Jg. 18, Heft 2, S. 100-118

Hirschauer, Stefan (2004): Praktiken und ihre Körper: Über materiale Partizipanden des Tuns. In: Hörning, K.H./Reuter, J. (Hrsg.): Doing Culture. Neue Positionen zum Verhältnis von Kultur und sozialer Praxis. Bielefeld, S. 73-91

Keupp, Heiner (2009): Riskanter werdende Chancen des Heranwachsens in einer grenzenlosen Welt. http://www.ipp-muenchen.de/texte/keupp_09_linz_text.pdf [Zugriff: 24.04.2011]

Keupp, Heiner/Ahbe, Thomas/Gmür, Wolfgang u. a. (2006): Identitätskonstruktionen. Das Patchwork der Identitäten in der Spätmoderne. Reinbek

Lampert, T./Thamm, M. (2007): Tabak-, Alkohol- und Drogenkonsum von Jugendlichen in Deutschland. Ergebnisse des Kinder- und Jugendgesundheitssurveys (KiGGS). In: Bundesgesundheitsblatt – Gesundheitsforschung – Gesundheitsschutz 50, 5-6, S. 600-608

Landolt, Sara (2009): „Männer besaufen sich, Frauen nicht": Geschlechterkonstruktionen in Erzählungen Jugendlicher über Alkoholkonsum. In: Binswanger, C./Bridges, M./Schnegg, B./Wastl-Walter, D. (Hrsg.): Gender Scripts Widerspenstige Aneignungen von Geschlechternormen. Frankfurt a.M./New York, S. 243-264

Litau, John (2011): Risikoidentitäten. Alkohol, Rausch und Identität im Jugendalter. Weinheim

Litau, John/Stauber, Barbara (2012): Riskante Identitätsarbeit? Zur Herstellung von Männlichkeiten und Weiblichkeiten in jugendkulturellem Rauschtrinken, erscheint in: Jahrbuch Frauen- und Geschlechterforschung in der Erziehungswissenschaft.

Measham, Fiona C. (2002) ‚Doing gender' – ‚doing drugs': conceptualising the gendering of drugs cultures. Contemporary Drug Problems, 29 (2). pp. 335-373

Meuser, Michael (2005): Strukturübungen. Peergroups, Risikohandeln und die Aneignung des männlichen Geschlechtshabitus. In: King, V./Flaake, K. (Hrsg.): Männliche Adoleszenz. Sozialisation und Bildungsprozesse zwischen Kindheit und Erwachsensein. Frankfurt a. M., S. 309-323

Meuser, Michael (2006): Körper-Handeln. Überlegungen zu einer praxeologischen Soziologie des Körpers, in: Gugutzer, Robert (Hrsg.): body turn. Perspektiven der Soziologie des Körpers und des Sports, Bielefeld, S. 95-116.

Pohl, Axel/Stauber, Barbara/Walther, Andreas (Hrsg.) (2011): Jugend als Akteurin sozialen Wandels. Veränderte Übergangsverläufe, strukturelle Barrieren und Bewältigungsstrategien. Weinheim

Richter, Matthias/Hurrelmann, Klaus/Klocke, Andreas u. a. (Hrsg.) (2008): Gesundheit, Ungleichheit und jugendliche Lebenswelten. Ergebnisse der zweiten internationalen Vergleichsstudie im Auftrag der Weltgesundheitsorganisation WHO. Weinheim:

Riegel, Christine (2010): Intersektionalität als transdisziplinäres Projekt: Methodologische Perspektiven für die Jugendforschung, in: Riegel, Christine/Scherr, Albert/Stauber, Barbara (Hrsg.): Transdisziplinäre Jugendforschung. Grundlagen und Forschungskonzepte, Wiesbaden, 65-89

Schulze, Marion (2008): Self made, self raised? Überlegungen zur geschlechtsspezifischen Sozialisation in Jugendsubkulturen. Das Beispiel Hardcore. In: Freiburger Frauen Studien 22: Kindheit, Jugend und Sozialisation. Freiburg, 195-208

Stauber, Barbara (2011): Androgynität und Gender-Switching in Jugendkulturen? Oder: Doing gender differently – Geschlechtervariationen in jugendkulturellen Körperinszenierungen, in: Niekrenz, Yvonne/Witte, Matthias D. (2011) (Hrsg.): Jugend und Körper. Leibliche Erfahrungswelten. Weinheim /München

Stauber, Barbara (2004): Junge Frauen und Männer in Jugendkulturen. Selbstinszenierungen und Handlungspotentiale. Opladen

Stauber, Barbara/Pohl, Axel/Walther, Andreas (Hrsg.) (2007): Subjektorientierte Übergangsforschung. Rekonstruktion und Unterstützung biografischer Übergänge junger Erwachsener. Weinheim

Sting, Stefan (2008) Jugendliche Rauschrituale als Beitrag zur Peergroup-Bildung. In: Bogner, R./Stipsits, R. (Hrsg.): Jugend im Fokus. Pädagogische Beiträge zur Vergewisserung einer Generation. Wien, S. 139-147

Stumpp, Gabriele/Stauber, Barbara/Reinl, Heidi (2009): Einflussfaktoren, Motivation und Anreize zum Rauschtrinken bei Jugendlichen. Berlin: Bundesministerium für Gesundheit.

Villa, Paula-Irene (2007): Der Körper als kulturelle Inszenierung und als Statussymbol. In: Aus Politik und Zeitgeschichte, 18, S. 18-26

Wenzel, Eberhard (Hrsg.) (1986): Die Ökologie des Körpers. Frankfurt a. M.

West, Candace/Zimmerman, Don H. (1987): Doing Gender. In: Gender & Society 1, 2, S. 125-151.

Willis, Paul 1977: Learning to labour: How working class kids get working class jobs. New York

Winker, Gabriele/Degele, Nina (2009): Intersektionalität. Zur Analyse sozialer Ungleichheiten. Bielefeld

Wißmann, Christian (2011): „Cool mit Kumpels einen trinken, das passt schon." Eine qualitative Untersuchung des Umgangs Jugendlicher mit Alkohol im Kontext ihrer informellen Peergruppen. Universität Tübingen: unv. Diplomarbeit.

„Weil man sich selbst oft drin wiederfindet" – Jungen im popkulturellen Sozialraum (Gangsta)Rap

Michael Herschelmann

1. Einleitung

HipHop ist mit seinen Elementen Graffiti, Breakdance, DJing und Rap die aktuell größte Jugendkultur weltweit: „Mit keinem anderen Musikgenre wird so viel Umsatz bei Unter-Zwanzigjährigen gemacht, in jeder Stadt in Deutschland – sei sie noch so klein – existieren HipHop-Kids" (Farin 2011; S. 16). Auch wenn nur etwa 20 % der Jugendlichen aktiv und engagiert einer Jugendkultur angehören, orientieren sich doch rund 70 % der übrigen Jugendlichen an ihnen: „Jeder Szene-Kern wird so von einem mehr oder weniger großen Mitläuferschwarm umkreist, der zum Beispiel im Falle von Techno / elektronischer Musik und HipHop mehrere Millionen Jugendliche umfassen kann" (ebd.; S. 11). Insofern ist HipHop eine populäre Inszenierung.

HipHop als Jugendkultur und popkulturelle Spielart zeichnet sich außerdem durch eine bemerkenswerte Langlebigkeit aus: „Seit nunmehr dreißig Jahren dominiert diese kulturelle Ausdrucksform sowohl subkulturelle, ‚alternative' als auch kommerzielle Diskurse des Mainstreams" (Bock et al. 2007a; S. 11). HipHop ist zu einem „glokalen Kulturphänomen" geworden, „das allgemeine gesellschaftliche Wandlungsprozesse exemplifiziert und verdeutlicht, diese aber auch befördert und nachhaltig beeinflusst" (ebd.; S. 14f). Dies tut sie sowohl in emanzipatorischer, als auch Ungleichheitsverhältnisse reproduzierender Perspektive (Bock et al. 2007b). Bock et al. (2007b) zeigen einerseits, dass HipHop als politisches bzw. soziales Emanzipationsinstrument dient, das sich marginalisierte Gruppen lokal zur Artikulation zu eigen machen (S. 314). Dies geschieht jeweils vor Ort sehr unterschiedlich: Die Marginalisierungsbereiche Gender / Identität, Ethnie / Rasse, Milieus / Klasse, Stadt / Land und historisch-kulturelle / postkoloniale Entwicklung verursachen lokal spezifische Ausprägungen des HipHop, sie „werden entsprechend lokaler und soziokultureller Kontexte aufgerufen und verursachen so bestimmte Emanzipationspraktiken der Betroffenen mittels HipHop" (ebd.; S. 317). Andererseits machen Bock et al. (2007b) deutlich, dass HipHop trotz dieser

Emanzipationspraxis nicht in Widerspruch zu kapitalistischen Verwertungslogiken gerät und mehrheitlich nicht auf die Abschaffung bestehender gesellschaftlicher Macht- und Herrschaftsverhältnisse zielt: „Vielmehr enthält HipHop durch
seine immanente Flexibilität, Innovationsfähigkeit, seiner Medien- und Marken-
affinität und seiner Wettbewerbspraxis in der Ausübung seiner Ausdruckformen
Strukturelemente und Prinzipien aktueller kapitalistischer Ordnungssysteme"
(ebd.; S. 320). Für Seeliger / Knüttel (2010), die die Konstruktionsmodi der Sym-
bolwelten des Gangsta-Rap aus einer intersektionalen Perspektive rekonstruieren
und deren Bedeutung für bestehende soziale Ungleichheitsverhältnisse analysie-
ren, gewinnt im Zuge gesellschaftlicher Umstrukturierungsprozesse unter neoliberalen Vorzeichen die mediale und popkulturelle Darstellung zunehmende Bedeutung für die Gestaltung symbolischer Herrschaftsverhältnisse (S. 403). Auch
für sie ist (Gangsta)Rap nicht nur eine Emanzipationsstrategie, sondern stabili-
siert und legitimiert er Herrschaftsverhältnisse, weil er Herrschaftsmechanismen
bestätigt, da „die eigene Wertigkeit ebenfalls über die vollkommene und grundsätzliche Akzeptanz sozialer Herrschaftsverhältnisse bis hin zur Verherrlichung
erfolgt." (ebd.; S. 406). Letzteres betrifft insbesondere den im letzten Jahrzehnt
aufgekommenen deutschen sexistischen Gangsta- und Porno-Rap (vgl. z. B. Wegener 2007a; Wegener 2007b; Weller 2010).

Als Jugendkultur ist HipHop ein Sozialraum, in dem Geschlecht konstruiert
wird. Gerade in der männlich konnotierten HipHop-Szene können durch „… körperliche Zuweisungen und Sexismus (…) Geschlechterkonstruktionen eine scheinbare Eindeutigkeit erlangen …" (Bütow 2011; S. 37; vgl. auch Hajir 2006; Thomas
2008). In meinem Beitrag möchte ich anhand von zwei Interviews mit männlichen Rap-Fans zeigen, auf welche Weise Geschlecht konstruiert wird. Dabei finden auch unbewusste und widersprüchliche Konstruktionen Berücksichtigung.
Die Ergebnisse machen deutlich, dass männliche Jugendliche deutschen (Gangsta)
Rap zur Selbstinszenierung, zur Verarbeitung und Auseinandersetzung mit (Geschlechter)Konflikten nutzen. Die 14 Interviews wurden im Rahmen eines pädagogischen Praxisforschungsprojekts erhoben. Es wurden problemzentrierte Interviews mit Jungen im Alter von 12-16 Jahren an einer Hauptschule durchgeführt.
Angesprochen wurden Jungen der Klassen 5-9, die diese Musik hören. Erste Ergebnisse sind bereits veröffentlicht (Herschelmann 2009a). Die Fallbeispiele, um
die es in diesem Beitrag geht, wurden sekundäranalytisch tiefenhermeneutisch
ausgewertet, um unbewusste Sinnebenen erfassen zu können[1].

---

1   Die Analyse fand im Rahmen der von Anna Stach moderierten Arbeitsgruppe *Gender und*
    tiefenhermeneutische Kulturanalyse an der Universität Kassel statt. Allen Beteiligten sei für
    diese Möglichkeit noch einmal herzlich gedankt. Zum methodologischen Hintergrund und
    zum methodischen Vorgehen vgl. Stach 2006; S. 44-83.

Die Untersuchung der manifesten Sinnebenen in dem ersten Analyseschritt machte deutlich, wie unterschiedlich (Gangsta)Rap von Jungen genutzt werden kann und wie differenziert sie damit umgehen (vgl. dazu Herschelmann 2009). Jungen verstehen die Texte nicht als unmittelbare Aufforderung zur Gewalt oder zum Drogenkonsum. Sie nutzen auch nicht nur die problematischen Texte, sondern wählen selektiv das aus, was für sie sinnvoll ist – also „Sinn"[2] macht. Die Jungen wissen darum, dass Gewalt kein Mittel zur Konfliktlösung ist. Dennoch kreisen zum Teil ihre Fantasien bei der Verarbeitung von Konflikte um gewalthaltige Szenen und sind affektiv stark aufgeladen. Zentrale Themen sind die Auseinandersetzung mit Versagen und mit sozialen Problemen. Der Sozialraum Rap ermöglicht unterschiedliche Praxen und verschiedene Fantasieräume – und damit eine gewisse Bewältigung von (Lebens-)Problematiken (Böhnisch). Diesen soll im Folgenden anhand von zwei Fallbeispielen – Paul und Bekir – nachgegangen werden, die zunächst in ihren manifesten und dann latenten Bedeutungsebenen skizziert werden. Anschließend werde ich diese Analysen dann unter Bezugnahme auf die Literatur bzw. theoretische Aspekte resümierend vergleichen. Ich beginne mit der Darstellung der manifesten und latenten Bedeutungsebenen, die sich im Interview mit einem Jungen gezeigt haben, den ich Paul (15 Jahre)[3] genannt habe.

2. Fallbeispiel: Paul

Zunächst beschreibt Paul, dass er den (Gangsta)Rap nutzt, um einerseits mit Gleichaltrigen zusammen zu sein und sich andererseits mit ihnen über soziale Probleme auszutauschen, die von öffentlichem Interesse sind. Das betrifft auch das Thema Gewalt gegen Mädchen:

„Und das sind auch Themen, wenn jetzt Sido zum Beispiel, dieser Track „Sarah" oder zum Beispiel Bushido der Track „Janine", dann sagt man „Ist das nicht heftig, dass dieses Mädchen vergewaltigt worden ist?" oder „Wie seht ihr das?" Und das sind halt wirklich so Themen, das ist so dieser, die jugendliche, äh, wie die Politiker das machen. Die setzen sich im Kreis zusammen, unterhalten sich, wie aasig das ist, und Jugendliche setzen sich zusammen,

---

2   Die Kategorie „Sinn" verweist auf den theoretischen Hintergrund der Untersuchung. Grundlage ist ein auf der Kulturhistorischen Schule (Vygotskij, Leont'ev, Luria) aufbauendes abbild- und tätigkeitstheoretisches Modell männlicher Persönlichkeitsentwicklung, das auch nicht-bewusste geschlechtliche Selbstentwürfe erfasst (vgl. ausführlich Herschelmann (2009b). Sie ist weitgehend kompatibel mit der materialistischen Sozialisationstheorie Alfred Lorenzers, worauf an dieser Stelle aber nicht weiter eingegangen werden kann.

3   Alle Namen wurden anonymisiert.

unterhalten sich, wie cool das ist, oder wie hart das ist. Und das ist einfach
so, ehm, ja dass man sich darüber unterhalten kann, oder dass es einfach
Unterhaltungsthemen sind".

Paul hat sich über Bushidos „Janine" mit dem Thema sexueller Missbrauch beschäftigt. Das zeigt, dass Jungen durchaus nicht nur die (aus der Erwachsenen-
perspektive) problematischen Inhalte der Texte wahrnehmen, sondern die Titel
zum Teil differenziert betrachten. Und sie gehen auch anders damit um, als Erwachsene das denken oder auch machen. Paul unterhält sich darüber mit Gleichaltrigen und tauscht sich aus („Jugendliche setzten sich zusammen, unterhalten
sich, wie cool das ist, oder wie hart das ist"). Die Frage ist zwar, wie weit und mit
welchem Ergebnis diese Auseinandersetzung verläuft, wenn sie ohne ergänzende
Informationen durch fachlich kompetente Erwachsene stattfindet. Es zeigt aber,
dass er sich über dieses Rap-Stück bewusst und gemeinsam mit anderen mit einem gesellschaftlichen Problem beschäftigt. Paul nutzt Rap also zum Teil zum
Zusammensein mit anderen Jugendlichen. In seiner Selbstdarstellung ist ihm
wichtig, zu zeigen, dass er ein interessierter Junge ist.

Inszenierung des Expertenstatus

Gleichzeitig grenzt er sich von diesen aber auch ab, indem er sich ihnen gegenüber
auf einer latenten Ebene als „Experte" inszeniert und eine Hierarchie herstellt:

> *„(...) viele aus meiner Klasse meinen ja, sie sind die Obergangsta, weil sie*
> *rappen können, weil sie, also vermeintlich rappen können, weil sie Rap hö-*
> *ren und dann denk ich aber für mich „Leck mich am Arsch, eigentlich weißt*
> *du gar nichts", weil ich kann denen zwei Fragen stellen, und da sagen die,*
> *„Ja, wieso willste das jetzt wissen?" oder so, genau, kein Ahnung. Das ist*
> *einfach so, fast schon traurig zu sehen, dass die denken, dass die jetzt ohne*
> *nen Abschluss weit kommen mit Rap."*

Paul grenzt sich hier doppelt ab, zum einen über sein (Experten)Wissen und zum
anderen über die naive Berufsperspektive „Rapper", die er nicht hat („Ich mein,
ich selbst hör die Musik, aber hab zum Beispiel den Traumberuf, mal Polizist zu
werden oder so."). Das Experten-Wissen hat er, weil er im Gegensatz zu anderen
„sich WIRKLICH für Musik interessiert oder auch für Rap, und nicht einfach
die Musik hört" und es ihm einfach mehr Spass macht, „wenn man auf die Texte
achtet, und nicht einfach nur zuhört und dazu wippt oder mitsingt, sondern auch
mal drauf achtet, wie viel Wörter sich hintereinander reimen oder wie viele Bars

jetzt der gemacht hat, oder wie lange er splittet und dann merkt man eigentlich, ob jemand ne Technik draufhat, oder ob's einfach wirklich nur, ja dahingerappt ist". Er grenzt sich also auch noch über den anderen Umgang mit Rap von den anderen ab, der ihm zu dem Experten-Wissen führt. Das geht er auch sehr systematisch an: „ich hab sogar ne Tabelle angefertigt, mit verschiedenen Rappern, um die mal zu vergleichen, ob das jetzt wirklich so ist, dass Kollega so viel besser ist als Favorite oder Slick One", was er wie folgt beschreibt:

„Also, (...) man hört sich unterschiedliche Alben an, von Rappern halt und dann schreibt man sich raus, welche Tracks wirklich herausragen und, weil viele Rapper machen das auch so, die haben einen Titeltrack, und das ist der besondere und der Rest ist einfach normal, und der ist nicht besonders. Und wenn man sich dann von wirklich guten Rappern Musik anhört, da sind dann wirklich sechs, sieben Tracks besonders und der Rest ist oberes Mittelmaß, sagen wir mal so, und da mag man sich auch das ganze Album anhören und nicht nur immer wieder diese zwei Lieder. Dann sind das meinetwegen sechzehn Euro rausgeworfenes Geld. Und daran macht man das dann fest, einmal, wer die besten Tracks gemacht hat und dann mach ich das halt so für mich selber, vergeb so Sterne dahinter, und ich mach halt so'n X immer, und wie viel Reime die hintereinander gemacht haben."

Das heißt, er analysiert und beurteilt als „Experte" die Qualität der Rapper und nutzt dabei sogar, „was man in der Schule jetzt auch gelernt hat, diese Reime, diese AB, also ABAB, oder AABB, oder weiß nicht, was es jetzt noch alles gibt, das man da einfach guckt, wie oft die was machen". Der Experten-Status ergibt sich auch daraus, dass er Spezialwissen hat und z. B. auch unbekannte Rapper früh wahrnimmt, wie er an einem Beispiel deutlich macht: „Ich hab ihn jetzt schon vor zwei Jahren gehört, da war er noch gar nicht bekannt, aber ist halt viel, wenn man im Internet rumguckt, ob's legal oder illegal, ist ja auch wieder eine Sache, aber dann findet man halt auch so andere Rapper, wo man dann einfach erzählen kann von Rappern, die andere gar nicht kennen. Wo man dann wirklich sein Wissen preis gibt und auch teilweise stolz darauf ist, dass man wirklich weiß von anderen Sachen". Damit kann er sich mit seinem Expertenwissen von den anderen Jugendlichen abgrenzen.

Mit der Inszenierung als Experte kann er sich außerdem zur Rap-Szene zugehörig fühlen, obwohl er selbst nicht rappt, was er aber eigentlich gerne will: „es gibt Leute, die gucken 8Mile und meinen, sie wären jetzt die größten Rapper, und bei mir ist halt so, dass natürlich ich auch gern rappen würde, also KÖNNEN würde so, aber muss man leider zugeben, ich kann's einfach nicht, und dann lass ich´s auch bleiben, ich beschränk mich auf das Zuhören, und (...) denk auch drüber nach". Er würde gerne Rapper sein, kann es – vermutlich vor dem Hintergrund seiner Qualitätsanforderungen – aber nicht und findet über das Experten-Wissen eine Möglichkeit subjektiv dazuzugehören.

„Gute Rapper"

Paul identifiziert sich außerdem mit den „guten" Rappern, das sind für ihn „ja 50Cent und Eminem und Kool Savas und Samy Deluxe und viele weitere, das sind einfach wirklich lebende Legenden". An Samy Deluxe macht er deutlich, was er an ihnen schätzt:

> „Samy Deluxe hat n Realschulabschluss zum Beispiel, und das ist auch mein Favorit von Rap, weil er halt, ja einfach meiner Meinung nach perfekt ist. Jeder hat ja sein eigenes Idol und ich war auch auf nem Konzert von ihm und ehm, Freestyle, wissen sie ja wahrscheinlich auch, was das ist, also selber einfach so Lines ausdenken, und der macht das einfach perfekt (...) Und der hat ja Überlegungen da drin und er hat jetzt n eigenes Label aufgemacht „Deluxe Records" und er setzt sich auch für Kinder ein, also er gibt Spenden und geht in Schulen, hat jetzt seine eigene Schuhmarke, Klamottenmarke und kann man halt sehen, welche Rapper was aufbauen, und welche Rapper einfach nur rappen um Geld zu bekommen. Und die halt nicht, die nicht für Rap leben, sondern nur für das Geld. Und ja halt auch so Connection aufbauen, also so Freunde in Amerika haben und das macht einfach Spaß, das zu hören."

„Gute" Rapper zeichnen sich also für ihn aus, dass sie Bildung (Realschulabschluss) und Kompetenzen (z. B. perfekten Freestyle) haben, ein Gewissen (Überlegungen), Selbständigkeit (eigenes Label, eigene Marken) und soziales Engagement (für Kinder, in Schulen) aufweisen, dass sie Freunde haben (connections) und für den Rap leben (nicht für das Geld). Er verteidigt sie gegenüber den Sichtweisen anderer Jugendlicher und vergleicht sie mit Lehrern:

> „Und was da eigentlich alles hinter steckt, dass man immer denkt „Die haben so´n schönes Leben, die haben viel Geld und viel Freizeit" und das stimmt alles gar nicht, zumindest die guten Rapper, die sitzen auch manchmal über die Nacht da und müssen Texte schreiben, weil sie denken, „Wir müssen jetzt bald mal wieder n Album rausbringen", die müssen sich um das Label kümmern, die müssen Fanpost in Anführungsstrichen beantworten, obwohl sie da jetzt auch wieder Sekretärinnen für haben wahrscheinlich, aber ehm, dass

man einfach gar nicht über die Hintergründe nachdenkt, sondern jetzt einfach nur denkt, zum Beispiel auch wie die Lehrer „Die haben's gut", aber die müssen natürlich auch den Nachmittag, also den nächsten Tag vorbereiten, die Arbeiten nachgucken, Hausaufgaben geben, sich mit den Schülern auseinandersetzen. Und genauso ist es auch beim Rap halt."

Mit diesen guten Rappern identifiziert er sich und geht eine „geistige Verbindung" ein: „man entwickelt auch so ne gewissen Verbindung zu den Rappern, was natürlich keine persönliche ist, schon klar, aber halt so ne geistig Verbindung, dass man einfach sich dann versucht in deren Lage zu versetzen, wenn die anfangen zu rappen, oder wenn die anfangen, Texte zu schreiben". Ihn interessieren vor allem ihre Biographien, ihre Geschichte:

„(...) wenn man jetzt auch so Demotapes hört, jetzt von Sido, Kool Savas oder so, da hört man, wie die angefangen haben, und dass die dann hochkommen, einfach die Geschichte wieder zu erleben, von den Rappern. Und wie schnell die eigentlich zu Idolen werden, und die können so eingebildet sein, wie sie wollen, und in dem Moment finden wir sie scheiße, aber eigentlich mögen wir sie doch. Die sagen ... [I: Weil sie so'n Weg gegangen sind?] ja, genau, weil sie diesen, weil die es halt geschafft haben. Und, ja halt, dass die über ihr Leben erzählen, ob's stimmt oder nicht ist wieder ne andere Frage. Aber das ist halt einfach sowas, was uns interessiert, was uns im anderen Sinne anmacht, und ja, das ist es halt glaub ich. [I: Die Geschichte der, die persönliche Geschichte der Rapper.] Genau. Das ist einfach oft auch faszinierend zu sehen, im Endeffekt muss man sehen, ob man's glaubt, oder nicht, aber überhaupt zu hören (...)".

Rap als biographische Projektionsfläche

Rap wird so zur Projektionsfläche für die Auseinandersetzung mit eigenen Problemen. Für Paul spielen in der Identifikation mit „guten" Rappern bestimmte (Qualitäts-)Kriterien eine Rolle (s. o.), denn für ihn ist es „fast schon traurig zu sehen, dass die denken, dass die jetzt ohne nen Abschluss weit kommen mit Rap". Er verbindet den sozialen Aufstieg mit Bildung und harter Arbeit. Dabei ist es für Paul in Bezug auf die Erzählung vom sozialen Aufstieg unerheblich, „ob's stimmt oder nicht", „muss man sehen, ob man's glaubt, oder nicht", wichtiger ist ihm, es „überhaupt zu hören". Hier zeigt sich nicht nur eine durchaus kritische Betrachtung der Rapper, in der Unterschiede zwischen deren medialen Inszenierung und der (vermutlich) tatsächlichen Realität wahrgenommen werden, sondern auch, dass es etwas gibt, was ihn über das Wissen hinaus „anmacht". Dies verweist darauf, dass dahinter noch mehr steckt. Diese Musik spricht latente Wünsche, Fantasien und Gefühle an, die in den Texten und den Interpreten eine objektiv bedeutsame Form finden. Die Musik dient insofern als Projektionsfläche, durch die die Jungen ihre Wünsche und Gefühle ausdrücken können.

Paul findet sich in manchen Texten von Bass Sultan Hengzt wieder, z. B. „Seelenfrieden". Paul wohnt nicht im Ghetto, hat aber ein großes Interesse darüber mehr zu erfahren:

> *„Also wir wollen nur hören, wie das denn so im Ghetto ist, wenn wir das selber nicht mitbekommen. Zum Beispiel wenn wir dann so'n ganz tolles Leben jetzt, bisschen abgetrennt von der Stadt, n Einfamilienhaus, n schönen Garten, meinetwegen n paar Gartenzwerge im Garten, wir wollen aber hören, wie es anders ist. Wir wollen hören, wie es im Ghetto ist, weil wir natürlich denken, dass die es wissen. Also dass die wirklich davon berichten können und dass das stimmt, was die sagen. [I: Aber warum wollen Jugendliche was vom Ghetto hören?] Ja, weil das Ghetto einfach so das Schlechte widerspiegelt, es gibt so das Gute und das Böse, wie man da jetzt so allgemein sagt, und das ist halt in dem Fall das Böse, und das Ghetto da kommen halt die ganzen, die Rapper rausgekrochen, aus dem Untergrund".*

Was genau ihn daran fasziniert, wird in der Analyse des Tracks „Seelenfrieden" deutlich: Der Track, der zusammen mit Sido als Duett aufgenommen wurde, beginnt mit Flöten und Geigen und erinnert an irische Folkmusik. Auswanderer aus Irland nach Amerika, die von einem neuen Land träumen, kommen einem in den Sinn. Die Musik erzeugt eine melancholische bis traurige Stimmung, lädt aber auch zum Wegträumen ein. Das Bild eines traurigen, entwerteten „armen Jungen", der in einer ausweglosen Situation steckt, entsteht. Das Cover zum Track zeigt einen massiven, kräftigen, athletischen männlichen Körper, mit beschrifteter Haut, geschmückt mit einer Kette, aber nach unten gebeugtem Haupt: Männlichkeit, die Verletzlichkeit zeigt. Im Text werden Wünsche an die Zukunft formuliert, in denen eine deprivierte Gegenwart oder Vergangenheit zum Ausdruck kommt: ein beschwertes Leben, mit Verzicht, ohne Liebe, ohne Sex, ohne Anerkennung, mit Hass, Perspektivlosigkeit, im Ghetto, mit Druck, mit Angst, als Abschaum, ohne Respekt und ohne Geld. Der Refrain beinhaltet die Hoffnung auf eine bessere Zukunft, auf eine Perspektive:

> *„Wo ist dieser Stern, dass ich mir was wünschen kann? Gibt es Hoffnung, die mein Herz fülln kann? Und ich frage mich, ob mich Deine Engel lieb'n. Wenn das so ist, bitte schenk mir den Seelenfrieden. Denn ich weiß nicht,*

ob ich länger warten kann. Wo ist dieser Platz an dem meine Seele schlafen kann. Dort wo wir lachen könn'n und keine Tränen fließen. Bitte lieber Gott schenke mir den Seelenfrieden."

Paul findet hier einen Ausdruck für sein Erleben, sein Innenleben, findet sich hierin wieder. Er ist fasziniert vom Ghetto, obwohl er dort nicht lebt, weil es seiner inneren Stimmung entspricht, seiner Selbstwahrnehmung. Die Erfahrung des Scheiterns in der Grundschule, durch die er auf die Schule für die „die vermeintlich Dummen" gekommen ist, ist für ihn als inneres Thema nicht-bewusst virulent. Dafür steht das Ghetto mit seinen symbolischen Angeboten für die Verarbeitung des Scheiterns und der dazugehörigen Gefühle mit Größenfantasien. Er erlebt als Hauptschüler „halt tagtäglich, wie Jugendliche, auch auf der Hauptschule, einfach miteinander umgehen, wie das dann ist, dass sie sich streiten oder schlagen, oder was für Wörter dabei rumkommen, dies Rassenfeindliche" und fühlt sich entwertet, marginalisiert und deklassiert. Der Rap gibt ihm dafür einen Ausdruck. Und er möchte das verändern, er möchte aus dem inneren Ghetto, dem „Schlechten", dem „Untergrund" „rauskriechen", möchte, dass „seine Seele Frieden finden kann". Dazu wählt er aber keine konkreten und realen Handlungen wie andere (wie Bekir, s. u.), sondern den Rap „Seelenfrieden" mit unrealistischen Größenfantasien: Reichtum, Wissen, Berühmtheit, ohne Arbeit, Schule, Verpflichtungen oder Gesetze. Darin findet er sich wieder. Und er hört neben Bass Sultan Hengzt auch noch andere Rapper, u. a. auch Frauenarzt.

Gewaltthemen als biographischer Bearbeitungsmodus

Beim Thema Gewalt zeigt sich bei Paul eine ambivalente Haltung. Einerseits distanziert er sich manifest von ihr und spricht (auch mit anderen Jugendlichen) in einer sozial erwünschten Weise über sie. Andererseits will er latent den gewalthaltigen Rap behalten, weil er damit eine Ausdrucksmöglichkeit findet für Gefühle, die gesellschaftlich verpönt sind.

Zunächst zeigt sich auf der manifesten Ebene ein sehr differenzierter Umgang mit (Gangsta)Rap. Er distanziert sich von zu Gewalt verherrlichendem Rap:

„und dann hab ich ne zeitlang keine Musik mehr gehört, weil ich's mit halt, ehm, ja, was heißt zu komisch, aber so, Sido war halt in der Zeit mit dem „Arschficksong" und dann B-Tight „der Neger" und das war so die Zeit, wo man halt NUR Frauen schlecht gemacht hat und NUR gewaltverherrlichend war und da war halt dann irgendwann auch ne Grenze für mich, wo ich gedacht hab, muss nicht mehr sein".

Außerdem hört er unterschiedlichen Rap. Auf die Frage, wovon es abhängig ist, wann er was hört, antwortet er:

> *„Ja, von meiner Laune. Das heißt, wenn ich jetzt gerad Ärger mit Freunden oder mit meiner Lehrerin, Eltern, keine Ahnung hatte, dann hör ich so Frauenarzt, weil der einfach aggressiv und auch FEINDLICH rappt, oder nicht immer feindlich, aber, und da kann man einfach so seinen, seinen Frust rauslassen, indem man mitrappt und, oder einfach seine Wut nicht, ja körperlich rauslässt, sondern einfach verbal rauslässt, was oft auch ne bessere Lösung ist. Und wenn ich dann richtig gute Laune hab und auf dem Fahrrad fahr und einfach so, dann zieh ich mir Samy Deluxe rein und, macht halt verdammt viel Spaß so die Gegensätze zu sehen. "*

Paul nutzt unterschiedliche Tracks, um seine Emotionen zu regulieren. Er hört Frauenarzt, „weil der einfach aggressiv und auch FEINDLICH rappt" und er so seine Wut „verbal rauslässt, was oft auch ne bessere Lösung ist". Das heißt, er hat eine Handlungsalternative zur realen Ausübung von Gewalt und kann zwischen beiden unterscheiden. Paul nutzt außerdem sehr selektiv auch noch andere Rapper, für andere Gefühlszustände. So hört er Sammy Deluxe, der ganz und gar nicht der typische (Gangsta)Rapper ist, wenn er „richtig gute Laune" hat und es macht ihm „verdammt viel Spaß so die Gegensätze zu sehen". Hier zeigt sich ein sehr differenzierter Umgang im Konsum von (Gangsta)Rap, der über die reine Bestätigung von Stimmungslagen hinausgeht.

Hinter diesem differenzierten und reflektierten Umgang von Paul mit (Gangsta)Rap auf der manifesten Ebene, scheint bei näherer Betrachtung aber auch noch eine latente Ebene auf, die im Kontrast dazu steht. Das zeigt sich u. a. daran, dass er es geheim hält, dass er Frauenarzt hört:

> *„Und ich muss leider ehrlich sagen, auch solche Sachen wie Frauenarzt oder so, ich geb nicht immer zu, dass ich solche Sachen hör, also wenn die fragen „was für Musik hörst du?", dann zähl ich alle Rapper auf, die ich wirklich besonders cool finde, und nicht, die ich so ab und zu höre. Weil ich glaub nicht, dass meine Großmutter oder meine Tante oder irgendjemand wissen muss, dass ich jetzt Frauenarzt oder irgendjemand hören muss. Das sind einfach auch oft Sachen, die privat gehört werden, also die gar nicht jetzt so rauskommen".*

Für ihn ist das ein Geheimbereich, von dem auch seine Freundin nichts weiß. Außerdem reflektiert er einerseits, was für problematische „Hardcore-Texte" er zum Teil hört, andererseits macht er es aber immer wieder:

„Und auch wenn ich das in dem Augenblick lustig finde, wenn man dann abends so schläft, den ganzen Text eigentlich noch verarbeitet, und dann wirklich IN DEM MOMENT erst mal drüber nachdenkt, dann denkt man eigentlich, was man da eigentlich cool findet, und am nächsten Tag ist einem das wieder egal und dann hört man das wieder. Das ist halt schwierig, weil das einfach wie ne Sucht, kann man sagen einfach, das zu hören."

Es scheint ihn also etwas an den Texten unkontrollierbar anzuziehen, was er nicht benennen kann, das aber für ihn Sinn macht und daher immer wieder haben will. Was macht den Sog aus?

Eine erste Spur findet sich in seinen Ausführungen zum Rap mit seinen „Unterhaltungsthemen" (s. o.). Bevor er auf Bushidos Track Janine zu sprechen kommt, nennt er als erstes sofort den Track „Sarah" von Sido. Direkt danach macht er aber eine kurze Pause, denkt nach und macht dann erst weiter. Er assoziiert sofort einen Track („Sarah"), über den er aber nicht sprechen kann oder will, und beschreibt, weil er das merkt, dann einen Track („Janine"), bei dem er das kann. Was ist „Sarah" für ein Track? Das Stück fängt langsam mit angenehm klingender Klaviermusik an, die aber im Verlauf bedrohlich wirkt. Es ist eigentlich kein Rap, eher ein Rock- oder Popstück, mit einer Melodie wie in Liebesliedern, fast eine langweilige Schnulze. Sido spricht eine kurze Einleitung („Sarah, ich muss Dir unbedingt was sagen, aber ich weiß Du magst kein HipHop, deswegen sing ich für Dich"), dann beginnen Strophe und Refrain. Inhaltlich geht es um einen Beziehungskonflikt, in der eine Kränkung zum Ausdruck kommt. Einer ersten Frage und Aufforderung („Sarah, warum bist Du so gemein zu mir? Warum können wir keine Freunde sein? Du liebst mich doch, los zeig es mir!"), folgt eine erste Erniedrigung („Ich guck die Playboy-Fotos täglich an, doch Du wirst einfach nicht schöner; Ich find die Hängetitten eklig man"). Dann wird ein Grund kurz benannt („Sarah, mach Deine Witze. Doch man soll's nicht übertreiben") und beschrieben, dass er sauer ist („Du hast mich echt sauer gemacht"), was auch in einer zunehmend lauter und aggressiver werdenden Stimme zum Ausdruck kommt, in der eine Wut deutlich wird. Deshalb hat sie es sich „selbst zuzuschreiben", in der Folge beschimpft („Du bist eine Hure, Du Nutte bist ne Hure. Du bist eine Hure!") und erniedrigt zu werden („dabei bist Du's doch gar nich wert!", „Du Stück Scheiße!"), am Ende noch unterstützt von anderen Männern („Ha, drauf geschissen! Nein, doch nicht! Jungs singt weiter: Du bist eine Hure, Du Nutte bist 'ne Hure").

In dem Track wird also ein Konflikt mit der Freundin beschrieben, der zu Wut und Ärger auf sie führt. Über einen Weg, den sie nicht mag („ich weiß Du magst kein HipHop, deswegen sing ich für Dich"), nimmt er mit dem Track dann

Rache an ihr. Rache ist nach Nietzsche sinngemäß nicht so sehr das Verlangen, jemanden für erlittenes Unrecht zu bestrafen, sondern vielmehr unser Bedürfnis, jemanden zu erniedrigen, von dem wir erniedrigt wurden. Die Freundin hat (zu viele) Witze über ihn gemacht und ihn als „Prolet" beschimpft („Ich bin 'n Prolet ja? Hier hast Du 'n Prolet du Stück Scheiße!"), hat ihn also erniedrigt und jetzt wird sie erniedrigt. Diese Form der Kränkungsverarbeitung und Konfliktregulation ist, weil gesellschaftlich verpönt, für Paul nicht möglich und auch nicht als „Unterhaltungsthema" unter Jugendlichen zu erläutern, da er weiß und gelernt hat, dass man das nicht machen und sagen darf, obwohl es wahrscheinlich seinen Gefühlen zum Teil entspricht. Es ist persönlicher Sinn, der sich nicht ausdrücken kann, weil ihm entsprechende Bedeutungen fehlen, da diese Form gesellschaftlich verpönt ist. Deshalb wird dieser Track nicht weiter als Beispiel beschrieben, sondern mit Bushidos „Janine" dann nach kurzem Innehalten ein Track benannt, der mit seiner Kritik an der Vergewaltigung für Paul ,political correct', gesellschaftlich erlaubt und damit besprechbar erscheint. Hinter dem (wiederholten) Konsum dieses (Gangsta)Raps steht also zum einen die Möglichkeit einer (allerdings nicht gelingenden, s. u.) Kränkungsverarbeitung und Konfliktregulation. Er kann mit solchem (Gangsta)Rap, z. B. wenn er Ärger mit Freunden, Lehrerin oder Eltern hat, mit Tracks von Frauenarzt, wie er sagt (s. o.), seinen Frust und seine Wut (nicht-bewusster Sinn) verbal rauslassen, indem der mitrappt. Das ist die eine Seite. Allerdings mit sexistischen Texten und Bildern der Erniedrigung von Frauen! Das ist die andere Seite: Das symbolische Angebot des sexistischen (Gangsta)Raps gibt ihm die Möglichkeit, das eigene Gefühl der Kränkung über Bilder (stereotype Bedeutungen) der Erniedrigung von Frauen auszuagieren. Darüber kann er nicht reden, dafür hat er keine Sprache. Hier zeigt sich der Kampf um Sinn in stereotypen Bedeutungen. Paul hat gelernt und weiß, dass Gewalt gegen Frauen nicht in Ordnung ist, die Wut nach Kränkungen bleibt aber vorhanden und bekommt durch den (Gangsta)Rap eine Ausdrucksmöglichkeit. Kann das Subjekt keine den Sinn adäquat verkörpernden objektiven Bedeutungen finden, durch die er sich aussprechen kann, muss er in andere, ihm adäquatere Bedeutungen umgestaltet werden, beginnt er „in fremder Kleidung zu leben". Solche entstellten und entfremdeten Bedeutungen („fremde Kleidung") sind z. B. die sozialen Konstruktionen traditioneller Männlichkeit, die auch „Geschlechtsrollenstereotype" genannt werden können, und die sich vielfältig im GangstaRap finden. Es werden stereotype Bedeutungen hegemonialer Männlichkeit in der Realisation von Sinn im Konsum von (Gangsta)Rap angeeignet.

In ihnen kann sich der persönliche Sinn jedoch nicht adäquat ausdrücken. Die eigentlichen Bedürfnisse werden damit nicht befriedigt, es muss immer wieder diese Musik gehört werden: „und am nächsten Tag ist einem das wieder egal und dann hört man das wieder. Das ist halt schwierig, weil das einfach wie ne Sucht, kann man sagen einfach, das zu hören". Denn es kommt zu einer prinzipiellen Nichtübereinstimmung zwischen den objektiven Bedeutungen und dem persönlichen Sinn, zu einem immer wieder erreichten Auseinanderfallen von Sinn und Bedeutung und ihrer stereotypen Verknüpfung zum Zwecke des Selbsterhalts. Dabei thematisiert und problematisiert er den Gewaltaspekt allerdings nicht, sondern nutzt den Fantasieraum des gewalthaltigen Rap und will ihn unbedingt behalten. Insgesamt ist das ein Weg, wie sich stereotype Männlichkeits- und Weiblichkeitskonstruktionen und Sexismus über kulturelle Sinnangebote des Rap als Populärkultur nicht-bewusst in Individuen einschreiben können. Er selbst stellt hat sich in diese Praxis schon eingeübt. Wie ich ausgeführt habe, stellt er scharfe Hierarchien zwischen sich und seinen Mitschülern her.

Sexuelle Rap-Themen als Bearbeitungsmodus eigener, verdrängter Wünsche

Zum anderen stehen hinter dem wiederholten Konsum von (Gangsta)Rap auch sexuelle Wünsche und Fantasien. Eine zweite Spur zeigt sich in Pauls Ausführungen zu Frauenarzt: „Ja, Frauenarzt macht einfach aus, dass er LAUTE Musik macht, muss ja gar nicht aggressiv sein, aber er hat viel Bass in seiner Musik, er IST frauenverherrlichend, aber er macht die Texte wirklich so, dass, er macht Frauen schlecht, aber das ist einfach, er macht das super-lustig oft. Zum Beispiel der Track, ist wirklich aasig, muss ich sagen, aber „Die Nutte", und dann, er rappt das einfach, das ist einfach, keine Ahnung, göttlich muss man sagen.". Hier zeigte sich in der Sekundäranalyse zum einen ein Versprecher[4], „frauenverherrlichend" statt zum Beispiel „frauenverachtend", und zum anderen der Hinweis auf einen Track, den Paul „wirklich aasig" und zugleich „göttlich" findet. Dies verweist auf ein weiteres latentes Thema. Was steckt dahinter? Verherrlicht wird etwas, was als besonders bedeutsam, als etwas ganz Besonderes, etwas Unerreichbares, gar Überirdisches wie Gott der Herr angesehen wird. Paul erwähnt, wiederum nur kurz, an besagter Stelle den Track „Die Nutte" von Frauenarzt, von dem er sagt

---

4   In der ersten Auswertung wurde über diesen Versprecher einfach hinweg gegangen und in der Ergebnisdokumentation fälschlicherweise sogar korrigiert. Erst in der weiteren, vertiefenden Analyse des Transkripts wurde der Versprecher in seiner Bedeutung erkannt. Das Wort „frauenverherrlichend" statt „frauenverachtend" kann als eine Konstruktion, die durch das Auseinanderfallen von Sinn und Bedeutung unter isolierenden Bedingungen entsteht, angesehen werden. Hier werden eigene, rein individuelle Bedeutungen konstruiert, mit denen der Sinn sich dann ausdrücken kann, die aber nicht mehr mit der sozial-kulturellen (Sprach-) Gemeinschaft im Einklang stehen. Lorenzer nennt dies eine „Sprachzerstörung" (Lorenzer 1970). Durch erneutes Anhören des Interviews wurde zudem deutlich, dass der Track „Die Nutte" von Paul an dieser Stelle genannt wird.

„das ist einfach, keine Ahnung, göttlich muss man sagen". In diesem Stück wird pornographisch explizite und gewaltgeladene Sexualität dargestellt: „Es gab mal eine Nutte und die lief die Straße lang. Sie hatte dicke Titten und nen geilen Tanga an. Wir machten uns natürlich gleich an die Nutte ran, um mal abzuchecken, ob man sie leicht ficken kann. Es dauerte nicht lange, schon warn wir bei ihr zu Haus und fünf Minuten später zog sie sich nackt für uns aus. Wir fickten sie kaputt, danach spritzten wir sie voll und eh wir es vergessen, ihr Name war Nicole". Dieser ersten Strophe folgen noch zwei andere, mit etwas anderem Text, aber vom Inhalt als reine Wiederholung. Der Track hat eine schlechte Qualität, erscheint billig und niveaulos. Der Beat ist ein aggressives Hundegebell, die Melodie schlicht. Der Text wird als eklig und langweilig empfunden, das Agieren als Gruppe löst Angst aus. Die drei Frauen werden als Sexobjekte dargestellt, die von einer Gruppe benutzt werden, zum Teil mit Gewalt („wir fickten sie kaputt", „doch alles auf einmal, da fing die Nutte an zu schreien, damit sie nicht mehr schrie, steckte ich meinen Schwanz in ihre Fresse"), und als Besitz von hypermaskulinen Männern („wir haben die besten Nutten und dazu die dicksten Bässe"). Was ist daran „göttlich", wie Paul sagt? Es ist das, was für ihn unerreichbar erscheint, er aber gern hätte. Es ist die Verherrlichung nicht von Frauen, sondern von einer bestimmten (pubertären) männlichen Fantasie zu Frauen: Dem schnellen, voraussetzungslosen Sex, mit Frauen die willig zur Verfügung stehen und dafür benutzt werden können. Darauf deuten auch seine Ausführungen zu der Frage, warum auch Mädchen Porno-Rap hören, hin:

> „(...) bei Mädchen ist es halt so, die sich schlampig dargeben, und es sind meistens auch die Leute, die dann gegen Abend verschwinden, und ich selber hab bei so was noch nicht mitgemacht, aber man merkt es halt schon. Das sind viele Mädchen, die es einfach heutzutage, ich weiß nicht, wie es früher war, aber wirklich WOLLEN. Also dieses von JUNGS nicht beherrscht, aber so geführt zu werden, dass sie so nen Jungen brauchen einfach, der ihnen wirklich auch in der Beziehung zeigt, wo es langgeht, oder die einfach die Führungskraft übernehmen. Und das mit Frauenarzt ist einfach so, das Frauenarzt die ganze Zeit nur über Nutten mit dicken Titten und alles Mögliche redet und das Frauen einfach, dass die Mädchen diese Texte hören, um dann zu sehen, „was muss ich machen, damit mir der Jungen gefällt", weil die einfach wirklich das so darlegen, dass nur das cool ist und dass die Jungen nur die Mädchen beachten, wenn die das auch so machen".

Er selber hat es noch nicht mitgemacht, aber nach seiner Überzeugung sind die Mädchen so – oder sollen für ihn so sein. Denn der Satz mit dem Versprecher

„was muss ich machen, damit mir der Jungen gefällt", kann auch so gelesen werden: Was müssen die Mädchen machen, damit sie mir gefallen?

3. Fallbeispiel: Bekir

Bei Bekir, dem zweiten Fallbeispiel, ist es anders. Er hört aus anderen Motiven Rap und bei ihm geht es um andere Fantasieräume und Konflikterfahrungen und Konfliktverarbeitungen als bei Paul.

Rap als Bewältigung von Benachteiligungserfahrungen

Bekir kommt als Baby mit seinen Eltern nach Deutschland und lebt in einer sozial benachteiligten Gegend, in der er später mit einer Gruppe älterer Jugendlicher unterwegs ist, et al. Kinder abzieht und auch Zeuge realer Gewalt unter Erwachsenen wird. Seit er neun Jahre alt ist, macht er selber Rap. Er verarbeitet seine Konflikte dabei produktiv und intelligent. Seine Texte haben einen Bezug zur Realität, denn seine reale Erfahrung wird in Bilder gesetzt, und einen Handlungsappell: Er möchte etwas verändern. Und er positioniert sich in seinen Texten deutlich gegen Gewalt, setzt sich mit seiner eigenen Gewalt auseinander und nimmt zur Gewalt, die ihm in den Medien begegnet Stellung.

Bekir geht nicht so sehr in einem Fantasieraum auf, sondern bleibt stark in der Realität und im realen Tun verankert. Auch er hat zunächst Rap lediglich konsumiert, was aber zum Beginn einer Veränderung geführt hat: „Also Musik hat mir geholfen, indem ich negative Musik gehört hab, also in den Texten wurd erzählt so, ich hab mehr so dann über Leute gehört, ältere Leute, die über ihre Vergangenheit gerappt haben, was die im Leben falsch gemacht haben und dann kam's auch dazu, so in einem Text kam es dazu, ich war jung und hab immer über Ältere, war mit Älteren unterwegs und so. Und dann hab ich nachgedacht, das mach ich jetzt. Und die rappen jetzt dagegen". Er fand seine damalige Lebenssituation, in der er mit älteren Jugendlichen unterwegs war, sie geklaut, gekifft und sich geschlagen haben, widergespiegelt in einem Text von Rappern, die das Gleiche erlebt, sich dann aber von diesem problematischen Leben verabschiedet haben. Und das war für ihn ein Ausgangspunkt, wo er angefangen hat darüber „nachzudenken" und was ihm „geholfen" hat. In diesem Prozess spielte dann zunehmend das Produzieren eigener Texte eine Rolle. Bekir geht so vom Konsum von Rap zur Produktion von Rap als kultureller Praxis und ästhetischer Tätigkeit über. Er nutzt selbstgemachten Rap zunehmend zur aktiven Verarbeitung von Realität und als Ausdrucksmöglichkeit:

*„Ja, früher hab ich mit Leuten abgehangen, die waren viel älter als ich, und
ja, immer nur Scheiße gemacht, geschlagen, geklaut, dies, das, und das will
ich jetzt halt vermeiden. (...)*

I: Was hat da für ne Rolle gespielt, dass du dich geändert hast? (...)

*Bekir: Hab mich von den Leuten ferngehalten, hab lieber Fußball angefan-
gen und dann, mit, also ich hab schon meine eigenen Texte da schon früher
geschrieben, (...), war Fußball spielen, zu Hause. Ja, dann hab ich fest, halt
hab ich nen Weg gefunden, wo ich von denen fern bin.*

I: Über Fußball und zu Hause bleiben?

*Bekir: Ja, und mit den, meinen eigenen Texten halt so, wo ich die zu Hau-
se geschrieben hab, hatt ich auch keine Zeit, weil wenn man Texte schreibt,
vergeht die Zeit auch. Hab ich gefunden. Und dann hab ich eher versucht,
meine Schule wieder aufzubauen. Hab ich auch geschafft."*

Nachdem Bekir, angestoßen durch ein Rap-Stück, angefangen hat nachzudenken,
will er sich verändern, will „vermeiden", dass er „immer nur Scheiße" macht. Er
will sich dazu „von den Leuten fern halten" und dabei helfen ihm das Fußballspielen und das Schreiben von Texten. Das hat er zwar auch schon vorher gemacht, jetzt ist es für ihn aber der „Weg", den er dafür gefunden hat, denn „wo
ich die zu Hause geschrieben hab, hat ich auch keine Zeit, weil wenn man Texte
schreibt, vergeht die Zeit auch". Das heißt Rap als kulturelle Praxis hilft ihm seine Realität zu bewältigen und sich von seinem problematischen Umfeld zu lösen.
Er bringt reale Erfahrungen in Bilder und positioniert sich deutlich gegen Gewalt.

Rap und Thematisierung von Emotionen

Bekir nutzt es aber auch noch für andere Dinge. Er verarbeitet einen Konflikt mit
seiner Freundin ganz anders.

*„I: Und Du rappst über deine, wenn du Stress mit deiner Freundin hast,
oder ... ?*

*Bekir: Ja, also ich rap nicht dann gegen sie, ich rap was man ändern kann.
(...) Ich schreib auf der Suche nach Lösungen, ich schreib, wie man's ändern
kann, also ich mach, wie soll ich sagen, ich mach dann immer (...) sechzehn
Zeilen (...) und dann schreib ich meistens vier Zeilen, was ich falsch gemacht
hab, vier Zeilen, was du falsch, was sie falsch gemacht hat, und dann diese restlichen acht Zeilen schreib ich, wie wir's besser machen können. Also
das schreib ich dann alles in einen, diese drei Themen (...)".*

Das Rappen gibt ihm eine Struktur, mit der er aktiv Konflikte verarbeiten kann. Dabei geht es ihm nicht darum, destruktiv gegen sie zu rappen, sondern er ist produktiv interessiert an Veränderungsmöglichkeiten. Und Bekir möchte noch mehr erreichen:

> „(...) zum Beispiel, ich zeig den Leuten, mit denen ich früher war, mit denen, die noch heut noch so schlimm sind, zeig ich, dass ich mich geändert hab und dass die das auch noch schaffen können. (...) Und das will ich jetzt nach außen bringen, dass es sich verbreitet, dass, wie soll ich sagen, meine Texte halt viele Leute anhören, und so halt, wie soll ich sagen, schlimme Leute es sich anhören und sich mal nen Kopf drum machen. Hinstellen, abends noch nachdenken, „Stimmt das, was der sagt? Kann man das?" und dann versucht mal das. Ich will auch in meinen Texten sagen, nicht, dass man nach einer Woche aufgibt. Das dacht ich auch, ich hab zwei, drei Wochen nicht geschafft, wollt ich auch wieder hinschmeißen, wollte wieder zu den Leuten, aber dann hab ich mich irgendwie doch ferngehalten. Und dann hab ich's auch geschafft."

Er möchte mit seinen Texten anderen zeigen, dass auch sie es schaffen können, sich aus einem problematischen Umfeld zu lösen. Und dass sie es immer wieder versuchen sollen, auch wenn es schwer wird, das heißt er versucht Hoffnung zu geben. Das ist seine Botschaft. Und er möchte andere an seinen Lernprozessen teilhaben lassen: „Ja, es gibt mir n Zeichen, dass ich gelernt hab, dass man lieben kann, dass man freundlich mit anderen umgehen kann. Bist du freundlich zu einem, ist der auch freundlich zu dir, aber im Gegenteil, bist du nicht freundlich zu ihm, dann ist er auch nicht mehr freundlich zu dir. So hab ich's gelernt halt so, jetzt in der Zeit". Mit dem Rap kann er so seine Emotionen, seinen persönlichen Sinn ausdrücken.

4. Vergleichende Analyse

Die Fallanalysen von Paul und Bekir machen deutlich, wie unterschiedlich männliche Jugendliche den popkulturellen Sozialraum (Gangsta)Rap zur Selbstinszenierung und zur Verarbeitung von (Geschlechter)Konflikten nutzen und welch unterschiedliche Praxen dem zugrunde liegen: Paul versucht im Konsum von (Gangsta)Rap, einen Sinn in stereotypen Bedeutungen zu realisieren und Beschämungskonflikte in einem gewaltgeladenen Fantasieraum zu lösen, während Bekir im Rap als kultureller Praxis Konflikte anders verarbeitet und zum Ausdruck bringen will. Darüber hinaus zeigen sich an zwei ambivalenten Themen die Unterschiede besonders stark.

Zwischen Abgrenzen und Dazugehören – Selbstinszenierung als Experte und Identifikation mit „guten" Rappern

Paul grenzt sich von anderen Jugendlichen ab, indem er sich als ein „Experte" für Rap inszeniert, der Spezialwissen und einen anderen Umgang mit dieser Musik hat und Qualität von Rap analysiert und beurteilt, was andere nicht haben oder machen. Durch diese Inszenierung kann er sich außerdem der Rap-Szene zugehörig fühlen, obwohl er selbst nicht rappt. Bekir dagegen sucht den Kontakt mit Gleichaltrigen und will ihnen durch seine Stücke etwas mitteilen, möchte ihnen Hoffnung geben, sich aus problematischen Verhältnissen lösen zu können, möchte etwas verändern. Paul dagegen identifiziert sich mit „guten" Rappern, die sich für ihn auf einer manifesten Ebene durch Bildung, Kompetenz, Gewissen, Erfolg, soziales Engagement, Freunde und Enthusiasmus auszeichnen. Mit ihnen geht er eine Art „geistige Verbindung" ein, an ihnen interessiert ihn ihre biographische Geschichte des „Hochkommens", das ist das, was ihn „im anderen Sinne anmacht". Es ist die Geschichte vom sozialen Aufstieg, die als typische (US-amerikanische) „Vom-Tellerwäscher-zum-Millionär"-Story eine lange Tradition im Hip-Hop hat (vgl. Toop 1999, George 2002, Klein/Friedrich 2003). Sie findet sich auch in den Interviews zum deutschen Rap von Wegener (2007a). Die Identifikation findet auf der Ebene eines retrospektiven Abgleichs statt und ist auf den biographischen Verlauf gerichtet (ebd.; S. 77). Grundlage der Identifikation sind nicht die Texte, die vermeintlichen Botschaften, spezielle Kompetenzen oder der musikalische Erfolg. Anerkennung und Bewunderung ergeben sich vielmehr aus der persönlichen Geschichte und der Lebensführung der Rapper, die Anlass zur Hoffnung geben: „Die Rapper selbst symbolisieren gesellschaftlichen Aufstieg aus einer als hoffnungslos empfundenen Situation. Ihre Biographien wie auch ihre Texte, in denen sich milieuspezifisches Handeln bestätigt, erlauben den Abgleich mit der eigenen Lebenssituation, ihr Habitus und monetärer Status werden in gleichsam übersteigerter Form als Omnipotenz wahrgenommen und damit als Möglichkeit, Restriktion und Resignation zu überwinden" (ebd.; S. 77). Hier zeigt sich die tiefe Zukunfts- und Perspektivlosigkeit vieler sozial benachteiligter und vom segregierenden Schulsystem degradierter Jugendlicher, die in den Texten und in den sie verkörpernden Interpreten ihren Ausdruck findet (Aus der Frauenarzt-„Biographie": „Nur mit einem Hauptschulabschluss in der Tasche und ohne Perspektive startete er eine Reise ins Ungewisse".). Paul „macht das an", verbleibt aber im symbolischen Raum des „Ghettos" mit seinen unrealistischen

Größenfantasien (s. „Seelenfrieden"), ohne wirklich etwas real zu tun. Bekir dagegen identifiziert sich mit Rappern, die in ihren Stücken beschreiben, was sie in ihrem Leben falsch gemacht haben und wie sie sich von einem problematischen Leben verabschiedet haben – und macht aktiv eigene reale Texte.

Zwischen Gewaltdistanzierung und Frauenerniedrigung – Kampf um Sinn in geschlechtsstereotypen Bedeutungen

Auch im Umgang mit Gewalt zeigen sich deutliche Unterschiede. Paul ist ambivalent. Auf einer manifesten Ebene distanziert er sich von Gewalt, hört gleichzeitig aber immer wieder gewaltverherrlichenden Rap von Frauenarzt (das ist „einfach wie ne Sucht ... , das zu hören"). In diesen Texten geht es um eine Form der Kränkungsverarbeitung und Konfliktregulation, die – weil gesellschaftlich verpönt – ihm nicht möglich ist, ihn aber anspricht. Der sexistische (Gangsta)Rap gibt ihm die Möglichkeit, mit sexistischen Texten und Bildern der Erniedrigung von Frauen aus dem Rap seine Kränkungen in der Fantasie zu bearbeiten. Es ist ein Kampf um Sinn in stereotypen Bedeutungen. Der „persönliche Sinn" ist nach Leontjew (1982) die Bedeutung der objektiven Bedeutungen für das Subjekt (ebd.; S. 141). Er bewirkt die Engagiertheit des menschlichen Bewusstseins und spiegelt die Bedürfnisse und Motive wider, welche durch die tatsächlichen Lebensbeziehungen des Menschen erzeugt werden (ebd.; S. 148f). Der nicht-bewusste persönliche Sinn ist der Gedächtnisbildungsprozess für negative Emotionen, durch negative Erfahrungen mit anderen Menschen, die nicht in die Symbolisierung der Sprache übersetzt wurden, weil sie angstbesetzt, konfliktträchtig, negativ besetzt sind und deshalb durch Abwehrmechanismen verdrängt werden. Er spiegelt die nicht-bewussten Motive wider, von denen Leont'ev (2011) sagt, dass sie „dieselbe Quelle und dieselbe Determination (haben), wie jeder andere psychische Ausdruck auch: das Sein, das Handeln des Menschen in der realen Welt" (ebd.; S. 89). Der Sinn entsteht durch das Leben (vgl. Jantzen 1994), braucht aber adäquate Bedeutungen um sich ausdrücken, sich „aussprechen" zu können (Leontjew 1982; S. 149f). Dies sind gesellschaftliche Konstruktionen, die das Individuum sich im sozialen Verkehr aneignen konnte. Darüber hinaus kommt im Konsum sexistischer und gewaltverherrlichender Frauenarzt-Texte, wie dem Track „Die Nutte" (s. o.), noch etwas Zweites zum Ausdruck: Die Bewältigung einer fantasierten Angst vor (übermächtigen) Frauen. Ulrike Prokop (2003) zeigt, wie sich die „Angst vor der überwältigenden Mutter und zugleich die Sehnsucht nach der spendenden, gewährenden Mutter" als das stärkste unbewusste Motiv in den Männer-Fantasien in einer spezifischen historischen Situation (des ausgehenden 18. Jahrhunderts) herausbildet (ebd.; S. 180). Dieses Motiv entfaltet breite Wirksamkeit und ist bis in die Gegenwart noch vorhanden[5]. Es entsteht in der prä-ödipalen Entwicklung aus einer angstvoll erfahrenen Mutterdominanz eine übermächtige und überwältigende Mutter-Imago, die Angst auslöst. Sie wird über die Überwältigung von Frauen, die diese überwältigenden Mutter-Imago repräsentieren, zu verarbeiten versucht. Dies wird zu einem pathologischen Grundmuster unserer Kultur: Der Kollektiven Pathologie der Verfügung über die Frauen (ebd.; S. 190). Diese findet sich vielfältig im HipHop und insbesondere in dem Track von Frauenarzt (s. o.). Prokop (2003) zeigt dies am Beispiel von Marquis de Sade, der es in psychotischer Vergrößerung zur Darstellung bringt, und anhand von Jean-Jacques Rousseau. In den von Sade beschriebenen sich ständig wiederholenden Zerstückelungsberichten, Schlächterszenen und Zerstörungsorgien von Frauen, wird die Mutter zu besiegen und in Besitz zu nehmen versucht (ebd.; S. 173). Die sexualisierte Gewalt ist die Antwort auf die fantasierte Angst vor der Übermächtigen Mutter: „es sind Versuche, das Unzerstörbare endlich zu zerstückeln und d. h. zu überwinden. Es sind unablässige Versuche, einen magisch-übermächtigen Gegner zu beseitigen" (ebd.; S. 175). De Sade benutzt zur Beschreibung der sexuellen Merkmale des weiblichen Körpers sakrale Wendungen (Angela Carter, zit. n. Prokop 2003; S. 175). Für Paul macht Frauenarzt die „aasigen" Tracks einfach „göttlich".

Die Beseitigung des Gegners gelingt jedoch nicht, wie die ständigen, „langweiligen" Wiederholungen zeigen, denn: „Um nicht die spendende, unbegrenzt liebende Mutter zu verlieren, ist er gezwungen, alle Formen der Ambivalenz, der Abwendung und der Aggression zu tabuieren – bei dem mütterlichen Liebesobjekt und bei sich selbst" (ebd.; S. 190). Doch die Verdrängung ist dysfunktional, es kommt zu einer ständigen Wiederkehr des Verdrängten (ebd.; S. 176). Die beängstigende Übermacht der Frau ist eine zu mächtige innere Figur (ebd.; S. 183). Auch der Track von Frauenarzt ist eine Wiederholung der sexuellen und gewaltgeladenen Bemächtigung von Frauen, die von Paul immer wieder gehört wird bzw. werden muss („einfach wie ne Sucht, kann man sagen einfach, das zu hören").

Der unstillbare Drang von Männern zur Bemächtigung der Frauen ist für Prokop (2003) ein inneres Problem mit einem eigentümlichen Doppelgesicht: Es war eine Bedrohung der eigenen sprach-gesicherten Identität durch das Unbewusste und eine Bedrohung durch ein Mutter-Imago, die eine alte Abhängigkeit einforderte (ebd.; S. 177). Dies ist die Grundlage für „das merkwürdige Missverständnis, dass die Knaben – wie Johann Wolfgang Goethe – unablässig aggressiv die Mädchen demütigen dürfen, aber ein einziges Wort, in dem sich eine

---

5   Dieser problematische Ausgang der ödipalen Krise ist die typische kulturelle Struktur der bürgerlichen Sozialisation der Männer im 18. / 19. Jahrhundert. Die Entwürfe bleiben aufgrund des cultural lag bis in die Gegenwart hinein bestimmend (Prokop 2003; S. 218).

Umkehr dieses Rollengefälles andeutet, wie Feuer in einer Wunde brennt." (ebd.).
Paul beschreibt genau das:

> *„(...) dieses Ding mit Frauenarzt, das ist einfach so verdammt schwierig zu
> erklären, das ist genauso, wenn man Witze macht, ne, das kann man näm-
> lich vergleichen, die ganzen Blondinenwitze, also wir Männer finden sie zum
> Totlachen, ist einfach so, aber wenn sich ne Frau anhört, wenn sie n biss-
> chen Humor hat, kann sie sagen „ja, ist ok", aber wenn ich jetzt n männer-
> feindlichen Witz hör, kann ich da überhaupt nicht drüber lachen, auch wenn
> er total witzig ist, ich kann dann einfach nicht drüber lachen, weil das halt
> über MEIN, in Anführungsstrichen, Geschlecht ist".*

Dahinter steckt die Angstfantasie, im Zugriff einer imaginierten überragend mächtigen Mutter zum Kleinkind zu werden (Prokop 2003; S. 178).

Der sexistische „Phallozentrismus" (Albert Scharenberg) des (Gangsta)Raps
bietet so die Möglichkeit, pubertäre Lust- und Gewaltfantasien auszuleben (Bergemann 2006; S. 97). Zu beachten ist allerdings, dass der Rap die latente Gewalt-
förmigkeit der gesamten Gesellschaft widerspiegelt. Die Gewalt wird von Paul
aber nicht thematisiert. Er hört Rap, in dem Frauen erniedrigt werden und ihnen
Gewalt angetan wird, hat dafür aber keine Worte. Eine Auseinandersetzung mit
dem Thema Gewalt gegen Frauen, zu der er intellektuell und von seiner Entwicklung her durchaus in der Lage wäre, oder eine andere Form der Konfliktregulation, wie Bekir sie findet (s. o.), findet bei ihm nicht statt. Paul reflektiert als „Experte" viel in Bezug auf Rapper und kann bei „Janine" von Bushido auch über
sexuelle Gewalt sprechen. Dass er Tracks hört, die sexuelle Gewalt lustvoll inszenieren, kann er dagegen nicht sagen. Er problematisiert das auch nicht und
verdrängt dies. Er sucht stattdessen den Fantasieraum des (Gangsta)Rap auf, um
seine Gefühle und Bedürfnisse auszudrücken. Aus der angstvollen Abwehr resultiert eine starre Inflexibilität, eine Lernunfähigkeit und Gewaltsamkeit, mit
der daran festgehalten wird (Prokop 2003; S. 186). Deshalb kann er die Gewalt
nicht benennen, kann es nicht reflektieren. Er will den sexistischen Rap als Ausdrucksmöglichkeit unbedingt behalten. Denn er braucht diese Möglichkeit, eine
andere steht ihm (noch) nicht zur Verfügung. So bleibt es beim ständigen Kampf
um Sinn in den geschlechtsstereotypen Bedeutungen.

Bei Bekir wiederum ist es anders. Er nimmt Geschlechter-Konflikten zum
Anlass der Reflexion des eigenen Verhaltens und verarbeitet sie produktiv zu
Texten. Er nimmt zu Gewalt Stellung und setzt sich dafür ein, „dass man lieben
kann, dass man freundlich mit anderen umgehen kann".

5. Schlussbemerkung

Das Fallbeispiel Paul zeigt, wie Sexismus und hegemoniale Männlichkeit (Connell 2006) sich über kulturelle Sinnangebote (hier die Symbolisierungen des (Gangsta) Rap) in der Tiefe unbewusster Erlebnisentwürfe systemstabilisierend organisieren können. Sexistischer deutscher (Gangsta)Rap bietet gewaltgeladene Angebote (Bedeutungen) zur nicht-bewussten Konfliktregulation und Kränkungsverarbeitung (Sinn) im Hinblick auf Schulabstieg und Elternkonflikten. Das Beispiel Bekir zeigt aber auch, wie Rap an sich auch produktiv in emanzipatorischer Perspektive genutzt werden kann. Der Sozialraum Rap ermöglicht beides. In der Arbeit mit Jungen kann Rap so produktiv als Zugang zu zentralen Konfliktthemen der Jungen und deren Bearbeitung genutzt werden.

Die zwei Jungen gehen sehr unterschiedlich mit sozialem Abstieg und Aufstieg und (Geschlechter-) Konflikten und den mit Ihnen verbundenen Scham- und Minderwertigkeitsgefühlen um. Im einen Fall dienen die im Rap angebotenen Größen- und Gewaltfantasien der Verarbeitung von Schulversagen und von Kränkungen von bzw. einer Angst vor Frauen in einem inneren Fantasieraum. Im anderen Fall wird über Größenfantasien in Form von Retterfantasien der Ausstieg aus delinquenten Peerzusammenhängen verarbeitet und versucht mittels realer Musik die Welt zu verändern. Paul, der deutsche Sohn einer Akademikerin, der nicht im „Ghetto" wohnt, für den Bildung eine wichtige Rolle spielt und der schulisch abgestiegen ist, flüchtet in die destruktive Fantasiewelt des (Gangsta)Rap mit seinen gewaltgeladenen sexistischen Bildern, in der er die Erniedrigung von Frauen fantasiert und Gewalt nicht reflektiert, während Bekir als Junge mit Migrationshintergrund aus einem sozialen Brennpunkt, in dem es real zu Gewalt kam, Rap produktiv zur Lösung von Konflikten und zur Aufklärung und Verbesserung der Welt nutzt. Insgesamt zeigen die Ergebnisse, immer wieder neu zu schauen, was Jungen individuell mit (Gangsta)Rap machen, was darin für sie „Sinn" macht, und das Thema (Gangsta)Rap differenziert zu betrachten.

Literatur

Bergemann, Malte (2006): HipHop (Rap)& Gewalt. In: Sieber, Samuel Felix (Hrsg.): Zur Archäologie der medialen Gewalt. Marburg, S. 86-101

Bock, Karin/Meier, Stefan/Süß, Gunter (2007a): HipHop meets Academia: Positionen und Perspektiven auf die HipHop-Forschung. In: Bock, K. et al. (2007) (Hrsg.): HipHop meets Academia. Bielefeld, S. 11-15

Bock, Karin/Meier, Stefan/Süß, Gunter (2007b): HipHop als Phänomen kulturellen Wandels. In: Bock, K. et al. (2007) (Hrsg.): HipHop meets Academia. Bielefeld, S. 313-324

Bütow, Birgit (2011): Gender trotz(t) Entgrenzungen? Analysen zu Jugend, Alter und Geschlecht. In: Kleinau, Elke/Maurer, Susanne/Messerschmidt, Astrid (Hrsg.): Ambivalente Erfahrungen – (Re-)politisierung der Geschlechter. Opladen und Farmington Hills, S. 31-44

Connell, Robert W. (2006): Der gemachte Mann. Konstruktion und Krise von Männlichkeiten. 3.Auflage. Wiesbaden

Farin, Klaus (2011): Jugendkulturen heute. Ein Essay. In: Psychologie&Gesellschaftskritik, 35. Jg., Nr. 135, Heft 2/11, S. 9-26

George, Nelson (2002): XXX. Drei Jahrzehnte HipHop. Freiburg: orange-press

Hajir, Nadja (2006): Shake it! – Frauenbild und Sexismus in der Jugendkultur des HipHop. München und Ravensburg

Herschelmann, Michael (2006): Als ob man dabei die ganze Zeit denkt: „Oh, ich bin ein Gangster" – Was Jungen zu sexistischem deutschen Gangsta-Rap sagen. In KindJugendGesellschaft (KJuG). Zeitschrift für Jugendschutz, 51 Jg., S. 124-129

Herschelmann, Michael (2009a): Jungen und deutscher(Gangsta)Rap – Sinnrealisation in (stereotypen) Bedeutungen. In Pech, Detlef (Hrsg.): Jungen und Jungenarbeit. Eine Bestandsaufnahme des Forschungs- und Diskussionsstandes. Baltmannsweiler, S. 171-187

Herschelmann, Michael (2009b): „Boys-Talk". Eine explorative Untersuchung zur narrativ-biographischen (Re)Konstruktion sozialer (selbst-reflexiver) Geschlechtsidentität. ICHS (=International Cultural-historical Human Sciences) Band 27. Berlin

Jantzen, Wolfgang (1994): Am Anfang war der Sinn. Zur Naturgeschichte, Psychologie und Philosophie von Tätigkeit, Sinn und Dialog. Marburg

Klein, Gabriele/Friedrich, Malte (2003): Is this real? Die Kultur des HipHop. Frankfurt

Leontjew, Alexej N. (1982): Tätigkeit, Bewußtsein, Persönlichkeit. Köln

Leont'ev, Alexej N. (2011): Bedürfnisse, Motive und Emotionen. Ein Vorlesungskonzept. In: Jahrbuch der Luria-Gesellschaft 2010. Berlin, S. 75-101

Lorenzer, Alfred (1970): Sprachzerstörung und Rekonstruktion. Frankfurt a. M.

Lüdtke, Solveig (2007a): Gewalt und Sprache in HipHop-Texten. In: Der Deutschunterricht, 5/2007, S. 22-31

Lüdtke, Solveig (2007b): Globalisierung und Lokalisierung von Rapmusik am Beispiel amerikanischer und deutscher Raptexte (= Musik und Text, 2). Berlin

Mikos, Lothar (2004): Medien als Sozialisationsinstanz und die Rolle der Medienkompetenz. In: Hoffmann, Dagmar/Merkens, Hans (Hrsg.): Jugendsoziologische Sozialisationstheorie. Impulse für die Jugendforschung. Weinheim und München, S. 157-171

Prengel, Annedore (2003): Perspektivität anerkennen – Zur Bedeutung von Praxisforschung in Erziehung und Erziehungswissenschaft. In: Friebertshäuser, Barbara/Prengel, Annedore (Hrsg.): Handbuch Qualitative Forschungsmethoden in der Erziehungswissenschaft. Weinheim und München, S. 599-627

Prokop, Ulrike (2003): Die Angst vor der Frau im Zeitalter der Intimität. Zum historischen Kontext
   der ödipalen Konstellation. In: Busch, Hans-Joachim/Leuzinger-Bohleber, Marianne/Pro-
   kop, Ulrike (Hrsg.): Sprache, Sinn und Unbewusstes. Zum 80. Geburtstag von Alfred Lorenzer. Tübingen, S. 151-220

Seeliger, Martin/Knüttel, Katharina (2010): „Ihr habt alle reiche Eltern, also sagt nicht, ,Deutsch-
   land hat kein Ghetto'". Zur symbolischen Konstruktion von Anerkennung im Spannungsfeld
   zwischen Subkultur und Mehrheitsgesellschaft. In: PROKLA. Zeitschrift für kritische Sozi-
   alwissenschaft. H. 160, 40. Jg., Nr.3, S. 395-410

Stach, Anna (2006): Die Inszenierung sozialer Konflikte in der populären Massenkultur am Beispiel erfolgreicher Talkshows. Marburg

Thomas, Jens (2008): Ich bin nicht schwul, und das ist auch cool so. Homophobie im deutschen Hip-
   Hop: Sexismus in Reinform oder Fiktion nach Maß?: http://www.oeko-net.de/kommune/kom-
   mune01-08/khiphop.htm. Letzter Zugriff 16.09.08

Toop, David (1999): Rap Attack. African Jive bis global HipHop. Höfen

Wegener, Claudia (2007a): Rap im Kontext sozialer Benachteiligung. Teil 1. Alltagskultur und subjektive Deutung. In tv diskurs 40, 11. Jg., Heft 2, S. 74-79

Wegener, Claudia (2007b): Rap im Kontext sozialer Benachteiligung. Teil 2. Zur Bedeutung von Gewalt und Indizierung. In tv diskurs 41, 11. Jg., Heft 3, S. 54-59

Weller, Konrad (2010): Explizite Lyrik – „Porno-Rap" aus jugendsexuologischer Perspektive. In
   Schetsche, Michael/Schmidt, Renate-Berenike (Hrsg.): Sexuelle Verwahrlosung. Empirische
   Befunde – Gesellschaftliche Diskurse – Sozialethische Reflexionen. Wiesbaden, S. 207-230

Männlichkeitskonstruktionen in der Jugendkultur Emo und ihr aggressionsgeladenes Echo

Britta Schuboth

1. Emo – Eine weltweite Jugendkultur

Die Jugendkultur Emo hat sich zu Beginn des 21. Jahrhundert herausgebildet. Sie löste emotionsgeladene Debatten und negative Zuschreibungen in der Öffentlichkeit aus und wurde Zielscheibe aggressiv-gewalttätiger Übergriffe. So beschreiben Boulevardmedien Emos als depressive, sich selbst ritzende, suizidgefährdete Jugendliche, die innerhalb einer nicht eindeutig festgelegten Sexualitätsorientierung sexuell ausschweifend seien,[1] in Internetforen wird zynisch über sie hergezogen,[2] Musiker wie der Rapper Gin Tonik schreiben aggressiv aufgeladene bis hin zu gewaltsame und homophobe Texte über Emos.[3] Außerdem wendeten und wenden sich Gleichaltrige, vor allem Anhänger anderer Jugendkulturen, aggressiv gegen Emo-Jugendliche. Die Motive sind verschieden: Ihnen werden sowohl sexuelle Hemmungslosigkeit und Übertretung der Geschlechterrollen wie auch ʹSymbolklauʹ oder Gefährdung anderer Jugendlicher unterstellt.

Solche und andere Reaktionen fanden kulturübergreifend statt und präsentierten sich in mehreren Ländern, beispielsweise innerhalb medialer Berichterstattungen, oder indem staatliche Sanktionen verhängt worden. In Russland untersagte die Duma zum Beispiel das Outfit von Emos an Schulen, weil sie der Auffassung war, dass Emos mit ihrem Weltbild dazu beitragen würden, die Selbstmordrate unter Jugendlichen zu erhöhen. In der Presse war sogar von Kannibalismus die Rede (Kasakow 2009; S. 122ff.). In Chile, wo die Emos eine der größten Jugendkulturen bilden, wurden sie aufgrund ihrer nach außen getragenen Emotionalität, ihren androgynen und femininen Selbstdarstellungen zu einem emotional auf-

---

1 http://www.stuttgarter-zeitung.de/stz/page/1919716_0_9223_-die-emo-szene-im-rausch-der-gefuehle.html vom 03.02.2010, http://www.spiegel.de/panorama/gesellschaft/0,1518,544885,00. htm vom 01.09.2011, http://www.spiegel.de/schulspiegel/leben/ 0,1518,676835,00.html vom 01.09.2011

2 http://www.stupidedia.org/stupi/Emovom 1.09.2011

3 http://www.magistrix.de/lyrics/GinTonik/Emo-Diss-254063.html vom 01.09.2011, http://www.youtube.com/watch?v=V2ybSDShOsA vom 01.09.2011

geladenen Thema (Büsser; S. 2009: 135f.). Auch in islamischen Ländern hat sich die Emo-Kultur verbreitet und Beunruhigung ausgelöst. Sie wird als Gefahr für die religiösen und konservativen Werte betrachtet (Thiele 2009; S. 136ff.). In der Türkei berichteten die Medien über die sexuelle Orientierung der Jugendlichen. Hier sind Jungen wie auch Mädchen aufgrund der Abweichung vom Wertekanon Anfeindungen bis hin zu körperlichen Übergriffen ausgesetzt (Engelmann 2009; S. 139ff.). Den Höhepunkt erreichte die Aggressivität in Mexikostadt. Circa 800 Jugendliche aus unterschiedlichsten Subkulturen – Punks, Gothics, Skatern, Metallern und HipHopern – betrieben eine Art Hetzjagd auf Emo – Jugendliche.

Die Aggressivität und Gewalt gegenüber den Emos wurde mit „Symbolklau" aus den anderen Subkulturen begründet. Vermutlich spielten auch Klassenunterschiede eine Rolle, da die Emos in der Regel vermehrt aus den Mittel- und Oberschichten, die Mitglieder der anderen Subkulturen aus bildungsferneren Schichten kommen. Ein anderer Erklärungsansatz führt die Ressentiments auf homophobe Einstellungen zurück, die in einer machistisch geprägten Kultur wie der mexikanischen stark begünstigt werden (Akrap 2009; S. 132f.). Allerdings sind auch in Deutschland Jugendliche der Emo-Szene Anfeindungen ausgesetzt. Es stellt sich die Frage, warum diese Szene kulturübergreifend eine solche Welle der Erregung und Aggression nach sich zieht.

Meine These ist, dass es vor allem die neuartigen Selbstdarstellungen der männlichen Jugendlichen sind, die kulturübergreifend Aggressionen auslösen und dass die Aggressivität aus homophoben Einstellungen und Affekten resultiert. Sie richtet sich gegen die femininen Anteile der Selbstdarstellungen der Jungen sowie gegen die offene sexuelle Orientierung der Emos, die hegemoniale Männlichkeitsnormen unterlaufen. Die Jungen der Szene weichen vom vorgegebenen männlichen Rollenmuster ab. Ihre Körperdarstellungen sind androgyn und sie zeigen als weiblich geltende Eigenschaften: Sie agieren gefühlsbetont, indem sie ihre Emotionen sowohl verbal als auch körperlich zum Ausdruck bringen. Diese Selbstdarstellung steht in Kontrast zu anderen geltenden Männlichkeitsidealen, die sich an Wettbewerb, Hierarchisierung innerhalb der männlichen Geschlechtergruppe und Abgrenzung gegenüber Frauen orientieren und für die das Homosexualitätstabu zentral ist (Meuser 2005; S. 314). Die Resonanz auf die männlichen Mitglieder der Emo-Kultur verweisen auf eine Gleichzeitigkeit polarer Männlichkeitskonstruktionen und Normen. Diese führen zu konfliktreichen bis hin zu gewaltförmigen Auseinandersetzungen.

In diesem Beitrag werde ich auf die Entwicklung der Emo-Kultur, auf Körperdarstellungen und Diskurse von Emos in gängigen Internetforen eingehen.

Mein Blick richtet sich dabei auf Geschlechterkonstruktionen und insbesondere auf Männlichkeitskonstruktionen.

2. Entwicklungslinien und Geschlechterkonstruktionen in der Emo-Kultur

Die Entstehungsgeschichte der Emo-Kultur findet ihren Anfang in der Punkbewegung, für welche Geschlechtergerechtigkeit und Geschlechterverwischung aus einem politischen Bewusstsein heraus konstitutiv sind. Aus der Punkbewegung hat sich Ende der 70er Jahre die Hardcore-Kultur entwickelt. Unter Hardcore ist eine Lebensweise zu verstehen, die linksgerichtet ist und „für Veränderungen eintritt, die beim Individuum ansetzen" (Hitzler et al 2005; S. 59). Der New School-HC[4] setzte sich aus unterschiedlichsten musikalischen Genre-Einflüssen zusammen, der von Jazz bis zu Heavy Metall reicht. Der Old School-HC steht seinen Punkwurzeln noch am nahesten und ist musikalisch sowie vom Lebensstil her politisch ausgerichtet. Beide HC-Richtungen transportieren politische und gesellschaftskritische Inhalte und haben musikalisch harte, eher unmelodiöse Elemente.

Emo-Musik ist eine weichere, melodischere Variante der Hardcoremusik. Der Emo-Core übt nur noch geringe oder gar keine Gesellschaftskritik mehr und hat vielmehr das individuelle Leid zum Thema. „Von Old School über New School bis zu Emo scheint sich eine Art Individualisierung der thematischen Schwerpunktsetzung abzuzeichnen, indem immer mehr auf subjektive Erlebnisdimensionen Bezug genommen wird." (Hitzler et al 2005; S. 66) Der Emo-Core ist eine dritte Hardcore-Variante, der durch die Melodiosität für ein breiteres Publikum geeigneter und so kommerzieller werden konnte. „Im Gleichschritt mit der Beliebtheit wuchs aber auch die Kritik: ‚Emo' sei gar kein ‚richtiger' HC mehr", weil das Melodische überhandnehme (Hitzler et al 2005; S. 65).

Emo-Core kommt also aus einer Szene, deren Lebensstil politisch motiviert ist. Er hat sich jedoch von seinen politischen Wurzeln stark entfernt und individualisiert. Im Fokus der Songs stehen das Individuum und sein Leiden. Dieser Individualitäts- und Leidensfokus kann auch bei der gegenwärtigen Jugendbewegung Emo gefunden werden, welcher zusammen mit einer adoleszenten Selbststilisierung im Mittelpunkt der Emo-Kultur steht. Die Musik scheint in den Hintergrund getreten zu sein und als Beiwerk zu fungieren (Triebswetter et al 2009; S. 18).

Neben der musikalischen Entwicklung und der mit ihr einhergehenden Veränderung sind die Geschlechterkonstruktionen und -verteilungen in den Szenen

---

4 HC steht abkürzend für Hardcore

beachtenswert. Diese haben sich immer wieder verschoben, erweitert und geschlossen, womit Veränderungen der Geschlechterrollen und Männlichkeitsinszenierungen einher gegangen sind.

Frauen waren in frühen Subkulturen, wenn überhaupt, eher am Rande vertreten. Erst mit der Punkbewegung in den 70er Jahren kam es innerhalb der Jugendkulturen zum ersten Mal zu einer bewusst antisexistisch gelebten Grundhaltung. Frauen konnten sich innerhalb dieser Szene inszenieren und eigenmächtig handeln (Eilers 2006; S. 142f.). Die Inszenierungen unterlagen dem szenetypischen Habitus mitsamt entsprechender Kleidung, Frisur, Make-Up und Symboliken. Heterosexuelle Zweigeschlechtlichkeit wurde bewusst verwischt, um traditionelle Normen zu unterlaufen. Auch trugen die Punks Verletzungsoffenheit nach außen, die bisher in anderen Musik- oder Szenekulturen verborgen war: „Während die konventionellen Darstellungsformen des Rock- und Pop- Mainstreams die Fragilität und Verwundbarkeit des Körpers versteckte, wurde diese Verletzlichkeit im Punk offensiv ausgestellt. Die innere Zerrissenheit und Entfremdung der Punks wurde durch ihren spezifischen Stil ostentativ nach außen gewendet." (Eilers 2006; S. 144)[5] Mit dem Aufkommen der Hardcore-Kultur, die sich, wie ich erläuterte, aus dem Punk heraus entwickelte und sich bald bewusst vom Ursprungspunk ablöste, veränderten sich auch die Geschlechterkonstruktionen. Die bewusst gehaltene Geschlechterverwischung, die bei den Punks noch zu finden war, wich innerhalb des Hardcores zunehmend einer herben Maskulinität. Der Musikstil wurde härter und schneller, die Stilisierung martialischer. Bevorzugt wurde dunkle Militärkleidung, die Haare wurden extrem kurz gehalten oder ganz geschoren.

> „Hatte der typische Punkstil durch seine ambivalente Inszenierung noch einen spielerischen Umgang mit konventionellen Vorstellungen von Geschlechteridentitäten erlaubt und diese begünstigt, so erfolgte im Hardcore eine Repräsentation von Männlichkeit, die explizit auf Eindeutigkeit festgelegt war." (Eilers 2006; S. 148)

Auch aufgrund des aggressiven Tanzstils auf Konzerten, dem *slamdance*, der weitaus aggressiver war als der Pogo bei den Punkkonzerten, verschwanden die Frauen zum größten Teil aus der Szene bzw. wurden heraus gedrängt (Eilers 2006; S. 148).

Frauen sind in der Hardcore-Szene zahlenmäßig stark unterrepräsentiert. Sie treten überwiegend in der Rolle der Partnerin des männlichen Mitglieds auf und weniger als eigenständige Teilhaberinnen. „Diese Reduktion der weiblichen Szene-Identität steht im starken Widerspruch zur antisexistischen-emanzipatorischen Ideologie eines großen Teils der Szene" (Hitzler et al 2005; S. 67). Die we-

---

5   Symbolisiert etwa durch das Tragen zerrissener Kleidung.

nigen Frauen in der HC-Szene, die sich aktiv beteiligen, bedienen sich oftmals geschlechtsneutraler Verhaltensweisen (z. B. neutraler Kleidung). Mit dem Aufkommen des aus dem Hardcore sich entwickelnden Emo-Cores verschwand die harte Maskulinität. Es wurde unter anderem nicht mehr als unmännlich betrachtet, weichere Gefühle zu zeigen. Aus dem Emo-Core entstand nunmehr eine jugendkulturelle Bewegung von Emos, die markt- und trendorientierter und weniger musikorientiert zu sein scheinen. Trotz ihrer Diversität lassen sie sich in zwei Hauptgruppen unterscheiden: Die eine Gruppe, die in der Mehrzahl junge Erwachsene fasst, definiert sich überwiegend über die Musik. Zur zweiten Gruppe zählen die Jugendlichen, bei denen der emotionale Umgang und der Stil im Vordergrund stehen. Die wenigen wissenschaftlichen Untersuchungsergebnisse, die bisher vorliegen, dokumentieren, dass sich die Emo-Kultur vor allem über das Internet international ausbreitete und die Emo-Jugendlichen vorwiegend den Mittelschichten angehören.

Im Folgenden möchte ich auf die Selbstdarstellungen von Emo-Jugendlichen in einschlägigen Internet-Foren eingehen. Ich beziehe mich insbesondere auf vier mitgliederstarke Foren, die visuelles und diskursives Material liefern: ‚EMOS‘ und ‚...EMO...‘ im Netzwerk Facebook, sowie ‚emostar.de‘ und ‚myemo.de‘. Dabei nehme ich Körperdarstellungen und Diskurse in den Blick.[6]

3. Selbstinszenierungen von Emos im Web 2.0

Das Web 2.0 bietet eine große Plattform für jugendkulturellen Austausch. So ersetzen „multimedial präsentierte Lebensstile" in Teilen traditionelle Strukturen, Einrichtungen, Institutionen und (.) Lebensformen" und wirken identitätsstiftend (Ferchhoff 2007; S. 377). Emo-Foren sind Teil dieses jugendkulturellen Austauschs und dienen der Selbstverständigung. In allen eingesehenen Facebook-Foren waren die Nutzer aggressiven Angriffen von Gästen ausgesetzt, die sich explizit gegen diese Selbstdarstellungen richtete.

---

6 Die Ergebnisse wurden für eine studentische Hausarbeit zum Thema Emo-Kultur in Facebook-Foren erarbeitet, die an der Universität Kassel am Fachbereich Gesellschaftswissenschaften eingereicht wurde. Sie wurden im Rahmen der Arbeitsgruppe Tiefenhermeneutik an der Universität Kassel entwickelt und fassen wiederkehrende manifeste Bedeutungsebenen sowie Assoziationen, die die Darstellungen auslösen, zusammen. Die Methode der Tiefenhermeneutischen Medienanalyse ist ausführlich dargestellt in: Anna Stach (2006); Die Inszenierung sozialer Konflikte in der populären Massenkultur am Beispiel erfolgreicher Talkshows, S. 44 ff.

In der Analyse des Datenmaterials aus den Foren wird im Folgenden aufgegriffen, wie die Selbstdarstellungen aussehen, was diskutiert wird und welche
Affekte sich zeigen.

In dem globalen Netzwerk Facebook gibt es nahezu 500 verschiedene Emo-
Gruppen. Wenn man sich die Facebook-Seite ,EMOS' mit knapp über 11.000
Fans ansieht, fällt auf, dass es kaum Diskussionen gibt, die sich nicht um modi-
schen Stil und Ästhetik drehen. Die Beschreibung auf einer der Seiten zeigt dies
exemplarisch: "cut wrist(sometimes), hair over their eyes, black eye liner, black
hair, how can you resist?"[7] Diese Seite besteht in der Hauptsache aus Fotos von
Jugendlichen, die alle ähnlich aussehen und sich in ähnlicher Weise darstellen.
Die Outfits sind einheitlich, es dominiert die Farbe schwarz. Jungen wie Mädchen
tragen Seitenscheitel und gefärbte, aber zumeist kürzere Haare. Die Nutzung von
Eyelinern ist ebenso sichtbar wie die lackierten Fingernägel. Zwischen Mädchen
und Jungen besteht der Unterschied, dass Mädchen Röcke und Haarspangen tragen und sich tendenziell farbiger kleiden, wobei eine Kombination von schwarz
mit rot, pink oder lila verbreitet ist.

Die meisten Fotos sind perspektivisch von oben fotografiert. Die Jugendlichen schauen aufreizend oder gedankenverloren zur Kamera auf oder sehen mit
traurigem Blick in die Ferne. Dabei schürzen sie ihre Lippen zu Schmollmün-
dern. Mit dem Blick nach oben gerichtet, lösen sie Assoziationen von Infantili-
tät aus; von Kindern, die mit großen Augen in die Welt aufschauen. Die gesamte
Körperdarstellung und die Stilisierung transportieren Zeichen der Unschuld und
Verletzlichkeit bis hin zur Verletztheit.

Die Fotos rufen auch Assoziationen von Künstlichkeit hervor. Die Art der
Inszenierung und das Styling erinnern mitunter an Puppen. Insbesondere die
Mädchen tragen viel Make-up an den Augen. Die Haare sehen vereinzelt wie Pe-
rücken aus, da sie stark toupiert sind.

In diesem Forum geht es primär um Darstellung und Bewertung. Man möchte (an)gesehen und als schön befunden werden: Unter jedem Foto können Kommentare hinterlassen werden. Die Kommentare kreisen insbesondere um Attrak-
tivitätsbewertung und darum, ob derjenige auf dem Foto tatsächlich als echter
Emo bezeichnet werden kann.[8]

Die Gruppe ,...EMO...' auf Facebook mit derzeitig über 41.000 Mitgliedern
definiert sich im Gegensatz zur ersten musikalisch: „if you love screamo, emo,

---

7   http://www.facebook.com/pages/EMOS/47207191406?v=info&ref=sgm vom 14.04.2010
8   Wenige Fotos zeigen Darstellungen aufgeritzter Haut. Hier gehen die Meinungen der Nutzer
     auseinander. Viele stehen dem ablehnend gegenüber. Sie argumentieren, dass Selbstverletzung
     nicht Teil des Emo-Seins sei. Andere äußern sich positiv, da ihrer Meinung nach mit den
     Darstellungen von verletzter Haut Emotionalität nach außen sichtbar gemacht werde.

punk rock, or gothic music this group's for you![9]" Auf dieser Seite stehen verstärkt soziale Themen im Vordergrund. Unter anderem werden die Ursachen für die Anfeindungen gegen Emos diskutiert. Die Diskussionssparte „why do people pick on us?"[10] ist eine der am häufigsten kommentierten. Zudem gibt es souveräne Beiträge zu Bi- oder Homosexualität: „emos tend to be pretty open minded, gay or straight or otherwise. Its part of why we're awesome[11]".

In einer weiteren Diskussion äußern sich die Mitglieder dazu, was Emo-Sein für sie bedeutet oder generell ist: „emo is a way of life. Its how u feel and when ur emo all of ur emotions bunch up, and when i cut myself all those emotions kind of let go". Ein anderes Mitglied schreibt: "emos are people who are not afraid to express their thoughts". Hier findet eine Selbstdefinition statt, die sich in Form von Offenheit in Bezug auf sexuelle Orientierungen sowie durch den Ausdruck von Emotionalität zeigt, was als eigene Stärke aufgefasst wird.

In diesem Forum sind ebenfalls diverse Selbstporträts zu finden, die stilisiert sind wie jene auf der weiter oben beschriebenen Seite ‚EMOS'. Auch hier erfolgen Wertungen der Fotos, indem sie mit Begriffen wie ‚cute', ‚hot' oder ‚not hot' versehen werden. Neben den Attraktivitätswertungen geht es um die Frage, wer dem Emo-Stil entspricht und somit auch als Emo gelten kann.

Auf ‚emostar.de', einer deutschen Plattform, wird Emo-Sein mit dem Hintergrund der Hardcore-Szene verstanden. Die Diskussionen sind breiter gefasst und die Nutzer sind im Schnitt älter. Die Altersspanne liegt zwischen 14 und 26 Jahren, wobei die Beiträge im Schwerpunkt von 18- bis 20-Jährigen stammen.

Auch bei ‚emostar.de' wird über eine Definition von Emo diskutiert, wobei es zu keinem Konsens kommt. Die Musik scheint in diesem Forum für die meisten Nutzer im Vordergrund zu stehen. Die Themen kreisen aber auch hier um Style und Kleidung. Zudem drehen sich die Diskussionen um echte Emos und so genannte ‚Wannabes'. ‚Wannabes' sind in den Augen einer großen Mehrheit der Forumsakteure oberflächlich und lediglich an Äußerem, an Mode und Styling interessiert. Sie haben zudem kein Wissen über das eigentliche, richtige Emosein. So schreibt das Mitglied Faye: „och wenn ich so kinder mit 1000 hello kitty haarspangen sehe ect. rutscht mir das wort emo auch mal raus[12]". Im Forum ‚emostar.

---

9   http://www.facebook.com/search/?init=quick&q=emo&ref=ts#!/group.php?v=info&ref=search
     &gid= 40630268654 vom 14.04.2010
10   http://www.facebook.com/search/?init=quick&q=emo&ref=ts#!/topic.php?uid=40630268654&
     topic=24259 vom 14.04.2010
11   http://www.facebook.com/search/?init=quick&q=emo&ref=ts#!/topic.php?uid=40630268654&
     topic=15 80 vom 14.04.2010
12   http://www.emostar.de/f-forum-lobby-5/wie-reagiert-ihr-auf-jemanden-der-euch-emo-
     nennt-6758/ vom 14.04.2010

de' wird die Bezeichnung einer Person als Emo als degradierend verstanden und mitunter auch entsprechend verwendet. Eine 23-Jährige schreibt:

> *„Ich selber sehe mich nicht als Emo, denn in der Gesellschaft ist Emo mittlerweile total verrufen. Es sind die, die sich ritzen und depressiv in der Gegend rum laufen und nicht wissen was sie mit sich anfangen sollen... Emo ist im Grunde nur ein Style und die Musik, beides find ich gut, so dass ich im Grunde ein Emo bin. Wannabes sind wir alle, denn nur die aus den Emocorebands sind richtige Emos, denn von denen haben wir es uns ja abgeschaut.* [13] *"*

Ein 20-Jähriger dazu: „Nun ja ich denke mal dass ein ‚emo' sich bewusst sein sollte, dass seine ‚Szene' nicht wirklich existent ist. Zumindest das ursprüngliche. Heute ist das ganze ja schon 3.-4. Generationszeug"[14].

Die Diskussion pendelt zwischen den Themen Musik, dem ursprünglichen Hardcore und Emocore, und der emotionalen Lebenseinstellung. Aber auch hier findet die Selbstdefinition über den Stil statt, der unumgänglich mit der Musik und der Szene verbunden ist. Mitunter verlaufen die Diskussionen aggressiv, wenn die Definition nicht überzeugt. Ein 21-Jähriger äußert sich dagegen überlegt und differenziert. Er interpretiert die Körperdarstellungen und den dazugehören Modestil als Ausdrucksmöglichkeiten und Bewusstmachung von Gefühlen wie Trauer:

> *„Hmm, wenn man sich anguckt, wie das Musikgenre Emo entstanden ist, könnt man doch sagen, dass die ‚Lebenseinstellung' ist, sich erstens von Sachen die einem langweilig, die einem nicht gefallen, etc. zurückzuziehen (durch die Art der Kleidung keine Ahnung). Und durch Musik, oder andere Formen des Ausdrucks sei es Kleidung etc. Ich persönlich finde, dass man durch die Art wie man sich kleidet, durchaus Sachen verarbeiten kann, weil die Kleidung einen z. B. an den Grund erinnern kann, warum man sich so gekleidet hat und man sich so bewusst mit ihr auseinandersetzt und sie so nicht verdrängt: Was bedeuten würde, dass es heißt Gefühle und Emotionen bewusst wahrzunehmen und nicht zu sagen ‚Die Gesellschaft will das ich funktioniere, ich muss jetzt z. B. meine Trauer unterdrücken.' "*

Gleichzeitig sieht er in dem Modestil, ebenso wie in Liedtexten und der Musik eine Ausdruckshilfe, die jenseits der Worte liegt:

> *„Oder vlt. versucht man sich sogar durch die Kleidung auszudrücken wie man gerade fühlt, weil es schwer fällt seinen Gefühlsstand für andere in Worte zu packen, versuchten nicht zu tolle Erlebnisse zu verarbeiten, weil*

---

13   http://www.emostar.de/f-forum-lobby-5/ist-ein-emo-4105/seite/68/ vom 14.04.2010
14   http://www.emostar.de/f-forum-lobby-5/ist-ein-emo-4105/seite/84/ vom 14.04.2010

es einem vielleicht nicht einfach fällt einfach so darüber zu ‚reden‘, sondern man eher versucht sich alles von der Seele zu schreiben, wenn man dann soweit ist, kann man das für sich Ausgedrückte, sei es durch das verarbeiten von Liedtexten zu Lieder, anderen Leuten mitteilen. Natürlich kann man das spielen von Liedern auch als eine Art ‚Dampf ablassen‘, oder gar ‚Aussprechen‘ nennen. (...).“

Die Szene lässt sich seiner Meinung nach nicht klassifizieren. Das Verbindende liegt für ihn in der Musikzugehörigkeit:

„Ich persönlich glaub auch, dass Emo zunächst eine Musikrichtung ist, die Einstellung kann für jeden individuell, meiner Meinung nach, ausgelegt werden. (...) Es gibt einfach bei Emo keine klare Ideologie find ich. Emo ist ein individueller Begriff, den man einfach nicht in szenisches Denken packen kann. Packt man etwas in eine Szene, so braucht man auch ne Definition.[15]“

Kleidung, Körperdarstellung und Musik sind Möglichkeiten, die Gefühle gestaltet nach außen zu tragen. In der Szene geht es nicht um Gesellschaftskritik, sondern um individuell erlebte Erfahrungen und Empfindungen, die innerhalb des Raums der Szene zum Ausdruck gebracht werden können und dürfen.

Die Diskurse und Bilder verweisen darauf, dass es eine Grenzziehung gibt zwischen Jüngeren, die sich selbst eher als Emo bezeichnen und Emo-Sein als Lebenseinstellung begreifen, und denjenigen, die sich noch zur Emo-Core-Kultur zählen. Letztere sind stärker und vielleicht auch in der Hauptsache der Musik zugewandt und betrachten die Jüngeren als Möchtegern-Emos (‚Wannabes‘).

Auf ‚myemo.de‘, ebenfalls einer deutschen Seite, gibt es unterschiedlichste Beiträge und Forumsdiskussionen. Das Alter der Nutzer liegt in der Regel zwischen 15 und 18 Jahren. Neben Musik wird ebenso häufig über Liebe, Liebeskummer und Sex gesprochen. Auch die Thematiken Bisexualität und Homosexualität tauchen häufiger als Themen auf, vor allem mit dem Zweck der Partnersuche[16]. Insgesamt herrscht ein toleranter und offener Umgang miteinander. Bemerkenswert ist die Tatsache, dass die vor allem in der Adoleszenz herausragenden Themen Liebe und Sexualität von Mädchen und Jungen gemeinsam offen und sensibel besprochen werden. Dabei bietet nicht nur die Szene vor Ort einen Raum des Austauschs über mitunter schambehaftete Themen, sondern auch der anonyme Rahmen, den das Internet bietet.

Auf den Emo-Seiten fallen besonders die extremen Selbstdarstellungen auf. Sie werden von Mädchen wie von Jungen gezeigt und sind durch androgyne und

---

15   http://www.emostar.de/f-emo-news-10/emo-den-medien-1410/seite/14/ vom 14.04.2010
16   http://myemo.de/The-Backyard/Liebe/Post/4802-schwul-naund-.aspx vom 14.04.2010

feminine Elemente charakterisiert, wobei die Darstellungen der Geschlechter sich ähneln.

Die Beiträge zeigen: Die individuellen Vorstellungen von dem, was es bedeutet, ein Emo zu sein, unterscheiden sich. In bestimmten Foren liegt der Schwerpunkt auf Mode und Style, in anderen eher auf Musik. Im zuletzt angeführten geht es neben der Musik in der Hauptsache um adoleszente Themen wie Liebe und Sexualität.

Ich gehe davon aus, dass es diverse Gruppierungen gibt und jede für sich möglicherweise eine eigene Definition findet. Wie in der Shell Jugendstudie von 1997 angeführt wird, verschwimmen in Jugendgruppen vermehrt Geschlossenheit und Stile, nehmen politische Motiviertheit und Verbindlichkeiten ab. An Stelle dessen sind unter anderem verstärkte Lifestyle-Orientierung, sowie Stil- und Experimentieroffenheit getreten. (Shell 1997, S. 20f.)

Für die Emo-Foren ist diese Tendenz zu beobachten. Trotz diverser Unterschiede der Forengruppen und einer enorme Spannbreite innerhalb der Jugendgruppierung Emo zeigen sich Grundlinien der Emo-Kultur insbesondere anhand der Körperdarstellungen und des modischen Stils. Auch bezüglich der Selbstdefinitionen lassen sich bei aller Unterschiedlichkeit der Gruppen Gemeinsamkeiten ausmachen. Zum einen wird Aufgeschlossenheit und Offenheit gegenüber sexuellen Orientierungen sichtbar, zum anderen sensible, geschlechterübergreifende Auseinandersetzungen. In den Diskursen der Jüngeren geht es in der Hauptsache um Körperdarstellungen, um Stil und Mode.

Die Selbstdarstellungen und diskursiven Verortungen der Emo-Jugendlichen – und das gilt insbesondere für die männlichen Jugendlichen – stehen in Opposition zur heteronormativen und auf Zweigeschlechtlichkeit ausgerichteten Geschlechterordnung.

4. Überschreitende Selbstdarstellungen?

„Die Struktur der Geschlechterverhältnisse bleibt auch trotz des sozialen Wandels und der kritischen Zurückweisung für geschlechtsstereotype Zuweisungen bestimmend." (Raithel 2005; S. 94) Die gegenwärtige Geschlechterordnung ist nach wie vor durch Heteronormativität und Zweigeschlechtlichkeit gekennzeichnet. Sie stellt entsprechende geschlechtsspezifische Erwartungen und Rollenanforderungen an die Akteure (Raithel 2005; S. 93f.). Die Identitätsbildung in der Jugendphase erfolgt auch innerhalb des binären Diskurses, der begrenzende Wirkung auf die individuelle Entfaltung der Persönlichkeit hat (Schäfers et al 2005; S. 92). Einhergehend mit den Geschlechtsnormen findet eine Idealisierung der heterosexuellen Bindung statt (Butler 1997; S. 318). Heteronormativität sorgt dafür, dass die informellen Heterosexualitätsregeln in der Mehrheit befolgt werden, um potentiellen Stigmatisierungen zu entgehen und so identitätsschützende Funktion innehaben (Ott 2000; S. 184). Innerhalb des dichotomen Systems bestehen Machtverteilungen, die Auswirkungen auf die Gefühle der Individuen haben und das Begehren zwischen den Geschlechtern anhand ihrer Gegensätzlichkeit organisiert, prägen und festschreiben (Stein-Hilbers et al 2000; S. 13). Andersgeschlechtlich orientierte Selbstpräsentationen können zur Folge haben, dass die Geschlechtsidentität von anderen bezweifelt wird (Villa 2004; S. 136ff.). Die Übernahme der erwarteten Selbstpräsentation bestätigen die Individuen in ihren Geschlechterkonstruktionen, weil sie so Anerkennung und Bekräftigung ihrer sozialen Umwelt erfahren (Stein-Hilbers et al 2000; S. 13).

Die Emo-Jugendlichen scheinen sich der bipolaren kulturellen Geschlechterordnung weitgehend zu entziehen. Selbstdarstellungen und darin eingeschriebene Männlichkeitskonstruktionen sind hier weitaus offener als dies die hegemoniale binäre Ordnung und Heteronormativitätsregeln vorgeben. Sie lassen weitreichend körperliche und emotionale Nähe miteinander zu. Auf Internetplattformen werden Küsse unter Jungen stilisiert, indem sie ästhetisiert dargestellt werden. Die Jungen präsentieren sich androgyn und feminin, wie die Selbstdarstellungen in den Foren gezeigt haben. Sie bringen Gefühle wie Trauer oder Schmerz zum Ausdruck. Die offene Darstellung solcher Gefühle ist ein wichtiger wenn nicht sogar ein Hauptbestandteil der Emo-Szene und somit identitätsstiftendes Element. Vor diesem Hintergrund kann vermutet werden, dass geschlechtliche Hierarchien, wenn sie vorhanden sind, eher flach gehalten werden.

Den von mir zusammengetragenen Beobachtungen in den Foren müssten weitere Untersuchungen folgen, um zu erforschen, ob es eher Körperdarstellungen sind, die zum Szenecode gehören und deshalb zur Schau getragen werden, oder ob und wie weitreichend Heteronormativität und eine binäre Geschlechterordnung unterlaufen werden.

Von großer Bedeutung ist die Tatsache, dass diese Jugendkultur Codes aufweist, Geschlechtergrenzen überschreitet und damit aufweicht. Durch die In-Group wird die Selbstdarstellung femininer Anteile bei den männlichen Jugendlichen bestätigt. Sie bietet die Möglichkeit, einen spielerischen und flexiblen Umgang mit sexuellen Orientierungen und Identitäten zu entwickeln. „Kinder und Jugendliche wiederholen Formen von Geschlecht nicht allein, vielmehr werden sie häufig zusammen mit anderen wiederholt, inszeniert, ausprobiert, gezeigt, verglichen und verändert. Die Blicke der anderen und das heißt auch der Blick der Peer-Group sind dabei von herausragender Bedeutung" (Tervooren 2007; S. 95).

Da Geschlecht und Begehren veränderbare, hergestellte Akte sind, könnten sich durch Erprobung unterschiedlicher Begehrensformen längerfristig neue Männlichkeitskonstruktionen und Rollen etablieren. Die Voraussetzungen für ein Probehandeln jenseits der gängigen Geschlechternormen hängen neben der Bedeutsamkeit der Altersgenossen auch von weiteren jugendkulturellen Öffentlichkeiten ab. Der Austausch und die Begegnung, die innerhalb der Foren stattfinden, können eine förderliche Wirkung in Bezug auf Diversität und Offenheit von Männlichkeitskonstruktionen entfalten.

5. Fazit: Männlichkeitskonstruktionen im Spannungsverhältnis

Gegenwärtig sind unterschiedliche Männlichkeitskonstruktionen existent. Neben „wieder erstarkten bipolaren" Tendenzen von traditionellen Männlichkeiten (Ferchhoff 2007; S. 238), bei denen Zweigeschlechtlichkeit und Heterosexualität als Normkategorien fungieren, haben sich androgyne[17], bzw. metrosexuelle[18] Männlichkeiten in unterschiedlichsten sozialen Bereichen durchgesetzt – sei es im Popbereich, in der Mode- oder Sportwelt (vgl. ebd.). So wurden auch androgyne und feminine Selbstdarstellungen in der Jugendkultur der Emos populär. Das Neue an den Männlichkeitskonstruktionen betrifft die veränderte Selbststilisierung, die Eigenschaften umfasst, die traditionell Frauen zugesprochenen werden (vgl. ders.; S. 348f.).

Die von einigen Stars bewusst inszenierte Androgynität oder Metrosexualität zieht größtenteils Akzeptanz nach sich. Dabei muss berücksichtigt werden, dass zur metrosexuellen Männlichkeit durchaus auch maskuline Anteile gehören, wie etwa ein muskulöser Körper, der virile Härte vermittelt. Ableitend könnte gefolgert werden, dass die starke Ablehnung gegen die Androgynität und gegen feminine Selbstdarstellungen der männlichen Emos damit zu erklären ist, dass es sich um ein weitgehendes Fehlen solcher Elemente der Härte handelt, die bei populären Stars mit inszeniert werden.

Angesichts der zu verzeichnenden Pluralisierung der Männlichkeitskonstruktionen, kann die Tendenz, traditionellere Geschlechterrollen einzunehmen, Sicherheit bieten. Ferchhoff zufolge scheinen „traditionelle Geschlechterrollen und Geschlechterrollenstereotype (...) jenseits von medial durchgesetzter, inszenierter

---

17 Unter androgynen Menschen sind solche zu verstehen, die sowohl männliche, als auch weibliche Anteile in sich vereinen, sowohl äußerlich als auch innerlich (vgl. Perko, 2005, S. 22).

18 Unter Metrosexualität ist keine bestimmte sexuelle Orientierung, sondern ein Lebensstil zu verstehen, der sich traditionellen und klischeehaften Rollenmodellvorgaben entzieht, sich also Männer wie Frauen jeweilige Zuschreibungen des anderen Geschlechts aneignen ohne sogleich homosexuell zu sein (vgl. Perko, 2005, S. 24).

und empirisch gelebter Androgynität und Metrosexualität" wieder verstärkt auf-
zukommen und „dem beobachtbaren, freilich fragilen Wunsch nach Sicherheit,
Halt und Konformität in vielen jugendlichen Lebensmilieus entgegenzukommen"
(Ferchhoff 2007; S. 351). Insbesondere in jugendlichen Peer-Groups lassen sich
Männlichkeitskonstruktionen ausmachen, die mit Hierarchiebildungen und hegemonialen Ansprüchen einhergehen (Tervooren 2007; S. 96). Zu diesen Männlichkeitskonstruktionen gehören immer auch Aggression und Abwertungen von
Weiblichkeit und Homosexualität. Traditionelle Männlichkeitskonstruktionen
geraten daher in starke Spannung zu den Neuen, wie sie in der Emo-Kultur repräsentiert werden. Durch Tabuisierung von körperlich-liebevoller Nähe weichen
viele Jungen kompensatorisch auf mehr oder weniger spielerische Raufereien aus
(Milhoffer 2002; S. 96). Bei den männlichen Emo-Jugendlichen ist dagegen Raum
für eine zärtliche Bezugnahme gegeben.

Das Neue der Männlichkeitskonstruktionen der Emo-Kultur betrifft zusam-
mengefasst die Darstellung eigener Verletzungsoffenheit, die Darstellung von Leid
und Trauer, sowie die Darstellung einer offenen sexuellen Orientierung, die traditionelle Männlichkeiten durchkreuzt. Nähe kann sowohl gleich- als auch gegen-
geschlechtlich zugelassen werden. Auch in anderen Jugendszenen ist eine Annäherungen an feminine Selbstdarstellungen und Ausdrucksweisen gegeben, wie
beispielsweise in der Gothic-Szene (Brill 2007; S. 55ff.). Die Ausprägung ist in
der Jugendkultur der Emos jedoch stärker, zumal sie hier ein tragendes Moment
des Selbstverständnisses ausmacht. Herausragendes Element ist, Emotionen wie
Angst oder Trauer auf eine Weise zu zeigen, die kulturell bisher eher Mädchen
und Frauen vorbehalten geblieben ist (Tervooren 2007; S. 96).

Die Geschlechterrollen scheinen nicht starr festgelegt zu sein, sondern bewegen sich in einem Raum des Ausprobierens. Die gleichgeschlechtliche Nähe
von Jungen wird zudem ästhetisiert. Es stellt sich die Frage, ob sich die neuen
Elemente der Männlichkeitskonstruktionen zusammen mit der offenen sexuellen
Orientierung auch angesichts der momentan vorzufindenden aggressiven Reaktionen langfristig etablieren können.

Literatur

Akrap, Doris (2009): Elemente des Klassenkampfes. Im Gespräch mit Daniel Hernandez über Emo in Mexiko. In: Büsser; Engelmann; Rüdiger (Hrsg.). emo. Porträt einer Szene. Mainz

Brill, Dunja (2007): Fetisch-Lolitas oder junge Hexen? Mädchen und Frauen in der Gothic-Szene. In: Rohmann, Gabriele (Hrsg.). Krasse Töchter. Mädchen in Jugendkulturen. Berlin

Büsser, Martin (2009): Die Emo-Bewegung in Chile. Im Gespräch mit Alejandra Ruiz. In: Büsser; Engelmann; Rüdiger (Hrsg.). emo. Porträt einer Szene. Mainz

Butler, Judith (1997): Körper von Gewicht. Gender Studies. Frankfurt am Main

Eilers, Andre (2006): Not just boys' fun? Punk- und Hardcore-Girls. In: Lucke, Doris (Hrsg.): Jugend in Szenen. Lebenszeichen aus flüchtigen Welten. Münster

Engelmann, Jonas (2009): Lost in Bazaar. Emo in der Türkei. In: Büsser; Engelmann; Rüdiger (Hrsg.). emo. Porträt einer Szene. Mainz

Ferchhoff, Wilfried (2007): Jugend und Jugendkulturen im 21. Jahrhundert. Lebensformen und Lebensstile. Wiesbaden

Hitzler, Ronald/Bucher, Thomas/Niederbacher, Arne (2005): Leben in Szenen. Formen jugendlicher Vergemeinschaftung heute. 2. aktualisierte Auflage, Wiesbaden

Jugendwerk der deutschen Shell (Hrsg.) (1997): Jugend '97. Zukunftsperspektiven. Gesellschaftliches Engagement. Politische Orientierungen. Opladen

Kasakow, Ewgeniy (2009): Subkultur? Verbieten! Zur Geschichte einer russischen Sommerlochdebatte. In: Büsser; Engelmann; Rüdiger (Hrsg.). emo. Porträt einer Szene. Mainz

Meuser, Michael (2005): Strukturübungen. Peergroups, Risikohandeln und die Aneignung des männlichen Geschlechtshabitus. In: King, Vera/Flaake, Karin (Hrsg.): Männliche Adoleszenz. Frankfurt/New York

Milhoffer, Petra (2002): Geschlechterrollenübernahme und sexuelle Sozialisation. In ZFG/ZFS (Hrsg.); Körper und Geschlecht. Bremer Oldenburger Vorlesungen zur Frauen- und Geschlechterforschung. Opladen

Ott, Cornelia (2000): Zum Verhältnis von Geschlecht und Sexualität. In: Schmerl, Christian; Soine, Stefanie; Stein-Hilbers, Marlene; Wrede, Brigitta (Hrsg.). Sexuelle Szenen. Inszenierungen von Geschlecht und Sexualität in modernen Gesellschaften. Opladen

Raithel, Jürgen (2005): Die Stilisierung des Geschlechts. Jugendliche Lebensstile, Risikoverhalten und die Konstruktion von Geschlechtlichkeit. Weinheim

Schäfers, Bernhard/Scherr, Albert (2005): Jugendsoziologie. Einführung in Grundlagen und Theorien. 8. Auflage. Wiesbaden

Stach, Anna (2006): Die Inszenierung sozialer Konflikte in der populären Massenkultur am Beispiel erfolgreicher Talkshows. Ein Beitrag zum Thema Sozialisation durch Massenmedien unter Berücksichtigung geschlechtsspezifischer Sozialisation. Marburg

Stein-Hilbers, Marlene; Soine, Stefanie; Wrede, Brigitta (2000). Einleitung: Sexualität, Identität und Begehren im Kontext kultureller Zweigeschlechtlichkeit. In: Schmerl, Christiane; Soine, Stefanie; Stein-Hilbers, Marlene; Wrede, Brigitta (Hrsg.), Sexuelle Szenen. Inszenierungen von Geschlecht und Sexualität in modernen Gesellschaften. Opladen

Tervooren, Anja (2007) Männlichkeiten und Sozialisation. Die allmähliche Verfertigung der Körper. In: Bereswill, Mechthild; Meuser, Michael; Scholz, Sylka (Hrsg.). Dimensionen der Kategorie Geschlecht: Der Fall Männlichkeit. Münster

Thiele, Lisa (2009): Terroristen mit Nietengürteln. Emo in Ägypten. In: Büsser; Engelmann; Rüdiger (Hrsg.). emo. Porträt einer Szene. Mainz

Triebswetter, Katrin / Wächter, Natalia (2009): „Fashioncore" oder „echte" Jugendkultur? Emo auf dem Prüfstein der Authenzität. In: Büsser; Engelmann; Rüdiger (Hrsg.). emo. Porträt einer Szene. Mainz

Villa, Paula-Irene (2004): Identitäten und Differenzen in Videoclips. In: Lenz, Ilse; Mense, Lisa; Ullrich, Charlotte (Hrsg.). Reflexive Körper? Zur Modernisierung von Sexualität und Reproduktion. Opladen

Grenzenlose Möglichkeiten der Selbstdarstellung? Jugendliche Genderinszenierungen im Web 2.0

Clarissa Schär

Das Internet existiert seit nunmehr 15 Jahren und ist zu einem wichtigen Bestandteil des Alltags der meisten Jugendlichen geworden. Die Pflege sozialer Netzwerke umfasst einen Großteil derer Internetaktivitäten (vgl. Willemse et al. 2010; S. 32; Behrens/Rathgeb 2011; S. 47), Tendenz steigend. Dabei spielt das Hochladen, Tauschen und Kommentieren von Fotografien eine nicht unwesentliche Rolle. In der Öffentlichkeit vielfach problematisiert, sind zahlreiche AutorInnen der Ansicht, dass das Internet und insbesondere die nonverbale, ikonische Kommunikation in sozialen Netzwerken den Jugendlichen die Möglichkeit eröffnet „ästhetische Potentiale, seinen eigenen Körper, Seele und Geist anders kennen zu lernen und zu entdecken" (Otte 2008; S. 3), „sich fern der Erwachsenenwelt, in der Gleichaltrigengruppe bzw. unter Gleichgesinnten vielfältig ausprobieren, inszenieren und positionieren zu können" (Tillmann 2006; S. 48), und dass dadurch gesellschaftliche Kategorien wie Geschlecht, Ethnie oder Schicht verflüssigt würden (vgl. Sandbothe 1997; zit. n. Richard et al. 2008; S. 129).

Solche Aussagen implizieren grenzenlose Möglichkeiten der Selbstdarstellung, die in diesem Beitrag kritisch in den Blick genommen werden. Es wird die Frage erörtert, inwieweit sich im Rahmen jugendlicher Genderinszenierungen im Web 2.0 grenzenlose Möglichkeiten der Selbstdarstellung eröffnen und damit subversive Strategien der Geschlechtskonstruktion aktiviert werden. Hierbei sind sowohl die Dynamiken innerhalb der Peergroup von Belang als auch die Kommunikationsstrukturen, die durch das jeweilige Interface der Internetplattformen gegeben sind. Demgemäß wird nach den Ausführungen zur theoretischen Fassung des Forschungsgegenstands auf verbreitete Selbstdarstellungen männlicher und weiblicher Jugendlicher, insbesondere deren Implikationen hinsichtlich Geschlechtskonstruktionen, eingegangen, welche abschließend bezüglich Subversion, Peer-Öffentlichkeit und Interface diskutiert werden.

Die Befunde stammen aus einem eigenen Forschungsprojekt, bei dem die Geschlechtskonstruktionen 16-jähriger männlicher und weiblicher Jugendlicher auf Fotografien aus dem sozialen Netzwerk www.festzeit.ch (nachfolgend „Festzeit") im Fokus standen. Deren Mitglieder haben die Möglichkeit, ein eigenes Profil zu erstellen, sich mit Profilen von FreundInnen zu verlinken, Fotografien hochzuladen, die Fotografien anderer zu kommentieren u. v. m. Durch den interaktiven Charakter der Plattform, auf der Inhalte nicht nur konsumiert, sondern auch gestaltet werden können, handelt sich hierbei um eine Untersuchung im Web 2.0. Die Fotografien können als sogenannte „experimentelle Selbstdarstellungen" beschrieben werden. Hierunter werden bewusst eingenommene Posen, Gesichtsausdrücke, Gesten sowie das Arrangieren von Accessoires gefasst. Die Fotografien sind zumeist im intimen Rahmen, alleine, mit einer vertrauten Zweitperson, im eigenen Zimmer oder Badezimmer und in den meisten Fällen unter Ausschluss der Öffentlichkeit entstanden. Der experimentelle Charakter der Fotografien formiert sich nicht zuletzt durch das Vorhandensein der Kamera oder des Fotohandys auf der Fotografie, wenn sich die Jugendlichen über einen Spiegel abgelichtet haben. Die 978 Fotografien männlicher und 1180 Fotografien weiblicher Jugendlicher wurden hinsichtlich der entsprechenden Bildausschnitte, Posen, Gesichtsausdrücke, Accessoires etc. kategorisiert, wobei eine Orientierung an Studien zur Körpersprache von Marianne Wex (1979), Gitta Mühlen Achs (2003) und Paul Ekman (2004) leitend war.

Die ausgewählten Fotoklassen wurden der wissenssoziologisch ausgerichteten seriell-ikonografischen Analyse nach Pilarczyk und Mietzner (2005) unterzogen, die sich, da sie mit Vergleichshorizonten arbeitet, für besonders große Bildbestände eignet. Ergänzt wurde die Analysemethode mit Ralf Bohnsacks Verfahren zur Rekonstruktion der formalen Komposition von Bildern und der Perspektive der BildproduzentInnen (vgl. Bohnsack 2009; S. 57f).

1. Vom Geschlecht zum Wissen

Im Kontext eines ethnomethodologisch fundierten, konstruktivistischen Verständnisses von Geschlecht („Doing Gender"; vgl. Gildemeister 2010; Wetterer 2010) standen auf den Fotografien „kulturelle Geschlechtsindizien" im Vordergrund. Insofern stehen den Individuen zum Ausweisen des eigenen Geschlechts spezifische sexuierte Darstellungsressourcen zur Verfügung, seien dies Kleidung, Frisur, Gestik, Mimik, Raumnutzung u. a. m. (vgl. Villa 2011; S. 98f., 112; Hirschauer 1989; S.103). Dabei gibt es „keine natürliche Grenze für mögliche Geschlechtszeichen: *alles* kann für eine Geschlechtsattribution sexuiert werden (auch Blicke, Äußerungen, Sprechweisen, materielle Situationsbestandteile usw.)" (Hirschauer 1993; S.37; Hervorhebung im Original). In der konsequenten Fortführung dieses

Gedankens sind mit solchen Geschlechtszeichen bestimmte Vorstellungen von Männlichkeit und Weiblichkeit verbunden.

> „Männlichkeitszeichen haben die Funktion, die exklusiv mit Männlichkeit verknüpften Vorstellungen, z. B. Selbstbewusstsein, Selbstsicherheit, Entschlossenheit, Dominanz, Aggressivität und Überlegenheit zum Ausdruck zu bringen, während Weiblichkeitszeichen Merkmale wie Unsicherheit, Emotionalität, Beziehungsorientiertheit, Hilfsbedürftigkeit und Unterordnung signalisieren sollen." (Mühlen Achs 2003; S. 121)

Ungeachtet dessen, dass bei einer solchen Dichotomisierung die Gefahr besteht, subversive Praktiken der Geschlechtskonstruktion zu verkennen, ist der Verweis auf die gesellschaftlichen Vorstellungen von Männlichkeit und Weiblichkeit, die den Darstellungen inhärent sind, nicht unwesentlich. Der unscharfe Begriff „Vorstellung" kann jedoch mit Bezug auf den Terminus des „impliziten Geschlechterwissens" theoretisch unterfüttert werden. Hirschauer (1996) spricht in diesem Zusammenhang von inkorporiertem, praktischem Wissen, das nicht an kognitive Klassifikationssysteme gebunden ist, sondern „einverleibt" wird. Dem Alltagshandeln des Doing Gender liegen folglich implizite Wissensbestände über Zweigeschlechtlichkeit zugrunde, die sich in der habitualisierten Wahl spezifischer Darstellungsressourcen niederschlagen, ein Wissen, das im alltäglichen Tun vorgezeigt wird (vgl. S. 90; 247).

Diese theoretische Ausdifferenzierung hinsichtlich impliziten Geschlechterwissens als „integrale Bestände sozialer Konstruktionsprozesse" (Wetterer 2008; S. 18) ermöglicht es, Bohnsacks Kritik am Konstruktivismus zu begegnen und das konstruktivistische Geschlechtsverständnis mit der dokumentarischen Methode zusammenzubringen (vgl. Rutschmann i. A.). Über diesen „erweiterten Konstruktivismus" wird nicht nur an der interpretativen Konstruktion von Welt angesetzt – wie dies Bohnsack den KonstruktivistInnen vorwirft – sondern auch an der handlungspraktischen, worüber der Zugang zum impliziten (Geschlechter-) Wissen ermöglicht wird (vgl. Bohnsack 2009; S. 17). Dieses ist meines Erachtens auch dann virulent, wenn gegenüber den alltäglichen und automatisierten Prozessen der Geschlechtsdarstellung das Bewusstsein der untersuchten Jugendlichen für den Inszenierungscharakter ihrer Selbstdarstellungen (vgl. Kelle 2001; S. 39) als auch deren mimetisches Handeln im Sinne des Imitierens unterschiedlicher Vorbilder in Rechnung gestellt werden (vgl. Flicker 2008; S. 96).

Anhand verbreiteter Selbstdarstellungen männlicher und weiblicher Jugendlicher werden nachfolgend unterschiedliche Genderinszenierungen und darin implementiertes implizites Geschlechterwissen analysiert.

2. Stark, dominant und distanziert

Bei den Selbstdarstellungen männlicher Jugendlicher herrschen die Motive Stärke und Dominanz vor, welche durch empfindsame und zugleich distanzierte Darstellungen konterkariert werden.

Zunächst soll auf die Darstellung von Stärke und Dominanz eingegangen werden. Es finden sich unter den Fotografien männlicher Jugendlicher zahlreiche, auf denen (teilweise) nackte Oberkörper dargestellt werden. Auf diesen Fotografien stehen die Muskeln (Bauch-, Arm- und Brustmuskeln), die extra angespannt werden, im Vordergrund. Damit wird nicht nur einem gesellschaftlichen Schönheitsideal, einer Ästhetisierung ausdefinierter Muskeln entsprochen, sondern auch der Bedeutungsaufwertung, die der männliche Körper in den letzten Jahren erfahren hat. „Einen ‚perfekten' Körper zu haben und diesen ‚richtig' zu präsentieren wird zu einem anerkannten Attribut von Männlichkeit" (Meuser 2010; S. 432). Entsprechend dieser Betonung des Körpers sind die Fotografien oftmals entpersonalisiert, indem der Kopf nicht Teil des Bildausschnitts ist oder die Jugendlichen nicht auf ihren Gesichtsausdruck achten und keinen Blickkontakt zu den Betrachtenden aufnehmen.

Nebst einer Ästhetisierung kommt auf zahlreichen Fotografien das Motiv Stärke zum Tragen. Mit dem Präsentieren angespannter Muskeln ist oftmals eine imposante Erscheinung verbunden, die über raumgreifende Posen, direkte und fokussierte Blicke oder die Kameraperspektive zum Ausdruck kommt. Hierüber inszenieren die Jugendlichen einen mächtigen, dominanten und überlegenen Habitus (vgl. Mühlen Achs 2003; S. 139). Mit solchen Selbstdarstellungen entsprechen die männlichen Jugendlichen in höchstem Masse medial vermittelten Männlichkeitsbildern, in denen sich die Bedeutungsaufwertung des männlichen Körpers deutlich widerspiegelt, wie z. B. in Unterwäsche-Werbung von Fußballstars wie David Beckham. Vom anbietend-erotischen Charakter, der solchen Werbefotografien über die liegenden Posen, eingeölten Oberkörper und direkt-lasziven Blicke anhaftet, grenzen sich die männlichen Jugendlichen jedoch ab.

Das Bild des dominanten, mächtigen und überlegenen Mannes kommt nicht nur über die Darstellung körperlicher Stärke zum Ausdruck, sondern über diverse Darstellungsressourcen wie einen direkten, fokussierten Blick, abwehrend-verschränkte, angespannte Arme, eine stabile Körperhaltung, raumgreifende Posen sowie spezifische Kameraperspektiven. Hierüber wirken sie insgesamt größer und imposanter (vgl. op. cit., S. 123). Im Weiteren bilden sie sich mit verächtlichen, phallisch aufgerichteten Mittelfingern sowie unterschiedlichsten Macht- und Statussymbolen ab. Dies gipfelt im Signalisieren von Kampf- resp. Gewaltbereitschaft, was sich im Abbilden von Waffen, „bösen" Blicken und aggressiven

Körperhaltungen wie z. B. gehobenen Fäusten äußert. Auf Abbildung1 fällt zunächst der direkte Blick auf, der sich im Fokussieren der Betrachtenden und leicht zusammengekniffenen Augen manifestiert. Es ist dieser direkte und fokussierte Blick, der eine wesentliche Grundlage für die Darstellung von Macht, Überlegenheit und Dominanz legt (vgl. op. cit., S. 139). Die Wirkung des Blicks wird unterstützt durch eine leichte Hebung des Kopfes, durch welche das Kinn dominant nach vorne gerückt wird. Ferner wurde für diese Fotografie perspektivische Untersicht gewählt, welche die Betrachtenden zum abgebildeten Jugendlichen aufblicken lässt und diesen in eine machtvolle Position rückt. Des Weiteren ist auf der Fotografie eine stabile, aufrechte und starre Körperhaltung auszumachen, die ebenfalls als männliches Geschlechtszeichen gilt und die Motive Dominanz, Macht und Überlegenheit mitträgt (vgl. op. cit., S. 123). Diese Motive kulminieren in der Fotografie eines Jugendlichen, der breitbeinig über einer Kanone auf einem Berg steht, vor dem sich eine Stadt erstreckt. Der Jugendliche erhebt sich einerseits über die Stadt, andererseits suggeriert die auf die Stadt gerichtete Kanone, dass der Jugendliche die Macht hat, über Leben und Tod zu entscheiden. Zudem kommt man nicht umhin, die Waffe zwischen seinen Beinen als übergroßes Phallussymbol zu interpretieren, ein Status- resp. Machtsymbol.

 In männlicher Personen finden sich ähnliche Darstellungsressourcen zur Inszenierung der Motive Macht, Dominanz und Überlegenheit. So zeigen sich zahlreiche Rapper ebenfalls mit stabilen, starren Körperhaltungen, direkt fokussierten Blicken mit zusammengekniffenen Augen, einem leicht nach hinten gehobenen Kopf und nach vorne geschobenem Kinn wie auch in perspektivischer Untersicht.

Im Unterschied zu den Darstellungen von Dominanz, Macht und Überlegenheit wird folgend auf empfindsame und zugleich distanzierte Inszenierungen männlicher Jugendlicher eingegangen. Der Eindruck der Empfindsamkeit und Nachdenklichkeit formiert sich primär über in die Ferne oder in den Himmel gerichtete Blicke, selbstbezogen in die Hosentaschen vergrabene Hände oder selbstvergessen geöffnete Münder. Die Jugendlichen scheinen Gedanken resp. Emotionen nachzuhängen, wobei diesen Abbildungen über die benannten Darstellungsweisen zugleich eine gewisse Distanziertheit und Unnahbarkeit inhärent ist. Dies wird besonders auf Abbildung 2 deutlich. Zu sehen ist ein Jugendlicher, der sich im Wald auf einem laubigen Weg befindet, eine Gitarre auf der Schulter tragend. Die gesamte Haltung mit der Gitarre auf der Schul-

 ter hat etwas sehr Lässiges, schließlich könnte er die Gitarre auch in einem Gitarrenkoffer mit sich führen. Der Wald kann als Rückzugsort gedeutet werden, als abgeschiedener Ort, in den sich der Jugendliche zurückzieht, um zu musizieren. Dem Musizieren liegt durchaus etwas Empfindsames zugrunde, das Verarbeiten von Erlebtem, von Gefühlen und Eindrücken, zumal der Wegmetapher immer auch die Deutung des Lebenswegs und dessen Reflektion innewohnt. Der Jugendliche bleibt in diesem Kontext allerdings insofern Distanziertheit und Unnahbarkeit verhaftet, als er den Betrachtenden den Rücken zugekehrt und perspektivische Untersicht gewählt hat. Was aber auf allen Fotografien deutlich wird, auf denen sich männliche Jugendliche empfindsam präsentieren, ist, dass sie höchstens eine empfindsame Seite an sich präsentieren aber keine konkreten Emotionen zum Ausdruck bringen. Wenngleich sie sich nachdenklich und sensibel zeigen, so bleiben sie doch distanziert und unnahbar. Es wird nicht viel Nähe zugelassen und letztlich wenig offengelegt. Dies bildet auch einen grundlegenden Unterschied zu den Darstellungen weiblicher Jugendlicher, die konkrete Emotionen in den unterschiedlichsten Facetten darbieten.

Empfindsamkeit und Nachdenklichkeit konnten auch auf medialen Repräsentationen nachgewiesen werden, vorwiegend auf solchen von Musikern, die besinnliche Musik machen. Kennzeichnend für solche Abbildungen sind zumeist selbstvergessene Blicke in die Ferne, wie sie zahlreiche Fotografien männlicher Jugendlicher zieren, aber auch das Spielen einer Gitarre sowie die durch die Abstinenz von Farben getragene Ruhe von Schwarzweiß-Fotografien. Die Abwendung von den Betrachtenden lässt diese Darstellungen zumeist ebenso distanziert wirken wie jene der männlichen Jugendlichen. Durch den Bezug auf Fotografien von Musikern wird auch evident, dass Musik auf den Darstellungen männlicher Jugendlicher eine dominante Rolle spielt, sei es in Form von Kopfhörern, nachträglich eingefügten Musiknoten oder gar einer Gitarre wie auf Abbildung 2. Insofern scheint dem Motiv Musik hinsichtlich der Darstellung von Empfindsamkeit eine legitimatorische Funktion beizukommen.

3. Schwach, emotional und hingebungsbereit

Bei den Selbstdarstellungen weiblicher Jugendlicher herrschen die Motive Schwäche, Emotionalität und Hingebungsbereitschaft vor, welche in wesentlichen Merkmalen deutlich von den Inszenierungen männlicher Jugendlicher abweichen.

Im Gegensatz zu den Selbstdarstellungen männlicher Jugendlicher arbeiten die weiblichen Jugendlichen stark mit dem Motiv Schwäche. Diese wird ausgedrückt über labile und abgeknickte Körperhaltungen, wie das Schieflegen des Kopfes, einen schmalen, unsicheren Stand und wenig raumgreifende Posen, wodurch sie sich symbolisch verkleinern (vgl. Mühlen Achs 2003; S. 125). So zeichnen sie das Bild von gefühlsbetonten, schwachen, verletzlichen und schutzbedürftigen Wesen (vgl. op. cit., S. 121). Der gesenkte Kopf und Blick,

die Abbildung 3 charakterisieren, vermitteln zunächst Selbstversunkenheit und Selbstbezogenheit. Daneben zeichnet sich die Fotografie durch große Nähe aus, welche über die kurze Distanz der abgebildeten Personen zur Kamera zustande kommt. Wenngleich ihre Gedanken und Gefühle nicht zugänglich sind, erlaubt die Nähe das unmittelbare Teilhaben an diesem intimen Moment. Durch die leichte perspektivische Aufsicht blicken die Betrachtenden auf die abgebildete Person herab, wodurch diese in eine schwächere Position gerückt wird. So gibt sie sich in einem intimen Moment schwach und verletzlich. Gerade in der Darstellung von Schwäche und Verletzlichkeit treten Reinheit, Unschuld und Unberührtheit zu Tage. Es sind die reine Haut, das glänzende, glatte Haar, die weichen Gesichtszüge, wenig bis gar kein Make-up sowie die Ruhe einer Schwarzweiß-Fotografie, die diesen Eindruck evozieren. Auch das Fehlen eines provokativen Blicks und die Verlegenheit, die dem abgewandten Blick innewohnen, sind Hinweise hierfür. Der gesenkte Blick kann mit Abbildungen von andächtigen Madonnengestalten in Verbindung gebracht werden, was in sinnfälliger Weise mit der ergründeten Unschuld, Reinheit und Unberührtheit harmoniert. Es ist jedoch dieser wie ähnlichen Fotografien keine religiöse Komponente inhärent, hierfür hätten weitere religiöse Insignien wie gefaltete Hände oder Kreuzsymbole spezifischere Hinweise geben müssen. Doch wie es der andächtige Blick der Madonnengestalt tut, symbolisiert der gesenkte Blick der Jugendlichen in Kombination mit blasser, reiner Haut als auch dezentem Make-up Unschuld, Reinheit und Unberührtheit. Gegenüber der demütigen Huldigung Gottes durch die Madonnengestalt kommt bei den Fotografien der Jugendlichen jedoch keine Demut sondern Empfindsamkeit zum Ausdruck.

Die Motive Schwäche und Schutzbedürftigkeit kulminieren in der Fotografie einer Jugendlichen, die sich zusammengekauerte auf ihrem Bett zeigt. Die Fotografie impliziert, es handle sich um eine weinende und damit sehr traurige Jugendliche. Hierüber wird, ganz im Gegensatz zu den empfindsamen Darstellungen männlicher Jugendlicher, eine konkrete Emotion ausgedrückt. Tatsächlich ist zahlreichen solchen Fotografien weiblicher Jugendlicher die konkrete Emotion Traurigkeit oder gar (Liebes-)Kummer zu entnehmen. Jene lässt sich auch in massenmedial verbreiteten Abbildungen wiederfinden. So z. B. das CD-Cover zu Christina Aguileras Song „Hurt" (engl. für Verletzung bzw. verletzt). Dort zeigt sie sich in ein elegantes Abendkleid gehüllt mit gesenktem Blick, welcher gemäß Songtext die Trauer über den verstorbenen Vater und die innere Zerrissenheit aufgrund des fehlenden Kontakts nach Verlassen der Heimat versinnbildlicht. Von der Reinheit und Unschuld der Madonnengestalt rückt die Abbildung durch das Inszenieren weiblicher Reize jedoch ab: großzügiger Ausschnitt, nackte Schultern, hochgeschlitztes Kleid.

Neben der starken Betonung von Mädchenhaftigkeit über die Motive Schwäche und Emotionalität findet sich unter den Selbstdarstellungen weiblicher Jugendlicher auch eine Inszenierung von Weiblichkeit über die Attraktivität des Geschlechtskörpers. Damit stehen häufig die Motive Unterwürfigkeit und Hingebungsbereitschaft in Zusammenhang. Sie sind das Ergebnis von offenherzigen  Posen, direkten, lasziven Blicken sowie eindeutig erotisierenden Gesten und Posen. Betrachtet man die formale Komposition von Abbildung 4, wird deutlich, dass der Körper der Jugendlichen im Fokus steht, ihr Ausschnitt sogar im Mittelpunkt der Fotografie. Die Körperbetonung ist offensichtlich und lässt sich am großzügigen Ausschnitt, der knappen und engen Kleidung, der nackten Haut sowie der Körperpose festmachen. Letztere kann gemäß Wex (1979) als „Anbieterpose" (S. 8) bezeichnet werden, im Sinne des Feilbietens des eigenen Körpers im Zusammenspiel mit der Betonung sekundärer Geschlechtsmerkmale. Die Anbieterpose zeichnet sich auf dieser Fotografie dadurch aus, dass der Oberkörper den Betrachtenden entgegengeneigt ist, in einer solchen Weise, dass der Einblick in den Ausschnitt besonders gut ermöglicht wird. Die Pose der Jugendlichen erfordert viel Körperspannung. Die Beine hält sie eng zusammen, die Arme liegen nah am Körper und der Oberkörper ist nach vorne geneigt. Die Jugendliche macht sich damit insgesamt kleiner, ihre Körperhaltung ist verwinkelt und wenig raumgreifend. Dies sind gemäß Mühlen Achs (2003) typische Weiblichkeitszeichen, die im Kontext der leichten perspektivischen Aufsicht mit Unterwürfigkeit und Hingebungsbereitschaft in Zusammenhang gebracht werden können (vgl. Mühlen Achs 2003; S. 123f). Die im Zentrum der Fotografie positionierte Hand lenkt den Blick auf den Ausschnitt und das Peace-Zeichen mit Handfläche nach außen, das weniger als Friedenssymbol denn als jugendkultureller Coolness-Gestus fungiert, unterstützen zusammen mit dem Schmollmund die erotische, hingebungsbereite und unterwürfige Inszenierung. Gleichzeitig kann zahlreichen solcher erotischen Fotografien ein gewisses Selbstbewusstsein entnommen werden, ein sexuelles Selbstbewusstsein im Sinne des kontrollierten Umgangs mit den eigenen weiblichen Reizen.

Diese Posen können oftmals zum Genre des Pin-up der 20er Jahre zurückverfolgt werden. Demgemäß bedient sich die abgebildete Jugendliche einer Pose, mit der bereits Marilyn Monroe berühmt geworden ist. Es wird nicht behauptet, dass sich die Jugendlichen explizit an solchen Bildern orientieren, vielmehr konnte nachgewiesen werden, dass sich diese Posen in der Medienfotografie reproduziert haben (vgl. Astheimer 2010; S. 171).

4. Der starke Mann und die schwache Frau

Im Bild des starken Mannes und der schwachen Frau, das sich in den Selbstdarstellungen der Jugendlichen wiederfindet, manifestieren sich rudimentäre Geschlechtsstereotypen. Neben stark und schwach finden sich weitere Antagonismen wie dominant und unterwürfig, überlegen und hingebungsbereit, distanziert und emotional. Das implizite Geschlechterwissen, das diesen Darstellungen inhärent ist, verweist auf weibliche Jugendliche als gefühlsbetonte, schwache, verletzliche und schutzbedürftige sowie erotische, hingebungsbereite, unterwürfige aber auch selbstbewusste Wesen. Wohingegen sich männliche Jugendliche in ein dominantes, überlegenes, mächtiges, jedoch auch nachdenkliches, empfindsames und zugleich distanziertes sowie unnahbares Licht rücken. Damit wird gesellschaftlichen Stereotypen von Männlichkeit und Weiblichkeit entsprochen, die mitunter durch mimetisches Handeln übernommen werden. Die Geschlechtskonstruktionen der Jugendlichen orientieren sich stark an massenmedial vermittelten Bildern von Weiblichkeit und Männlichkeit, über die es zur Reproduktion gesellschaftlicher Stereotypen und hierarchischer Geschlechterordnungen kommt.

Obgleich in den angeführten Darstellungen ein Bezug zur Madonnengestalt gezogen werden konnte, handelt es sich bei den dominanten medialen Orientierungen um Model- und Starfotografien. „Die Fotografien der Jugendlichen werden an industriell lancierte Medienbilder angepasst, welche die Normen und Werte der Gesellschaft widerspiegeln" (Astheimer 2010; S. 182). Dabei imitieren die Jugendlichen in der Regel nicht eine *bestimmte* Starfotografie, sondern nehmen die starhaften Darstellungen in ihre „Inszenierungsstrategie" auf (vgl. Brunazzi et al. 2010; S. 208). Nebst der beschriebenen Reproduktion gesellschaftlicher Stereotypen finden sich aber auch Abweichungen von den dominanten Konzepten von Männlichkeit und Weiblichkeit. So konnte bei männlichen Jugendlichen eine empfindsame und bei weiblichen Jugendlichen eine selbstbewusste Seite identifiziert werden. Empfindsamkeit gilt grundsätzlich als Weiblichkeitszeichen, während Selbstbewusstsein als Männlichkeitszeichen verstanden wird (vgl. Mühlen Achs 2003; S. 121).

Wie bereits erörtert, geht die Inszenierung von Empfindsamkeit und Nachdenklichkeit bei männlichen Jugendlichen stets einher mit Distanziertheit und Unnahbarkeit, wohingegen weibliche Jugendliche eine breite Palette an konkreten Gefühlen und Emotionen präsentieren, über die sich Nähe und Intimität einstellen. Davon distanzieren sich die männlichen Jugendlichen im wahrsten Sinne des Wortes: ein Blick in die Ferne, ein zugewandter Rücken, Aufnahmen aus großer Entfernung. Deswegen wird davon abgesehen, die dargestellte Empfindsamkeit in Kontrast zur Konstruktion von Männlichkeit zu stellen. So konnte anhand des Vergleichs mit medialen Repräsentationen aufgezeigt werden, dass das Konzept von Männlichkeit durchaus die Darstellung einer empfindsamen Seite zulässt und die Jugendlichen das Motiv Musik als legitimatorischen Faktor beiziehen.

Das identifizierte Selbstbewusstsein weiblicher Jugendlicher manifestiert sich auf den Fotografien in raumgreifenden Posen und direkten Blicken. Dem direkten Blick wohnt oftmals eine laszive Komponente inne und die raumgreifenden Posen dienen dazu, gewisse Körperregionen zu betonen, beispielsweise durch eine seitlich herausgestreckte Hüfte mit eingestütztem Arm. Das Selbstbewusstsein steht insofern in direktem Zusammenhang zum Körper und der Kontrolle über ebendiesen resp. dem Einsatz der eigenen weiblichen Reize und dem Gewahrsein über deren erotische Wirkung. Aufgrund des Zusammenhangs des dargestellten weiblichen Selbstbewusstseins zu Erotik und Sexualität und der damit einhergehenden Anderslagerung gegenüber männlichen Darstellungen kann auch in diesem Fall konstatiert werden, dass das Konzept von Weiblichkeit durch das Selbstbewusstsein, eigentlich ein Männlichkeitszeichen, nicht dekonstruiert oder subversiv unterlaufen wird. Zumal es sich bei der Frau als erotische Verführerin um ein verbreitetes Bild handelt.

Insofern können diese Abweichungen von den stereotypisierten Darstellungen des starken Mannes und der schwachen Frau nicht als subversive Strategien der Genderinszenierung gedeutet werden. Was sich damit erklären lässt, dass heutzutage einerseits klare Rollenbilder von Geschlechtern diffundieren, andererseits aufgrund der Verunsicherungen und Herausforderungen der Pubertät eine Orientierung Jugendlicher an dichotomen Geschlechterbildern (in Form mimetischen Handelns) naheliegt.

5. Grenzenlose Möglichkeiten der Selbstdarstellung?

In der Einleitung dieses Beitrags wurde die Frage aufgeworfen, inwieweit sich im Rahmen jugendlicher Genderinszenierungen im Web 2.0 grenzenlose Möglichkeiten der Selbstdarstellung eröffnen und inwieweit subversive Strategien aktiviert werden. Anhand der hier vorgestellten Forschungsbefunde muss festgehalten werden, dass von Subversion kaum die Rede sein kann. Die Möglichkeiten der Selbstdarstellung haben sich mit dem Web 2.0 zwar vervielfacht, doch scheinen sie alles andere als grenzenlos zu sein, insbesondere was geschlechtskonstruktivistische Implikationen anbelangt. Hinsichtlich der Selbstdarstellungen und so auch hinsichtlich fotografischer Inszenierungen kann ein Streben nach Aufmerksamkeit und Anerkennung konstatiert werden, das in digitalen sozialen Netzwerken durch unterschiedlichste Mechanismen befördert wird. Theoretisch meist schwach oder gar nicht unterfüttert, werden die Begriffe „Aufmerksamkeitsökonomie" (Franck 2007a, 2007b) und „Anerkennung" herangezogen, um die Dynamiken der Selbstvermarktung in sozialen Netzwerken im Internet zu beschreiben. Im Rahmen solcher Selbstvermarktung „wird Identitätsarbeit zur Selbst-PR über visuelle Medien und das Web 2.0, die Plattform, auf der jede und jeder Selbstthematisierungen einer ausgewählten Öffentlichkeit präsentieren können" (Muri 2010; S. 91). Mit Bezug auf Foucaults Konzept der Gouvernementalität vermag Wiedemann (2010) am Beispiel Facebook, verstanden als „Regierungsprogramm", aufzuzeigen, wie das Interface – die Kommunikationsoberfläche – die Handlungen der UserInnen wesentlich vorstrukturiert (vgl. S. 8). Für die Plattform „Festzeit" sind diesbezüglich neben der Möglichkeit, Fotografien hochzuladen, insbesondere die Funktionen Fotografien der FreundInnen zu kommentieren als auch Markierungen auf ebendiese setzen zu können, konstitutiv.

Indem den UserInnen über das Interface diese Form der Interaktion und Wertung geboten wird, werden Mechanismen der Anerkennung und Aufmerksamkeit handlungswirksam. Um Aufmerksamkeit zu erheischen, ist es hinsichtlich der fotografischen Selbstdarstellungen in erster Linie notwendig, ständig aktiv zu bleiben und neue Fotografien hochzuladen. Andererseits müssen diese Fotografien den Attraktivitätsvorstellungen der jeweiligen Internetplattform resp. Peergroup entsprechen (vgl. Hobi/Walser 2010; S. 95). Wobei die Peergroup in sozialen Netzwerken zumeist weitgehend kongruent ist mit derjenigen in den realweltlichen Kontexten (vgl. Neumann Braun 2010; S. 180), jedoch nur eine Teilmenge der gesamten FreundInnen im betreffenden sozialen Netzwerk darstellt. Mithin werden im Internet peergruppenspezifische Prozesse des Aus- und Verhandelns sowie Vergewisserns virulent, die der Aneignung eines weiblichen bzw. männlichen Habitus zuträglich sind (vgl. Meuser 2010, Rose/Schulz 2007). „Dies geschieht nicht zuletzt durch Formen der wechselseitigen Festlegung auf akzeptierte Handlungs- und Kommunikationsstile [...], die Inszenierung von geschlechtstypischen Praktiken in Gruppen sowie gemeinsame Abwertung von als ‚unmännlich' bzw. ‚unweiblich' geltenden Praktiken, Körperinszenierungen unter Gleichaltrigen" (Scherr 2010; S. 78). Innerhalb der Peergroup wird Aufmerksamkeit und Anerkennung gesucht, etablieren sich soziale Bindungen, die nicht zuletzt für die Identitätsarbeit und damit auch die Geschlechtsidentität der Jugendlichen von eminenter Bedeutung sind. Insofern kann nicht davon ausgegangen werden, dass die UserInnen solcher Plattformen im Rahmen ihrer „einzigartigen und besonders aufmerksamkeitswürdigen" Selbstdarstellungen vermögen, sich „hegemonialen Attraktivitätsvorstellungen" zu entziehen (Wiedemann 2010; S. 87).

So ist die These von Sandbothe (1997), im Internet würden sich gesellschaftliche Kategorien wie Geschlecht, Ethnie oder Schicht verflüssigen, kritisch in den Blick zu nehmen. Im Internet wäre tatsächlich die Möglichkeit angelegt, solche gesellschaftlichen Kategorien zu überwinden, sie „spielen aber in den meisten Fällen nach wie vor die zentrale Rolle für die eigene Positionierung, so vor allem die Platzierung in geschlechtsspezifischen Arrangements" (Richard et al. 2008; S. 129). So steht denn oftmals nicht im Vordergrund, seine körperlichen, seelischen und geistigen Potentiale im Sinne eines Identitätsspiels neu zu entdecken (vgl. Otte 2008; S. 3), sondern „eine ‚Überbietungsrhetorik' einer vorteilhaften Selbstdarstellung" (Muri 2010; S. 91). Dabei orientieren sich die Jugendlichen, wie gezeigt werden konnte, primär an Starfotografien, rekurrieren auf Model- bzw. Machoposen aus Musikfernsehen, Boulevard, Werbung etc., wodurch es zur Reifizierung stereotyper Geschlechterbilder kommt, über die außerdem sexistischen Frauenbildern und gewaltverherrlichenden männlichen Darstellungen Vorschub geleistet wird.

Dabei sind sich die Jugendlichen oftmals nicht bewusst, dass die Fotografien außerhalb des Bedeutungssystems ihrer Peergroup anders gedeutet und als anstößig empfunden werden können (vgl. Ritter 2010; S. 110). Die Jugendlichen adressieren mit ihrer Profilgestaltung und Selbstdarstellung in erster Linie ihre Peergroup, richten sich danach, was bei dieser Anklang findet und lassen andere „Zuschauende", die sich in ihrer FreundInnenliste befinden oder denen der Besuch des jeweiligen Profils freizugänglich ist, außer Acht (vgl. Boyd 2008; S. 146). Diesbezüglich kann von einer „teilnehmenden Darstellung" (Neumann-Braun 2010; S. 164) gesprochen werden, im Rahmen derer den Normen der Selbstdarstellung innerhalb einer Peergroup entsprochen wird (vgl. Boyd 2008; S. 136). Da sich diese Normen an medialen Repräsentationen von Weiblichkeit und Männlichkeit ausrichten, findet über diese das Einüben in einen weiblichen bzw. männli-

chen Habitus womöglich fern der Eltern, aber nicht „fern der Erwachsenenwelt"
(Tillmann 2006; S. 48) statt.

Nach diesen Erläuterungen ist evident, dass die Selbstdarstellungen im Web
2.0 und so auch die Geschlechtskonstruktionen keineswegs als grenzenlos zu bezeichnen sind. Sie sind rückgebunden an Dynamiken der Selbstvermarktung, der
Anerkennung und Aufmerksamkeit, die über Peergroup-Prozesse des Aus- und
Verhandelns sowie Vergewisserns, ferner über das jeweilige Interface der Plattformen befördert werden. Daneben können aber auch populärkulturelle Eigen-
leistungen beobachtet werden, die sich der Starorientierung entziehen. Damit
sind unterschiedliche Formen eigenwilliger Inszenierungsstrategien angesprochen, die gegenüber der Starorientierung eine breite Palette an Darstellungen
hervorbringen. Dies umfasst u. a. emotionale Darstellungen weiblicher Jugendlicher (z. B. die weiter vorne beschriebene zusammengekauerte Jugendliche auf
ihrem Bett), bei denen unklar bleibt, inwieweit authentische Thematisierungen
ihrer Gefühlslagen vorliegen, als auch überbietungsrhetorische Darstellungen
männlicher Jugendlicher (z. B. den weiter vorne beschriebenen Jugendlichen mit
der Kanone auf dem Berg), die hinsichtlich des Geschlechts jedoch nicht minder
stereotypisiert sein müssen.

Die Selbstdarstellungen im Web 2.0 sollten zudem nicht losgelöst von platt-
form-, schicht- als auch peergroupspezifischen Effekten betrachtet werden. So
handelt es sich bei Festzeit um ein Partyportal, dem neben dem sozialen Netzwerk
ein Partyfotobereich angegliedert ist, in welchem (semi-) professionell angefer-
tigte Fotografien aus dem Nachtleben veröffentlicht werden. Diese sind, wie Astheimer (2010; S. 182) zeigen konnte, wesentlich orientiert an Medienbildern und
können damit hinsichtlich der Selbstdarstellungen Jugendlicher potentiell ebenso handlungswirksam werden wie eine direkte Orientierung an Bildern aus den
Massenmedien. Überdies konstatiert Kießling (2008), dass bei den Web 2.0-Ak-
tivitäten von Jugendlichen mit formal niedrigem Bildungshintergrund das Hochladen von Fotografien einen größeren Stellenwert einnimmt als bei Jugendlichen
mit formal höherem Bildungshintergrund (vgl. S. 21). Insofern wäre zu bedenken,
inwieweit schichtspezifische Effekte nicht nur hinsichtlich der Quantität hochge-
ladener Fotografien, sondern auch hinsichtlich deren Qualität – also der Art der
Selbstdarstellung – bedeutend sind. Letztlich sind es die Bewertungen von Kör-
per- und Geschlechtsinszenierungen durch die jeweilige Peergroup, die zu unterschiedlichen akzeptierten Selbstdarstellung gerinnen und subversive Praktiken
mehr oder eben weniger zulassen.

Es lässt sich resümieren, dass die Selbstdarstellungen Jugendlicher im Web
2.0, wie auf Festzeit repräsentiert, insgesamt sehr vielfältig sind, aber, wie ge-

zeigt werden konnte, nicht grenzenlos. Sie können beschrieben werden als „ambivalente Praxis, in der sich Individuen gegenüberstehen, die sich jeweils selbst zu entfalten suchen und andererseits mit ihren Selbstdarstellungen auf Aufmerksamkeitsmärkten miteinander konkurrenzieren" (Reichert 2008; S. 121).

Abbildungen

Alle Abbildungen stammen aus dem digitalen sozialen Netzwerk www.festzeit.ch (letzter Zugriff: 07.2010).

Literatur

Astheimer, Jörg (2010): Doku-Glamour. (Semi-)Professionelle Nightlife-Fotografie und ihre Inszenierungen. In: Neumann-Braun, K./Astheimer, J. (Hrsg.): Doku-Glamour im Web 2.0. Party-Portale und ihre Bilderwelten. Baden-Baden, S. 163-185

Behrens, Peter/Rathgeb, Thomas (2011): JIM 2011. Jugend, Information, (Multi-)Media. Basisstudie zum Medienumgang 12- bis 19-Jähriger in Deutschland. Stuttgart

Boyd, Danah (2008): Taken Out of Context. American Teen Sociality in Networked Publics. Dissertation. Berkeley. http://www.danah.org/papers/TakenOutOfContext.pdf (31.01.2012)

Bohnsack, Ralf (2009): Qualitative Bild- und Videointerpretation. Die dokumentarische Methode. Opladen und Farmington Hills

Brunazzi, Roberto/Raab, Michael/Willenegger, Moritz (2010): Bravo Gala! User und ihre privaten Bilder im Horizont von internationalem Starkult. In: Neumann-Braun, K./Astheimer, J. (Hrsg.): Doku-Glamour im Web 2.0. Party-Portale und ihre Bilderwelten. Baden-Baden, S. 187-210

Ekman, Paul (2004): Gefühle lesen. Wie Sie Emotionen erkennen und richtig interpretieren. München

Flicker, Eva (2008): Visualisierung von Geschlechterwissen im öffentlichen Raum. In: Wetterer, A. (Hrsg.): Geschlechterwissen und soziale Praxis. Theoretische Zugänge – empirische Erträge. Königstein und Taunus, S. 96-121

Franck Georg (2007a): Ökonomie der Aufmerksamkeit. Ein Entwurf. München

Franck, Georg (2007b): Jenseits von Geld und Information – Zur Ökonomie der Aufmerksamkeit. In: Piwinger, M./Zerfaß, A. (Hrsg.): Handbuch Unternehmenskommunikation. Wiesbaden, S. 159-168

Gildemeister, Regine (2010): Doing Gender: Soziale Praktiken der Geschlechterunterscheidung. In: Becker, R./Kortendiek, B. (Hrsg.): Handbuch Frauen- und Geschlechterforschung. Theorie, Methoden, Empirie. 3.Aufl. Wiesbaden, S. 137-145

Hirschauer, Stefan (1989): Die interaktive Konstruktion von Geschlechtszugehörigkeit. In: Zeitschrift für Soziologie, 18. Jg., 2/1989, S. 100-118

Hirschauer, Stefan (1993): Die soziale Konstruktion der Transsexualität. Über die Medizin und den Geschlechtswechsel. Frankfurt am Main

Hirschauer, Stefan (1996): Wie sind Frauen, wie sind Männer? Zweigeschlechtslichkeit als Wissenssystem. In: Eifert, C./Epple, A./Kessl, M./Michaelis, M./Nowak, C./Schicke, K./Weltecke, D. (Hrsg.): Was sind Frauen? Was sind Männer? Geschlechterkonstruktionen im historischen Wandel. Frankfurt am Main, S. 240-256

Hirschauer, Stefan (2008): Körper macht Wissen. Für eine Somatisierung des Wissensbegriffs. In: Wetterer, A. (Hrsg.): Geschlechterwissen und soziale Praxis. Theoretische Zugänge – empirische Erträge. Königstein und Taunus. S. 82-95

Hobi, Nina/Walser, Rahel (2010): Karma-Competition. Kommunikationsanalyse der Party-Portale – am Beispiel von Tillate. In: Neumann-Braun, K./Astheimer, J. (Hrsg.): Doku-Glamour im Web 2.0. Party-Portale und ihre Bilderwelten. Baden-Baden, S. 75-100

Kelle, Helga (2001): „Ich bin der die das macht". Oder: Über die Schwierigkeit, „doing gender"-Prozesse zu erforschen. In: Feministische Studien, 19. Jg., 2/2001, S. 39-56

Kießling, Matthias (2008): Jugend 2.0? Der Einfluss der Bildung auf die Nutzung des Internets. In: merz – Zeitschrift für Medienpädagogik, 2/2008, S. 21-22

Meuser, Michael (2010): Junge Männer: Aneignung und Reproduktion von Männlichkeit. In: Becker, R./Kortendiek, B. (Hrsg.): Handbuch Frauen- und Geschlechterforschung. Theorie, Methoden, Empirie. 3.Aufl. Wiesbaden, S. 428-435

Mühlen Achs, Gitta (2003): Wer führt? Körpersprache und die Ordnung der Geschlechter. München

Muri, Gabriela (2010): „Wer bin ich?". Identitäten und Ressourcen. In: Ritter, C./Muri, G./Rogger, B. (Hrsg.): Magische Ambivalenz. Visualität und Identität im transkulturellen Raum. Berlin, S. 78-96

Neumann-Braun, Klaus (2010): Fremde Freunde im Netz? Selbstpräsentation und Beziehungswahl auf Social Network Sites – ein Vergleich von Facebook.com und Festzeit.ch. In: Hartmann, M./Hepp, A. (Hrsg.): Die Mediatisierung der Alltagswelt. Wiesbaden, S. 163-182

Otte, Jan Thomas (2008): Selbstinszenierungen im Cyberspace. München

Pilarczyk, Ulrike/Mietzner, Ulrike (2005): Das reflektierte Bild. Die seriell-ikonografische Fotoanalyse in den Erziehungs- und Sozialwissenschaften. Bad Heilbrunn

Reichert, Ramón (2008): Amateure im Netz. Selbstmanagement und Wissenstechniken im Web 2.0. Bielefeld

Richard, Birgit/Grünwald, Jan/Ruhl, Alexander (2008): Me, Myself, I: Schönheit des Gewöhnlichen. Eine Studie zu den fluiden ikonischen Kommunikationswelten bei flickr.com. In: Maase, K. (Hrsg.): Die Schönheiten des Populären. Ästhetische Erfahrungen der Gegenwart. Frankfurt und New York, S. 114-132

Ritter, Christian (2010): Visuelle Rhetorik im transkulturellen Raum. Bildgebrauch und Bildtypen. In: Ritter, C./Muri, G./Rogger, B. (Hrsg.): Magische Ambivalenz. Visualität und Identität im transkulturellen Raum. Berlin, S. 97-127

Rose, Lotte/Schulz, Marc (2007): Gender-Inszenierungen. Jugendliche im pädagogischen Alltag. Königstein und Taunus

Rutschmann, Myriam (i. A.): Biografische Geschlechter(re)konstruktionen katholischer Kongregationsschwestern. Dissertation. Zürich

Sandbothe, Mike (1997): Interaktivität – Hypertextualität – Transversalität. Eine medienphilosophische Analyse des Internet. In: Münker, S./Roesler, A. (Hrsg.): Mythos Internet. Frankfurt am Main, S. 56-82

Scherr, Albert (2010): Cliquen/informelle Gruppen: Strukturmerkmale, Funktionen und Potentiale. In: Harring, M./Böhm-Kaspar, O./Rohlfs, C./Palentien, C. (Hrsg.): Freundschaften, Cliquen und Jugendkulturen. Peers als Bildungs- und Sozialisationsinstanzen. Wiesbaden, S. 73-90

Tillmann, Angela (2006): Doing Identity: Selbsterzählung und Selbstinszenierung in virtuellen Räumen. In: Tillmann, A./Vollbrecht, R. (Hg.): Abenteuer Cyberspace. Jugendliche in virtuellen Welten. Frankfurt am Main, S. 33-50

Villa, Paula-Irene (2011): Sexy Bodies. Eine soziologische Reise durch den Geschlechtskörper. 4.Aufl. Wiesbaden

West, Candace/Zimmerman, Don H. (1987): Doing Gender. In: Gender & Society, 2/1987, S. 125-151

Wetterer, Angelika (2008): Geschlechterwissen: Zur Geschichte eines neuen Begriffs. In: Wetterer, A. (Hrsg.): Geschlechterwissen und soziale Praxis. Theoretische Zugänge – empirische Erträge. Königstein und Taunus, S. 13-36

Wetterer, Angelika (2010): Konstruktion von Geschlecht: Reproduktionsweisen der Zweigeschlechtlichkeit. In: Becker, R./Kortendiek, B. (Hrsg.): Handbuch Frauen- und Geschlechterforschung. Theorie, Methoden, Empirie. 3.Aufl. Wiesbaden, S. 126-136

Wiedemann, Carolin (2010): Selbstvermarktung im Netz. Eine Gouvernementalitätsanalyse der Social Networking Site „Facebook". Saarbrücken

Wex, Marianne (1979): „Weibliche" und „männliche" Körpersprache als Folge patriarchaler Machtverhältnisse. Hamburg

Willemse, Isabel/Waller, Gregor/Süss, Daniel (2010): JAMES. Jugend, Aktivitäten, Medien – Erhebung Schweiz. Zürich

2

Wirkung und Rezeption
medialer Inszenierungen bei Jugendlichen

Einübung eines kritischen Blicks auf den weiblichen Körper – Die Sendung *Germany's next Topmodel* und ihre Bedeutung für die Körpersozialisation junger Frauen und Männer

Anna Stach

1. Fernsehformate als Sozialisationsagenturen für Jugendliche und ihre Bedeutung für Körpernormen

In der Adoleszenz stehen Jugendliche vor der Aufgabe, eine Erwachsenen-Identität zu entwickeln und die Veränderungen des Körpers in das Selbst zu integrieren. Die Massenmedien, und dazu gehören gegenwärtig auch die überaus erfolgreichen Casting-Formate wie *Germany's next Topmodel*, spielen als Sozialisationsagenturen bei der Bewältigung dieser Entwicklungsaufgaben eine wichtige Rolle (Hajok 2006; S. 130ff.). Sie zeigen aufregende Bilder- und Affektwelten, die um adoleszente Thematiken kreisen. Der Sender ProSieben richtet zum Beispiel sein Programm ausschließlich an die Gruppe der unter 49-Jährigen und gilt bei den 12-19-Jährigen als Lieblingssender (MPFS 2009; S. 27f.). Seine Angebote stellen Mode-, Bewegungs-, Gesten- und Sprachrepertoires bereit, die von Jugendlichen beobachtet und im Rahmen ihrer Selbstdarstellung im Alltag spielerisch erprobt oder auch übernommen werden können. Sie liefern dabei Orientierung, die auf die offene Suchbewegung in der Auseinandersetzung mit der Geschlechtsidentität, mit Sexualität, Partnerschaft und Beruf auftreffen. Die Medienangebote vermitteln Identitätspartikel, aber auch umfassende Wahrnehmungs- und Denkweisen, Körperästhetiken, Modelle der Selbstdarstellung und Gefühlswelten, die normative Qualität haben. Die normative Qualität ist durch die Inszenierung von Sanktionen, die für Neue Formate und insbesondere auch für *Germany's next Topmodel* typisch sind, eindeutig zu erkennen. Die Inszenierungen richten daher einen starken Appell an die Zuschauerinnen und Zuschauer. Inwieweit die medial vermittelten Normen von Jugendlichen übernommen werden, und inwieweit die Ausbildung von Normen auf der Rezeption von Medieninhalten oder auf anderen Einflussfaktoren beruht, ist aber eine nahezu ungelöste Frage der Medienwirkungs- und Sozialisationsforschung. Unstrittig ist, *dass* Normen im Rahmen eines Zusammenspiels von Sozialisationsinstanzen und Sozialisationsagenturen entwickelt werden, zu denen auch die Casting-Shows einen wichtigen Beitrag leisten. Zweitens ist nachgewiesen, *dass* Medieninhalte im Alltag von Jugendlichen eine zentrale Rolle spielen und spezifische Körperlichkeiten, Affekt- und Phantasiewelten fördern und andere nicht. Die Anschlusskommunikation und jugendliche Körperpraxen zeigen das (vgl. Tervooren 2009; Rose/Schulz 2007; Stach 2011). Sicher ist aus psychoanalytischer Perspektive aber auch, dass die Dispositionen zu spezifischen Körperlichkeiten, Affekten und Phantasiewelten aus Interaktionserfahrungen der primären und sekundären Sozialisation hervorgehen. Mediale Inszenierungen geben ihnen eine neue Gestalt und treffen in der offenen Suchbewegung in der Adoleszenz auf Bedürfnisprofile und ungelöste Konflikte (Lorenzer 1992; S. 116).

In der gegenwärtigen Medienrezeptionsdebatte, insbesondere in der erziehungswissenschaftlichen, wird in Bezug auf Casting-Formate der Zusammenhang zwischen medial vermittelten Körperidealen und individuellen Normvorstellungen thematisiert (vgl. Hajok/Würfel 2011a; Götz 2011; Klaus 2009). Der Zusammenhang zwischen den Inszenierungen und den vorfindbaren individuellen Normvorstellungen scheint offensichtlich. Nachhaltige Medieneinflüsse sind allerdings schwer messbar, komplexe Langzeitstudien kaum vorhanden (Mikos 2007; S. 7). Untersuchungen weisen darauf hin, dass die Casting-Formate und insbesondere die Sendung *Germany's next Topmodel* für die Orientierung an spezifischen Körperidealen und damit für Körperbildungsprozesse eine Rolle spielen (Götz 2010; S. 52f.). Von Bedeutung ist ebenso, dass Normen hier bildhaft vermittelt werden und quasi „nebenbei". Die Vermittlung geschieht über die Wahrnehmung von Szenen und Bildern, die spontan als attraktiv empfunden und mit Affekten aufgeladen werden. Das gilt besonders für den Bereich der Körperdarstellungen. Die Körperbilder bleiben innerlich präsent, werden aber oft nicht versprachlicht. So können liberale Werthaltungen wie die Orientierung an einer Vielfalt der Körper vertreten werden, während im Alltag rigide körperästhetische Normen, angestoßen durch ideale Körperphantasien und lebensgeschichtliche Konfliktdynamiken, ihre Wirkung entfalten.

Warum aber ist die Auseinandersetzung mit weiblicher Körperästhetik und Körperinszenierung gegenwärtig so relevant? Ich möchte auf zwei Dimensionen eingehen.

Die erste Dimension betrifft den Wandel von Arbeit und Geschlecht. Die Veränderung der weiblichen Körpersozialisation steht mit der weitgehenden Integration von Frauen in den Arbeitsmarkt in Verbindung. Heute gehören zukunftsweisende Schulabschlüsse und berufliche Qualifikationen elementar zur weiblichen Biografie dazu (Gille 2006; S. 188ff.). Mädchen und Frauen weisen eine hohe Leistungsorientierung auf, die sich in angestrebten Schulabschlüssen und Bildungserfolgen manifestieren (Sardei-Biermann 2006; S. 25ff.). Lebensbegleitende Berufstätigkeit gehört heute zu Weiblichkeitsentwürfen dazu. Und: Frauen werden angesichts des gegenwärtigen, neoliberalen Umbaus der Gesellschaft in erster Linie als Marktteilnehmerinnen, nicht als Mütter angesprochen (vgl. Soiland 2010). Vor diesem Hintergrund ergeben sich neue Ansprüche an die weibliche Körperästhetik und Selbstdarstellung.

Lotte Rose bringt die neue, weibliche Körperästhetik auf den Begriff der „Entmütterlichung des weiblichen Körpers". Der schlanke, athletische Sportskörper hat sich, so ihre Diagnose, als weibliches Ideal durchgesetzt. Er ist mit Leistung, Kontrollvermögen und Erfolg assoziiert (vgl. Rose 1997). Er signalisiert vor allem Aktivität. Die Aneignung dieses Körpers ist mit Erfolgsversprechen im Arbeitsbereich verbunden. Die Sendung *Germany's next Topmodel* zeigt Varianten dieses Ideals und verbindet die Körperthematik mit der Inszenierung von Lernprozessen und normativen Arbeitsanforderungen, wie sie für neoliberale Tendenzen typisch sind und treibt sie auf eine Spitze. Das Model steht hier symbolisch für die moderne Frau und ihre Körperlichkeit. Hervorgehoben werden Körperästhetik und Praxis der Selbstdarstellung im Kontext von Leistungsfähigkeit im beruflichen Wettbewerb.

Die zweite Dimension, die zur Auseinandersetzung mit weiblicher Körperlichkeit motiviert, betrifft eine Problemdiagnose. Die neue weibliche Körpernorm ist offensichtlich eine Herausforderung. Befunde zur Körperwahrnehmung und Gesundheit von Jugendlichen, und insbesondere von Mädchen, dokumentieren, dass die Entwicklungsaufgabe, den Körper zu integrieren, heute oft nicht gut gelingt. Der Körper wird angesichts von Idealvorstellungen kritisch beäugt, manipuliert oder abgelehnt. Jugendliche berichten anhaltend von ihrem Frust über Körpermakel und überflüssige Pfunde, unabhängig davon, ob sie dem Schlankheitsideal entsprechen oder nicht (vgl. Hölling/Schlack 2007; Gender Datenreport 2005). Die Ergebnisse der aktuellen Jugend-Shell Studie haben diesen Befund erneut bestätigt.[1] Gefragt wurde hier nach der Zufriedenheit mit dem Körpergewicht. Ein Drittel der Jugendlichen gab an, dass sie sich viel zu dick zu fühlen, vor allem die Mädchen. Mit zunehmendem Alter steigt, so die Ergebnisse der Studie, die Wahrnehmung, viel zu dick zu sein. Tatsächlich trifft eine Übergewichtsdiagnose auf die wenigsten, d. h. auf ca. 10 % der Jugendlichen im Alter zwischen 11 und 15 zu (vgl. Zubrägel/Settertobulte 2003).

---

1 Die Shell-Studie basiert auf einer Befragung von 2500 Jugendlichen und jungen Erwachsenen im Alter zwischen 12 und 25 Jahren.

Diese Ergebnisse verweisen auf eine Verfestigung von Normvorstellungen, die einen Körper zum Inhalt haben, der der Natur widerspricht. Der Abstand zwischen dem angestrebten Körperideal und dem realen Körper, erzeugt durch den Glauben an diese schwer erreichbare Norm das Leid. So ist auch eine allgemeine Zunahme an Essstörungen zu konstatieren, ein Zusammenhang mit medialen Körperidealen scheint offensichtlich (vgl. Bundesministerium für Gesundheit 2011). Angesichts dessen wird in der Diskussion um Medien und Körpernormen oft die Gefahr der Magersucht in Anschlag gebracht. Diese trifft aber nur einen spezifischen Teil des Problems und gilt für die wenigsten Mädchen und jungen Frauen. Ich möchte an dieser Stelle einige Merkmale von Magersucht skizzieren, um die Abgrenzung von der Orientierung an der Schönheitsnorm deutlich zu machen, um die es mir vor allem geht.

Charakteristisch für den Verlauf einer voll ausgebildeten Magersucht ist, dass sich das Risiko bedrohlicher Funktionsstörungen einstellt, die bis hin zum Tod führen können. Dieses Risiko kann nicht wirklich wahrgenommen werden. Zwar wird der Tod nicht angestrebt und das Todesrisiko nicht bewusst in Kauf genommen. Dennoch wird weiter gehungert und eine Gewichtszunahme löst in der Regel panische Angst bei den Betroffenen aus (vgl. Gerlinghoff / Backmund / Mai 1999). Magersüchtige betreiben anstrengende Körperaktivitäten, auch wenn der Körper bereits geschwächt und geschädigt ist.

Von medizinischer und psychotherapeutischer Seite wird ein Zusammenhang zwischen Magersucht und medial vermittelten Schönheitsidealen angenommen. Es wird aber auch darauf hingewiesen, dass ein schlichter Wirkungszusammenhang zwischen der Orientierung am Schlankheitsideal und der Ausbildung einer Magersucht nicht abzusichern ist. Die geschädigten Körper von Betroffenen entsprechen ab einem bestimmten Stadium auch keineswegs dem gängigen Schönheitsideal. Die Ausbildung einer Magersucht grenzt sich auch ab einem bestimmten Zeitpunkt vom Versuch, die Schönheitsnorm zu erreichen, ab. Gerlinghoff et al. beschreiben diesen Prozess wie folgt:

„Ein junges Mädchen begibt sich auf den Weg abzunehmen, auf den Weg, den viele gehen, um dem gängigen Schlankheitsideal unserer Zeit zu entsprechen. Zunächst werden Süßigkeiten, später dann komplette Mahlzeiten gestrichen; immer mehr wächst das Interesse an Diäten, Kalorientabellen der Waage – unterstützt, begleitet und motiviert durch ein intensives Medien-Angebot in Rundfunk, Fernsehen und Frauen-Zeitschriften. Das Abnehmen gelingt einmal gut; entsprechend schwanken die Gefühle beim täglichen Wiegen zwischen Freude, Befriedigung und Enttäuschung oder sogar Depression. Einige erreichen das angestrebte Zielgewicht; sie freuen sich über ihre Figur und essen von nun an normal. Andere geben resigniert auf, ohne ihr gewünschtes Zielgewicht erreicht zu haben. Sie trösten sich damit, es irgendwann noch einmal, vielleicht mit einer anderen Diät zu versuchen. Bei anderen bleibt der Kampf um das Abnehmen ein permanentes Problem, dennoch werden sie nicht magersüch-

tig. Eine kleine Gruppe bleibt übrig, die das Hungern fortsetzt, selbst dann, wenn das Zielgewicht erreicht ist; selbst dann, wenn ihre schöne, schlanke Figur bewundert wird... Das ist
die kleine Gruppe derer, die auf dem Weg sind, magersüchtig zu werden; die zwar begonnen
haben, wie alle anderen, aber im Laufe der Zeit nicht nur ihre Verhaltensweisen bei der Ge-
wichtsabnahme verändern, sondern auch ihre Ziele und Motive." (Gerlinghoff 1999; S. 78f.)

In welchem Fall es sich um einen Weg in eine Magersucht handelt, und in welchem Fall hartnäckig die Schlankheitsnorm im Mittelpunkt steht, ist von außen
schwer festzustellen. Aus welchen Gründen eine Magersucht ausgebildet wird,
zeigt schließlich nur die Aufarbeitung lebensgeschichtlicher Konflikte in all ihrer Komplexität (vgl. Ahlheim 2006). Inwieweit mediale Einflüsse hier wirksam
sind, ist offen. In jedem Fall handelt es sich bei der Magersucht um ein seit langer Zeit existierendes Phänomen. Auch Fachärzte und Sozialwissenschaftlerin-
nen weisen darauf hin, dass Magersucht bereits vorkam, bevor die visuellen Medien so dominant waren wie heute, und dass Familiendynamiken eine zentrale
Rolle spielen (vgl. Prokop 2005 / Müller 2011).

Mir geht es in meinem Beitrag um die Auseinandersetzung mit körperäs-
thetischen Normen, die nicht per se mit Magersucht gleichzusetzen sind, und die
die Mehrheit der Mädchen und jungen Frauen quälen, auch wenn sie fern einer
Magersuchtsdiagnose stehen. Zu bedenken ist, dass die Diät-Industrie Ende der
60er Jahre expandierte, und sich die Schlankheitsnorm bereits seit den 60er Jahren immer stärker durchsetzte. So sind bereits mehrere Elterngenerationen mit
der Abarbeitung am weiblichen Schlankheitsideal befasst, und geben ihre Un-
sicherheiten, ihre Normen und ihre Verleugnungen der Problematik weiter. Zusammen mit der wachsenden Flut der Bildmedien, offenen Lebenswünschen und
Leistungsanforderungen geben sie rigiden Körperidealen Schubkraft und forcieren problematische Körperbildungsprozesse.

In meinem Beitrag möchte ich inhaltsanalytische Ergebnisse zur Sendung
Germany's next Topmodel darstellen, sowie die unmittelbare Wirkung, die die
Sendung im Sehvorgang auslöst. Ich fokussiere die Leitbilder der Sendung, die
in Zusammenhang mit Körperästhetik und Körperinszenierung stehen. In Bezug auf die Wirkung gehe ich auf zentrale Phantasien ein, die erzeugt werden.
Anhand von zwei Gruppendiskussionen mit Schülerinnen und Schülern zur Sendung möchte ich Verarbeitungsweisen der inszenierten, normativen Körperlichkeit aufzeigen. Dabei wird die Affektivität der Jugendlichen mit berücksichtigt
und Prozesse der Herstellung eines Konsenses verdeutlicht. Ich möchte schließlich versuchen auszuloten, welche Wünsche und Konflikte in den idealen Körperphantasien aufgehoben sind.

Zum methodischen Zugang möchte ich an dieser Stelle anmerken, dass die
Ergebnisse in einer Forschungsgruppe gewonnen wurden. Die Mitglieder ver-

fassen während des Anschauens ausgesuchter Sendungen Wahrnehmungsprotokolle, in denen Gedanken, Affekte und Assoziationen festgehalten werden. Diese Protokolle wurden ausgewertet und systematisiert. Sie bilden die Basis für die in diesem Beitrag beschriebenen Phantasien, die die Sendung durch die eingeschriebenen Identifikationsstrategien anbietet und auslöst.[2]

In der Forschungsgruppe sind wir zu dem Ergebnis gekommen, dass die Rezeption von *Germany's next Topmodel* als Einübung eines kritischen Blicks auf den weiblichen Körper beschrieben werden kann, und dass diese Einübung durch die Verbindung der Inszenierungsweise mit adoleszenten Wünschen und Ängsten angestoßen wird. Der kritische Blick richtet sich dabei auf mehr als nur auf die Körperästhetik. Er richtet sich gleichermaßen auf die Körperinszenierungen in Verbindung mit Leistungsfähigkeit und Erfolg.

2. Inhalts- und wirkungsanalytische Ergebnisse zur Sendung *Germany's next Topmodel*

Zentrale Leitbilder der Sendung

Worum geht es nun in der Sendung *Germany's next Topmodel*? *Germany's next Topmodel* inszeniert moderne, junge Frauen in der Situation des Übergangs ins Erwachsenenleben. Sie sind zwischen 16 und 24 Jahre alt und durchlaufen in aufregenden Szenarien Bildungsprozesse, die sie in das Arbeitsleben eines Models einführen. Im Wettbewerb um die Position als „Topmodel" müssen sie Prüfungssituationen bestehen und überdurchschnittliche Leistungsfähigkeit unter Beweis stellen.[3] Die zentrale Orientierung ist die am Erfolg. Die jungen Frauen, so ver-

---

2   Die Ergebnisse wurden im Rahmen einer Studie zur Sendung *Germmany's Next Topmodel* erarbeitet. Anstoß zu dieser Untersuchung hat die hohe Popularität der Sendung und die durch sie erneut angestoßene öffentliche Debatte über Körpernormen gegeben. Die Sendung *Germany's Next Topmodel* konnte ihre Quoten über mehrere Staffeln hinweg steigern. Durchschnittlich lag die Einschaltquote zwischen drei und vier Millionen. Drei Viertel des Publikums ist weiblich, ein Viertel ist männlich. Die Studie entstand in einer Kooperation des Fachbereichs Gesellschaftswissenschaften der Universität Kassel (Fachgebiet Frauen- und Geschlechterforschung) und des Fachbereichs Erziehungswissenschaften der Philipps-Universität Marburg (Fachgebiet Medienpädagogik) und wurde vom Hessischen Ministerium für Wissenschaft und Kunst gefördert. Für die Studie wurden exemplarische Folgen der ersten vier Staffeln analysiert und 15 Gruppendiskussionen ausgewertet (Erhebungszeitraum 2008-2009). Methodisch wurde mit der tiefenhermeneutischen Medienanalyse gearbeitet, die an anderer Stelle ausführlich beschrieben ist (Stach 2006/Prokop 2006).

3   Bei der Sendung handelt es sich wie bei allen Reality-Formaten auch um durchstrukturierte Inszenierungen, die unterhalten und daher emotionalisieren wollen. Dafür werden aufregende Szenen hergestellt. Wir müssen uns klarmachen, dass die Regie alle Mitspielerinnen und Mitspieler anweist, ihre Rollen einzunehmen – das gilt auch für Laien in der Sendung.

mittelt es die Sendung, stehen am Startpunkt einer Karriere in der internationalen, gehobenen Kreativbranche. Im Model-Job stehen Körperinszenierungen im Mittelpunkt. Geprüft werden daher Inszenierungsfähigkeiten bei Fotoshootings und Walks auf dem Laufsteg. Auch im Rahmen von Rollenspielen und Aufgaben aus dem Extremsport werden Fähigkeiten eingeübt und beurteilt. Ziel ist es, in hoher Geschwindigkeit in unterschiedliche Rollen schlüpfen zu können und einen angemessenen Körperausdruck dazu zu finden. Frisur, Kosmetik, Kleidung, all das muss passend für ein Thema zusammengestellt werden können. Wichtig ist für die Kandidatinnen, keine Angst und keine Scham zu empfinden. Sie müssen nachweisen, dass sie ihren Körper auch in Extremsituationen beherrschen können. Alle werden zur Optimierung, das heißt zu kontinuierlicher Leistungssteigerung, aufgefordert. Dazu gehört auch die Formung und Straffung des Körpers.

Die Inszenierungsleistungen der jungen Frauen und deren Beurteilungen durch eine Jury stehen im Mittelpunkt der Sendung. Die Jury besteht aus dem erfolgreichen Model Heidi Klum und weiteren Experten. Durch wiederholte Kommentare und gegenseitiges Lob wird die Botschaft vermittelt, dass die Experten im internationalen Maßstab die besten ihres Faches und damit Erfolgsgaranten sind. Sie entscheiden zusammen mit Heidi Klum darüber, wer gut ist und schließlich gewinnt. Auf die Siegerin warten interessante Aufträge in der Model-Branche. Bereits in der laufenden Sendung bekommen die besten Kandidatinnen Jobs und sind in den Medien, das heißt auch jenseits der Sendung, zu sehen. Die inszenierten Arbeits- und Prüfungssituationen wirken, wenn man das weiß, besonders realitätsgerecht und viel versprechend, auch wenn sie das nicht sind. In jedem Fall sind sie sensationell inszeniert: Die jungen Frauen reisen in Metropolen und nehmen dort an großen Modenschauen und internationalen Events teil.

Die Sendung erweckt den Eindruck, dass es sich bei dem Lehrgang um eine Elite-Schulung handelt, in der überdurchschnittlich leistungsfähige, junge Frauen gefördert werden. Dazu gehört die Inszenierung der Lehr-Lern-Beziehung als exklusives Meister-Schüler-Verhältnis. Die ‚Meister‘, so die Botschaft der Sendung, nehmen persönlich am Fortkommen der jungen Frauen Anteil. Sie äußern wiederholt, dass sie anspruchsvolle Kriterien bei der Beurteilung anlegen. Daher muss der Lehrgang hart sein. Die bedingungslose Unterordnung und Disziplinierung ist hier eine Sache der Vernunft. Die Rückmeldungen der Experten pendeln zwischen Beschämungsritualen für unzureichende Leistungen und superlativem Lob für die Besten. Die teilweise sadistischen Kommentare gelten als Sachurteile und sollen hohe Qualität signalisieren.

Das Versprechen des harten Lehrgangs liegt darin, dass es die jungen Frauen durch Anstrengung weit bringen. Das heißt, dass sie in das internationale Modebusiness samt Glamourleben eintauchen können. Das bedeutet einen sozialen Aufstieg, der für junge Frauen wie die gezeigten Kandidatinnen, nicht ohne weiteres möglich ist. Die perfekten Körper – oder genauer gesagt, der Idealkörper von Heidi Klum – stehen symbolisch für diese Traumwelt, für den Ausbruch aus der Normalität und den Erwerb eines höheren sozialen Status.

Beim Zuschauen sind die intensive Zuwendung und das Lob durch die machtvollen Expertinnen und Experten einnehmend. Aber nicht nur das Lob ist verführerisch. Auch die dazugehörenden Bilder des Erfolges ziehen in den Bann. Beim Zuschauen lösen die Siegesgesten der Erfolgreichen Glücksgefühle aus: Die Siegerinnen werden in Großaufnahme gebracht, wie sie unter Tränen ihre Arme jubelnd hochreißen. Dazu erklingt rauschhafte Musik. Die Identifikation liegt beim Zuschauen bei den jeweils erfolgreichen Kandidatinnen, die also gerade als „Mädchen wie du und ich" „on the top" sind.

Die Szenen der Sendung heben hervor, wie sich die jungen Frauen unter Strapazen und mit Begeisterung optimieren. Das Leitbild der Optimierung ist eine junge, erfolgreiche Karrierefrau, die souverän über Körperinszenierungsstrategien verfügt, und international unterwegs ist. Wie gesagt, müssen die jungen Frauen dafür den flexiblen Ausdruck von Emotionen und eine perfekte Körperbeherrschung erlernen. Sie müssen verstehen, dass ihr Körper ihr Arbeitsinstrument ist. Dass er schlank und athletisch aussieht, ist die Voraussetzung und er muss durchgängig trainiert werden. Diese Maßgabe wird mit sanktionsreichen Bildern zur Darstellung gebracht. Heidi Klum betont wiederholt, dass es nicht auf Schönheit ankommt, sondern darauf, „gute Posen zu geben, aus sich herauszugehen, sich etwas einfallen zu lassen". Sie inszeniert dafür das Vorbild. Sie führt den jungen Frauen konkret vor, wie ein professioneller Lauf geht, wie der Hüftschwung aussehen muss, der Blick, die Körperspannung. Sie zeigt, was man sich auf einer Strecke, die zu laufen ist, alles einfallen lassen kann: Eine Drehung, einen Sprung, ein verschmitztes Lächeln oder einen erotischen Blick. So detailliert sind auch ihre Rückmeldung: „Mach mal ein Hohlkreuz! Die Lippen zusammen! Zieh die Schultern mehr nach hinten!" Die Regie lässt die jungen Frauen dann stets bewundernd sagen: „Wir wollen so werden wie sie!" Dann fokussiert die Kamera, wie sie sich mehr oder weniger erfolgreich um die angesagten Posen, den guten Lauf, die Körperfitness bemühen.

Die Sendung verleitet in der Rezeption dazu, diese Körper der jungen Frauen und von Heidi Klum genau in den Blick zu nehmen, denn die Kamera fängt alle Details ein, die durch Kommentare weiter verstärkt werden. In der Betrachtung der Körper der Kandidatinnen werden im Wesentlichen zwei Selbstphantasien ausgelöst, die ich als Selbstphantasie als ‚ExpertIn' und als Selbstphantasie als ‚AkteurIn' im kreativen Spiel bezeichnen möchte. Sie sind zentrale Identifikationsmöglichkeiten, die in den Szenen liegen. Ich führe diese Selbstphantasien im Folgenden aus.

Die Selbstphantasie als ‚ExpertIn'

Durch die Kameraführung, die Kommentare und die Intensität der gezeigten Körper in Aktion geraten die Zuschauenden in die Rolle eines Beurteilers. Gedanken wie – „die lässt aber ihre Arme hängen", „oh, die sieht toll in dem Bikini aus", „meine Güte, wie stakst die denn über den Laufsteg", „die kann es aber wirklich nicht" gehen durch den Kopf und die Körper werden taxiert. Jede Hautfalte gerät in den Blick. Dabei fühlt man sich wie eine Expertin oder ein Experte, denn die kritischen Kommentare zu einer Körperhaltung sind sofort überprüfbar, weil sie von der Kamera hervorgehoben werden. Aufgrund des Kamerablickes kann man quasi gar nicht anders, als den sezierenden Blick einzunehmen und urteilt im Affekt: Musik, Bild und der Expertenkommentar geben zum Beispiel zu verstehen, dass ein Körper inakzeptabel, ‚unfit' ist. Die Kandidatin keucht, die Oberarme hängen schlaff, das Gesicht ist im Kontrollverlust hässlich verzogen zu sehen. So möchte niemand aussehen oder gezeigt werden. Es sind daher beängstigende Bilder, die mit beschämenden Kommentaren der Experten einhergehen. Die Angst- und Schamaffekte werden in der Regel beim Zuschauen abgewehrt, indem ein negativer Gedanke über die Kandidatin an die Stelle gesetzt wird. Die Identifikation mit denjenigen, denen etwas nicht gelingt, ist angesichts der inszenierten Sanktionen und angesichts der fokussierten Bilder des Versagens und der Hässlichkeit unerträglich.

Die Sendung sozialisiert auf dieser Ebene unmerklich in einen gnadenlos kritischen oder gar beschämenden Blick auf Frauenkörper, sowohl im Hinblick auf die Körperästhetik als auch im Hinblick auf die Körperinszenierung.

Für die abwehrende Verarbeitung ist auch die Kontrastierung von Heidi Klum und den Kandidatinnen von Bedeutung. Die Sendung präsentiert zwar mit den Kandidatinnen, die sich gerade auf Erfolgskurs befinden, auch gelungene Körperbilder. Typisch ist aber vor allem, dass die jungen Frauen in starken Emotionen und im Kontrollverlust gezeigt werden. Heidi Klum wird zu ihnen in Kontrast in Szene gesetzt. Die Kamera hebt durchgehend hervor, dass sie selbstsicher, professionell und stets gut gelaunt ist, und vor allem, dass sie in der Szene der Kreativ-Elite zuhause ist. Die Welt der ‚Top-Fotografen' und der ‚Top-Regisseure', so die unmissverständliche Botschaft, ist ihr ‚Spielplatz'. So lässt sich Heidi Klum locker neben einen als streng und schwierig geltenden „Top-Regisseur" in den Stuhl fallen. Sie macht provokante Späßchen mit ihm, ‚pfeift ein

Lied und schlüpft dabei spielerisch in viele Rollen.[4] Diese Aufnahmen werden im Wechsel mit Großaufnahmen der Kandidatinnen gezeigt, wie sie sich an einem Set abmühen, Schwertkämpferinnen abzugeben. Ihnen steht der Stress auf dem ganzen Körper geschrieben und sie bibbern vor Angst vor den Kommentaren des Regisseurs. Der verteilt vernichtende Urteile über ihre schlechten Leistungen, die beschämend ins Bild gebracht werden. So wird die Identifikation mit den Kandidatinnen, die gerade auf Erfolgskurs sind, oder auch mit Heidi Klum, forciert. Es handelt sich um eine Identifikation mit einem perfekten Körper und völliger Angstfreiheit. Die vorgeführten Positionen der Unzulänglichkeit sind zu schrecklich und öffnen kein Verständnis oder gar eine Milde mit dem Misslingen. Erfolg ist immer mit einem beherrschten Körper und Perfektion in Körperbewegungen visualisiert.

Die Selbstphantasie als ‚erfolgreiche AkteurIn im kreativen Spiel'

Bei der zweiten Selbstphantasie, die in dem szenischen Angebot liegt und ausgelöst werden kann, sieht man sich selbst in der Vorstellung Aufgaben ausführen. Zum Beispiel sollen die Kandidatinnen für ein Shooting am Trapez performen. Sie sind aufwendig geschminkt. Gezeigt werden sie, wie sie sich zur Musik bewegen. Es werden Fotos in Aktion gemacht. Einigen gelingt die Performance und sie sehen perfekt aus: Weiches Gesicht, wehende Haare, der Körper mit dem schönen Gewand ist in der Höhe festgehalten. Die gelungene Performance ist hier die bedeutsame.

Mit solchen Sequenzen ist ästhetischer Genuss verbunden und der Impuls, das Vorgeführte selbst ausprobieren zu wollen. In der Phantasie spielt man sich am Trapez durch und fragt sich: „Wie würde ich es machen, wie würde ich aussehen?". Der Bezug zum eigenen Körper wird unmittelbar hergestellt. Das geschieht durchaus auch, wenn man der Sendung nicht viel abringen kann. Spätestens bei der Performance am Hochhaus hängen auch die Kritikerinnen und Kritiker der Sendung in ihrer Phantasie am Seil und performen in 100 Meter Höhe.

Zu beachten ist hier, dass das Inszenierungsrepertoire, das von den Kandidatinnen abgefragt wird, ein enges Spektrum aufweist – während Heidi Klum vielfältige Inszenierungen vorführt. In den Prüfungssettings müssen die Kandidatinnen meist stereotype Bilder sexueller Verführung verkörpern. Sie müssen als Vamp, Virgin oder, wie es in der Sendung auch heißt, als „Young Virgin" gehen. Die Sendung liefert damit ein enges Zeichenrepertoire für den weiblichen Körper.

---

4   Dieser Aspekt ist ausführlich von Elena Funke (2010) beschrieben worden.

Die Frage, wie Erotik zum Ausdruck gebracht werden kann, ist in der Adoleszenz von großem Interesse. Die Sendung bietet diesbezüglich ein enges Spektrum an. Das geforderte Repertoire geht bei den Übungsaufgaben meist in stereotypen Sexualisierungen auf. Die Experten betonen dabei, dass es sich um anspruchsvolle Arbeitsleistungen handelt, oder sie maßregeln die Kandidatinnen dafür, dass sie sich vulgär und „immer nur auf dieser einen Schiene" präsentieren. Der Widerspruch, dass sie in der Regel dazu aufgefordert werden, bleibt in der Sendung offen.

Zentral ist bei diesen Körperinszenierungen, dass es sich um strategische Darstellungen von Erotik handelt. Die erotischen Körper werden ganz von der Intimität abgekoppelt. Es handelt sich um Zeichenspiele. Nacktheit und Erotik dienen nicht der Verführung eines Gegenübers. Die Kandidatinnen präsentieren keinesfalls Frauen, die die Zeichen der Verführung erlernen, um sich mit einem Mann zu komplettieren. Sie sind arbeitsorientiert und verfolgen das Ziel, Jobs zu bekommen. Liebesbeziehungen kommen eher am Rande vor und die Sendung vermittelt, dass diese störend für die Arbeit an der Karriere sind. Das ist sie insbesondere dann, wenn der Partner Schwierigkeiten mit der Präsentation des nackten, erotischen Körpers der Freundin hat. Der erotische Körper ist hier ein Arbeitskörper, wenngleich er mit traditionellen Stereotypen der Verführung präsentiert werden muss. Gerade die Scham über Nacktheit ist es, die Rückständigkeit anzeigt, und überwunden werden muss. Die vorbildlichen Kandidatinnen lässt die Regie regelmäßig wiederholen: „Das ist Job. Musst Du machen."

3. Rezeptionsweisen der Sendung *Germany's next Tomodel* in gemischtgeschlechtlichen Gruppen mit Jugendlichen

Ich gehe im Folgenden auf zwei Gruppendiskussionen ein, die unterschiedliche Dynamiken zeigen und auch die Körperinszenierungen unterschiedlich verarbeiten. Bevor ich auf die Ergebnisse der Rezeption eingehe, möchte ich einige Anmerkungen zum Publikum und der Reichweite der Sendung *Germany's next Topmodel* voranstellen.

Die größte ZuschauerInnengruppe der Sendung bilden Jugendliche zwischen 14 und 20 Jahren. Das Finale der ersten Staffel verfolgten seinerzeit 5,79 Millionen Menschen, ein Marktanteil von 40,8 % wurde in der Gruppe der 14- bis 49-Jährigen erreicht (Finale 2011: Vier Mio.). Damit wurde ProSieben in der Primetime zum Marktführer dieser Zielgruppe. Etwa drei Viertel des Publikums sind Mädchen und Frauen. Die Zielgruppen mit den höchsten Einschaltquoten und Marktanteilen stellen vor allem die Mitglieder der modernen sozialen Mili-

eus: Die »Modernen Performer« und die »Experimentalisten«.[5] Hohe Einschaltquoten sind auch im Milieu der Bürgerlichen Mitte sichtbar (vgl. Sinus Sociovision 2009; zur Neuordnung der Milieus vgl. auch Sinus Sociovision 2012). Die
Schülerinnen und Schüler der Gruppendiskussionen entsprechen in etwa diesem
Spektrum der Zielgruppen.

Bei der ersten Gruppendiskussion handelt sich um einen Deutschkurs der elf-
ten Jahrgangsstufe einer städtischen Gesamtschule. Die Schülerinnen und Schüler sind zum Zeitpunkt der Erhebung zwischen 16 und 18 Jahre alt. Sie entstam-
men im Spektrum der Sinusmilieus dem oberen Rand der Bürgerlichen Mitte
und statushöheren Milieus (vgl. Sinus Sociovision 2009). Anwesend waren drei
Schülerinnen und sieben Schüler, die die Diskussion dominieren. Charakteristisch ist für diese Gruppe, dass die Attraktion der inszenierten Körperlichkeit einem Tabu unterliegt.

Die zweite Gruppendiskussion wurde an einer Schule für Sozialpflege in
einer strukturschwachen Region geführt. Die Schülerinnen und Schüler sind im
Alter zwischen 17 und 22 Jahren und können hauptsächlich dem unteren Rand
des Milieus der Bürgerlichen Mitte und wenige statusniedrigeren Milieus zuge-
rechnet werden (vgl. Sinus Sociovision 2009). Anwesend sind neun Schülerinnen
und drei Schüler. Diese Gruppendiskussion verläuft ganz anders als die erst genannte. Hier wird gerade über das Thema der Körperlichkeit ein Konsens in der
Gruppe hergestellt. Dieser wird von Mädchen wie Jungen getragen. Ich komme
zu den Ergebnissen.

Gruppendiskussion 1: ‚Der heimlich begehrte Frauenkörper‘

In dieser Gruppe meldeten sich nach dem gemeinsamen Anschauen der Sendung die Schüler engagiert, um ihre Eindrücke vorzutragen. Persönliche Verur-
teilungen der Kandidatinnen standen in diesen Beiträgen im Mittelpunkt. Lei-
denschaftlich und sehr abfällig wurden sie von den einzelnen Schülern bis zum
Schluss kommentiert. Ihre Abneigung richtete sich gegen ihre „Dummheit" und
ihre „übertriebenen Gefühle". In der Diskussion verwiesen sie auf Stefan Raab
und seine Sendung TV Total, in der sie auf die „dummen Topmodels" aufmerksam geworden sind. Die distanzierende Sicht von Raab bildete den Konsens in
der Schülergruppe. Dieser Konsens wurde rigide eingefordert und durch Techniken der Beschämung zementiert. Wenn ein Schüler ansetzte, etwas Positives
zu einer Kandidatin zu äußern, sanktionierte das die Schülergruppe mit Gejohle,
Mimiken und ironischen Bemerkungen. Der Redner stoppte seinen Beitrag unter

---

5   Quelle aller Publikumsdaten: Erhoben durch die AGF / GFK-Fernsehforschung / PC#TV / media
    control im Auftrag der Universität Kassel

diesem Druck. Die Schüler mussten sich stets bemühen, Vorlieben oder jegliche Anzeichen von Involvierung zu verbergen.

Sie warfen den Topmodelanwärterinnen vor, dass sie im Gegensatz zu der Behauptung der Sendung „nicht wirklich arbeiten" und für die gestellten Aufgaben „nichts können müssen".

Die Schülerinnen in der Gruppe schwiegen die meiste Zeit. Sie berichteten eingeschüchtert, dass sie die Sendung und Heidi Klum gut finden. Während sie sprachen, wurden sie von den Mitschülern permanent unterbrochen und kommentiert. Sie verstummten beschämt nach wenigen Sätzen. Durch das Machtspiel und die Angst vor Beschämung verfestigte sich eine tiefe Distanz zwischen den Geschlechtern. Es etablierte sich eine Hierarchie zwischen den vermeintlich durchblickenden Schülern und den „dummen" Schülerinnen, die involviert schienen. Diese richteten ihren Blick auf den Ausbruchstraum, auf die Möglichkeiten, die der vorgeführte Weiblichkeitsentwurf den jungen Frauen in Aussicht stellt. Die Körperinszenierungen und die Mobilität faszinierten sie. Die Stilisierungen wurden unkritisch als Tipps für sich selbst aufgenommen. Die Schülerinnen kannten viele Details der Sendung. Dieses Wissen und ihre Interessen waren in dieser Gruppe prekär. Ihre Schamangst verdichtete sich auch deshalb, weil es um die Auseinandersetzung mit weiblicher Körperschönheit, um Attraktivität und weibliche Erfolgsphantasien ging.

Die Beiträge der Schüler zeigen, dass sie die Körperinszenierung, anders als in der Sendung intendiert, vor dem Hintergrund eines anderen Intimitätsverständnisses deuten. Die Kandidatinnen werden in der Phantasie als potentielle Partnerinnen durchgespielt und lautstark abgelehnt. In den Beiträgen der Schüler scheint durch, dass sie, anders als sie vorgeben, aber involviert sind: Die Kandidatinnen gefallen ihnen durchaus. Diese Involvierung war tabuiert. Die Schüler konnten aufgrund des Tabus, weder ihre Eindrücke sortieren, noch die Debatte versachlichen. Ihre Form der Verarbeitung der Verführungsthematik war die im medialen Diskurs gängige Verständigung auf Verachtung, sowie die lückenlose Anpassung an die Norm in der homosozialen Gruppe. Damit folgten sie unkritisch den Dimensionen der Sendung, die die jungen Frauen beschämend darstellen, um zu emotionalisieren. Sie selbst empfanden sich als anspruchsvolle Kritiker. Ihre Aggression haben sie nicht wahrgenommen und daher auch nicht als Problem erkennen können.

Die negativen Reaktionen auf die Berufs- und Aufstiegsträume deuten wir als Konkurrenz- und Neid-Thematik. Die Schüler gerieten in Wut, weil die jungen Frauen allein durch den Einsatz von Körperästhetik beruflich fortkommen und aufsteigen können. Für die jungen Männer war diese Perspektive tabuisiert, weil sie mit den in den Gruppen vorhandenen Männlichkeitsnormen kollidierte. Das Angebot der Selbstphantasie als „erfolgreiche AkteurIn im kreativen Spiel" musste abgewehrt werden. Es blieb nur die Beurteilerperspektive verbunden mit Verachtungsimpulsen.

Welche Bedeutung erhält nun die Körperlichkeit in der Gruppendiskussion mit Schülern in der Sozialpflegeausbildung?

Gruppendiskussion 2: ‚Der Wunsch nach dem idealen Körper'

In dieser Gruppendiskussion kamen sich die Geschlechter in den Beurteilungen der Sendung nah. Das betraf vor allem die Körper der Kandidatinnen, die von den Mädchen und Jungen begeistert aufgenommen und intensiv kommentiert wurden. Eine Schülerin rief direkt nach dem Anschauen der Sendung einem Mitschüler zu: „Ihr guckt das doch sowieso nur wegen der geilen Mädchen!" Die Schüler reagierten darauf zunächst nicht. Im Austausch über die Kandidatinnen setzte sich die Gruppe damit auseinander, wer als schön und attraktiv gilt, und wer nicht. Diese Frage wurde unterschiedlich beantwortet. In der Gruppe setzte sich der Konsens durch, dass die Kandidatinnen „geile" Körper haben und mutig sind. Für die Schülerinnen waren die Kandidatinnen physische Vorbilder und sie forcierten diesen Blick. Sie bewunderten die Körperproportionen und die Schlankheit. Eine Schülerin teilte mit, dass sie gern eine „so tolle Figur" wie die Topmodelanwärterinnen hätte. Sie berichtete über ihren Kummer darüber, dass sie zu viel esse, und sich diesbezüglich nicht beherrschen kann. Die Sehnsucht, selbst der idealen Körperästhetik zu entsprechen, und mutig zu sein, wie die Kandidatinnen, spielte für die Schülerinnen eine zentrale Rolle.

Den Schülern gefielen die Körper, wie gesagt, ebenso. Sie formulierten offensiv ihre Vorlieben für bestimmte Kandidatinnen. Inwieweit der Kommentar der Schülerin zu Beginn der Diskussion zu der offensiven, männlichen Selbstdarstellung als an sexuellen Körpern interessiert beigetragen hat, ist schwer zu sagen.

Die Einigung auf eine Norm für die weibliche Körperästhetik führte in dieser Klasse zu der Möglichkeit für beide Geschlechter über die Sendung und über eigene Wünsche zu sprechen. Die Körpernorm wurde durch die Beiträge aber nicht reflektiert, sondern eher festgeschrieben. Eine Schülerin machte auf die Gefahr der Magersucht aufmerksam. Diesen Beitrag hat aber niemand aufgegriffen, da er gegen die Wünsche und Normvorstellungen der Gruppe ging und das Problem auch nicht wirklich traf. Die Dynamik des aufregenden Kreisens der Schülerinnen und Schüler um die Frage, wer und was als „geil" befunden werden kann, war stärker und zog die Gruppe mehr in den Bann als die Auseinandersetzung mit dem Thema Magersucht.

Die Thematisierung der Körperlichkeit verknüpfte sich auch mit normativen Vorstellungen von Geschlecht. Eine Kandidatin mit tiefer Stimme wurde als männlich wahrgenommen und von dem Großteil der Gruppe dafür abgelehnt. Vorbildlich und attraktiv erschienen der Mehrheit der Klasse die Kandidatinnen, die sich eher kindlich inszenierten und blonde Haare trugen. Aber auch der „unangemessen männlichen" Kandidatin wurde attestiert, dass sie einen „geilen Körper" hat.

Aus den Beiträgen der Schülerinnen der Klasse wird deutlich, dass sie die schlanken, athletischen Körper bewundern. Sie stellen dabei fest, dass sie diese selbst kaum erreichen können. Der Abstand zwischen dem Ideal und den realen Körpern wird in der Gruppendiskussion fühlbar und von den jungen Frauen kritiklos thematisiert. Sie geraten auch unter den Zugzwang der Idealvorstellung, weil die anwesenden jungen Männer das Ideal stützen, indem sie offensiv vertreten, dass für sie weibliche Attraktion mit schlanken, perfekten Körpern verbunden ist. Die Schülerinnen selbst forcieren aber auch diesen männlichen Blick durch Erwartungshaltungen. Der ideale Körper steht für Schülerinnen und Schüler aber nicht nur für erotische Attraktion, sondern auch für ein schönes Leben, das ihnen völlig unerreichbar erscheint.

So eröffnet das ‚Topmodel' beiden Geschlechtern die Möglichkeit in eine gemeinsame Szene einzusteigen: In Phantasien des Begehrens und Begehrtwerdens in einem tollen Leben. Der Preis für die jungen Frauen ist das Leid an der unerreichbaren Körpernorm, die sie in Distanz zu sich selbst bringt und schwach macht. Der ideale Körper wird zu einem Behälter, in dem die Phantasie aufgehoben ist, dass sie glücklicher wären, hätten sie diesen Körper. Die Ausbruchsphantasie ist unmittelbar mit den idealen Körperbildern verknüpft. An dieser Illusion könnte in der pädagogischen Arbeit angesetzt werden. Die Frage, inwieweit sich junge Männer in Gruppen aufgefordert fühlen, sich als stark Interessierte an normierten, sexualisierten Frauenkörpern zu zeigen, unabhängig davon, ob sie es sind oder nicht, könnte ebenso ein Ansatzpunkt in der gendersensiblen (medien-)pädagogischen Arbeit sein.

4. Fazit: Der ideale Körper und der Traum vom schönen Leben

Jugend- und Gesundheitsstudien kommen zu dem Ergebnis, dass Jugendliche aus Milieus mit geringeren Bildungsressourcen stärker auf ein problematisches Schönheitshandeln setzen und gesundheitsschädlicher agieren. Die Konflikte mit dem Körper und schädliche Normvorstellungen kommen insbesondere bei Mädchen dieser Milieus zutage. Unsere Ergebnisse scheinen das auf den ersten Blick zu bestätigen. Wir gehen aber davon aus, dass es Mädchen aus den Bildungsmilieus eher gelingt, den Körper in Regie zu nehmen und an die Norm des schlanken Leistungskörpers anzupassen, ohne auf den ersten Blick Probleme mit dem Körper sichtbar werden zu lassen. Unsere Untersuchung zeigt, dass sie zumindest deutlich weniger und nicht so detailliert über dieses Thema sprechen. Ein Hintergrund für diese Zurückhaltung liegt sicher darin, dass die Kritik an einer blinden Übernahme von Schönheitsidealen in den Bildungsmilieus gängig ist. Sie wird meist als Magersuchtsverdacht vorgetragen. Starke Bemühungen um attraktive Erscheinung gelten als Unterschicht-Phänomen. Sie sollen, so die Tendenz in den Bildungsmilieus, nicht zu sehen sein (vgl. Helfferich 1994; Koppetsch 2000). Wir gehen davon aus, dass die Aushandlungen mit dem eigenen Körper in Sozialräumen mit hohen Bildungsressourcen in einem Spannungsfeld stattfinden: Im Spannungsfeld zwischen der inneren kritischen Stimme gegen die an Schlankheit und Fitness orientierte Körpernorm und den faszinierenden medialen Bildern, wie sie in der Sendung *Germany's next Topmodel* zum Beispiel gezeigt werden. Angesichts der faszinierenden Körpernorm, wie sie in den Bildern sichtbar wird, stoßen die Mädchen und jungen Frauen in ihren Selbstverwirklichungswünschen an die Grenze, ihren Körper kontrollieren zu müssen.

Wie die Analyse zeigt, fördert die Sendung *Germany's next Topmodel* mit ihren faszinierenden Körperbildern die Ausbildung eines kritischen Blicks auf den weiblichen Körper und lädt die weibliche Körperästhetik mit Glücksversprechen auf. Der ideale, schlanke, straffe Körper ist in den Phantasieräumen mit einem aufregenden Leben, mit dem Ausbruch aus Alltäglichkeit, verbunden. Für die Mädchen mit geringeren Bildungsressourcen und schwierigeren sozialen Lagen verbindet sich die Vorstellung von dem idealen Körper sichtbar mit existenziellen Wünschen und sozialen Ängsten und mit einer Phantasie vom Ausbruch. Der ideale Körper ist für sie elementar mit Kompetenzen und einem Zugang zu einem ihnen verschlossenen, schönen Leben verknüpft, das für Mädchen und junge Frauen bildungsnaher Milieus eher erreichbar oder auch unmittelbar vorhanden sind (Helfferich 1994; S. 174). Hier wird die Norm spannungsreicher aber auch erfolgreicher angeeignet. Das immunisiert aber nicht gegen einen kritischen Blick auf den eigenen Körper, so unsere These. Im Gegenteil, hier gelingt die Anpassung durch Selbstdisziplin eher, ein Weg des sozialen Aufstiegs durch Leistung wird konkreter angegangen und durch den Idealkörper wahrscheinlicher.

Jungen bildungsfernerer Milieus können dem Traum von einem aufregenden Leben folgen. Sie heben in Gruppendynamiken die Attraktion der modernen, weiblichen Körperästhetik hervor und stützen damit die Norm des schlanken, straffen Körpers sowie den kritischen Blick auf den weiblichen Körper. Jungen und junge Männer aus statushöheren Milieus sind von den widersprüchlichen Karrierebildern irritiert und fühlen sich provoziert. Die weibliche Körperästhetik stößt hier nur auf *heimliche* Zustimmung.

Die meisten Analysen zur Sendung *Germany's next Topmodel* kommen zu dem Schluss, dass die Verknüpfung von weiblicher Körperästhetik mit Leistung, Erfolg und Lebenschancen von Bedeutung sind (vgl. Stauber 2007 / Strehling 2011). Wettbewerbsfähigkeit und Körperkontrolle gehören zusammen, wenngleich, so die Befunde, die Schwerpunkte in der Rezeption unterschiedlich sind. Auch wird Unbehagen gegenüber den vorgeführten Normen artikuliert (vgl. Klaus 2009).

Unsere Untersuchung betont, dass die Sendung ein Angebot mit adoleszenztypischen Themen und Konflikten ist. Sie offeriert Bilder für die Gestaltung des eigenen Körpers und die Berufseinmündung. Dabei werden Selbstverwirlichungswünsche eng geführt: Die normativen Entwürfe drängen auf Anpassung an spätkapitalistische Arbeitsentwürfe, die Unterordnung, Disziplin und Entsolidarisierung vorschreiben. Interessant ist, dass diese aber als Ausbruchs-Traum inszeniert werden. In diesem Traum wird der Körper zum Arbeitsinstrument, das ausgebeutet wird und Zeichen der Erotik als strategische Ressource im Arbeitsprozess einsetzt. Schlank, diszipliniert und belastbar muss er sein. Dafür muss er kritisch im Blick behalten werden. Für den Körper als ein Zuhause und als ein Ort zweckfreier, eigenwilliger Sinnlichkeit gibt es keine Symbole. Körperbildungsprozesse beinhalten im Hinblick auf die Sendung *Germany's next Topmodel* die Einübung in einen kritischen Blick auf den weiblichen Körper. Dazu gehört die Anerkennung einer Körpernorm, die nur durch Selbstdisziplin und Verzicht auf Genuss zu haben ist. Das entspricht spätkapitalistischen Leistungsanforderungen, die nicht nur das Denken, sondern auch das Fühlen, Körperästhetik und Körperinszenierung rücksichtslos vereinnahmen (vgl. Hochschild 1990 / Neckel 2008).

Literatur

Ahlheim, Rose (2006): „Ich habe es wohl gewusst, aber nicht verstanden". Agieren und Sinnverstehen in der Psychotherapie einer Jugendlichen mit Essstörung. In: Jongbloed-Schurig, Ulrike (Hrsg.): Ich esse deine Suppe nicht. Psychoanalyse gestörten Essverhaltens. Ambulante Behandlungen und theoretische Konzepte. Frankfurt a. M., S. 228-262

Bundesministerium für Gesundheit (2011): Essstörungen. http://www.bmg.bund.de/praevention/gesundheitsgefahren/sucht-und drogen/essstoerungen.html (Letzter Zugriff 26.08.2011)

Funke, Elena (2010): Zum Kontrast zwischen Heidi Klum und ihren ‚Schülerinnen'. Unveröffentlichte Hausarbeit. Eingereicht am Fachbereich Gesellschaftswissenschaften der Universität Kassel

Gather, Johanna / Götz, Maja (2010): Wer bleibt drin, wer fliegt raus? http://www.br-online.de/jugend/izi/deutsch/publikation/televizion/23_2010_1/castingshows.pdf (Letzter Zugriff 24.08.2011)

Gender Datenreport (2005): http://www.bmfsfj.de/Publikationen/genderreport/root.html (Letzter Zugriff 10.08.2011)

Gerlinghoff, Monika / Backmund, Herbert / Mai, Norbert (1999): Magersucht und Bulimie. Verstehen und bewältigen. Weinheim und Basel 1999

Gille, Martina (2006): Werte, Geschlechtsrollenorientierung und Lebensentwürfe. In: Gille, Martina / Sardei-Biermann, Sabine / Gaiser, Wolfgang (Hrsg.): Jugendliche und junge Erwachsene in Deutschland. Lebensverhältnisse, Werte und gesellschaftliche Beteiligung 12-29-Jähriger. Schriften des Deutschen Jugendinstituts: Jugendsurvey 3, Wiesbaden, S. 131-211

Götz, Maya (2011): Von Winx Club bis Germany's Next Topmodel: Sexualisierung im Kinder- und Jugendfernsehen. In: Kommission für Medienschutz der Landesmedienanstalten (KJM) (Hrsg.): Zarte Bande versus Bondage: Positionen zum Jugendmedienschutz in einem sexualisierten Alltag. Berlin, S. 117-133

Götz, Maya / Gather, Johanna (2010): Wer bleibt drin? Wer fliegt raus? In: TELEVIZION, 23. Jg., Heft 1, S. 52-59

Hajok, Daniel / Würfel, Maren (2011a): Realityfersehen. Rückkopplung mit dem eigenen Leben. In: tv diskurs, 15. Jg., Heft 1, S. 65-69

Helfferich, Cornelia (1994): Jugend, Körper und Geschlecht. Die Suche nach sexueller Identität. Opladen

Hochschild, Arlie Russel (1990): Das gekaufte Herz. Zur Kommerzialisierung der Gefühle. Frankfurt a. M.

Hölling, Heike / Schlack, Robert (2007): Robert Koch –Institut: Essstörungen im Kindes- und Jugendalter. Erste Ergebnisse aus dem Kinder und Jugendgesundheitssurvey (KiGGS) des Robert Koch Instituts: http://www.kiggs.de/experten/erste_ergebnisse/index.html (Letzter Zugriff: 08.08.2011)

Klaus, Elisabeth (2009): Verhandlungssache Castingshows. Warum das Format jugendliche Fans begeistert. In: tv diskurs, 13. Jg., Heft 2, S. 42-45

Kinder- und Jugendsurvey des Robert Koch Instituts: http://www.kiggs.de (Letzter Zugriff 25.08.2011)

Koppetsch, Cornelia (2000): Die Verkörperung des schönen Selbst. Zur Statusrelevanz von Attraktivität. In: Dies. (Hrsg.): Körper und Status. Zur Soziologie der Attraktivität. Konstanz, S. 99-124

Lorenzer, Alfred (1992): Das Konzil der Buchhalter. Frankfurt a. M.

Mikos, Lothar (2007): Medien – Identität – Identifikation. In: Mikos, Lothar / Hoffmann, Dagmar / Winter, Rainer (Hrsg.): Mediennutzung, Identität und Identifikation. Die Sozialisationsrelevanz der Medien im Selbstfindungsprozess von Jugendlichen. Weinheim und München, S. 7-20

Müller, Sandra: „Magersüchtige haben beim Essen das Gefühl, etwas Verbotenes zu tun". Sandra Müller im Interview mit Monika Gerlinghoff: http://www.helles-koepfchen.de/magersucht/interview_ueber_ursachen_und_heilungschancen.html. (Letzter Zugriff 25.08.2011)

Medienpädagogischer Forschungsverbund Südwest (MPFS) (2009): JIM-Studie: http://www.mpfs.de/fileadmin/JIM-pdf09/JIM-Studie2009.pdf

Neckel, Sighard (2008): Flucht nach vorn. Die Erfolgskultur der Marktgesellschaft. Campus

Prokop, Ulrike (2005): Essstörungen – Goethes Wahlverwandtschaften als Krankengeschichte gelesen. In: Psyche, 59. Jg., S. 395-430

Prokop, Ulrike (2006): Der tiefenhermeneutische Ansatz in der Medienanalyse. In: Prokop, Ulrike/Jansen, Mechthild (Hrsg.): Doku-Soap, Reality-TV, Affekt-Talkshow, Fantasy-Rollenspiele. Neue Sozialisationsagenturen im Jugendalter. Marburg, S. 13-26

Rose, Lotte: (1997): Körperästhetik im Wandel. Versportung und Entmütterlichung des Körpers in den Weiblichkeitsidealen der Risikogesellschaft. In: Dölling, Irene/Krais, Beate (Hrsg.): Ein alltägliches Spiel. Geschlechterkonstruktionen in der sozialen Praxis. Frankfurt a. M., S. 125-149

Rose, Lotte/Schulz, Marc (2007): Gender-Inszenierungen im pädagogischen Alltag. Königstein/Taunus

Sardei-Biermann, Sabine (2006): Die Teilnahme Jugendlicher und junger Erwachsener im Bildungs- Ausbildungs- und Erwerbsbereich. In: Gille, Martina/Sardei-Biermann, Sabine/Gaiser, Wolfgang: Jugendliche und junge Erwachsene in Deutschland. Lebensverhältnisse, Werte und gesellschaftliche Beteiligung 12-29-jähriger. Schriften des Deutschen Jugendinstituts: Jugendsurvey 3, Wiesbaden, S. 23-61

Sinus Sociovision (2009): Informationen zu den Sinus-Milieus. http://www.sinus-institut.de/uploads/tx_mpdownloadcenter/informationen_2009_01.pdf. (Letzter Zugriff 8.12.2011)

Sinus Sociovision (2012): Informationen zu den Sinus-Milieus. http://www.sinus-institut.de/loesungen/sinus-milieus.html. (Letzter Zugriff 10.01.2012)

Soiland, Tove (2011): Zum problematischen Cultural Turn in der Geschlechterforschung. In: Casale, Rita/Forster, Edgar (Hrsg.): Jahrbuch Frauen- und Geschlechterforschung in der Erziehungswissenschaft. 7. Folge. Opladen & Famington Hills, S. 17-32

Stach, Anna (2006) Die Inszenierung sozialer Konflikte in der populären Massenkultur am Beispiel erfolgreicher Talkshows. Ein Beitrag zum Thema Sozialisation durch Massenmedien unter Berücksichtigung geschlechtsspezifischer Sozialisation. Marburg

Stach, Anna (2011) (Hrsg.): Männlichkeiten, Sexualitäten und Autorität in der Fantasy. Analysen zur Kino-Trilogie Der Herr der Ringe. Marburg

Stauber, Barbara (2007): Germany's next Topmodel – vom Heulen und Zähneklappern und dem medialen Umgang mit Selbstinszenierungen junger Frauen. In: Betrifft Mädchen 20. Jg., Heft 3, S. 100-114

Strehling, Miriam (2011): Die ‚Unternehmerin ihrer selbst' im Reality TV: Geschlechtspezifische Anrufungen und Aushandlungen in Germany's next Topmodel. In: Thomas, Tanja//Hobuß, Steffi/Kruse, Merle-Marie/Hennig, Irina (Hrsg.): Dekonstruktion und Evidenz. Ver(un)sicherungen in Medienkulturen. Königstein/Taunus, S. 112-129

Tervooren, Anja (2009): Männlichkeiten und Sozialisation. Die allmähliche Verfertigung der Körper. In: Bereswill, Mechthild/Meuser, Michael/Scholz, Sylka (Hrsg.): Dimensionen der Kategorie Geschlecht. Der Fall Männlichkeit. Münster, S. 83-100

Thomas, Tanja (2007): Heidis Girls und Popstar-Mädchen: Inszenierte Lebensträume und harte (Körper-)Arbeit. In: Betrifft Mädchen, 20. Jg., Heft 3, S. 108-114

Zubrägel, Sabine/Settertobulte, Wolfgang (2003): Körpermasse und Ernährungsverhalten von Jugendlichen. In Hurrelmann, Klaus/Klocke, Andreas/Melzer, Wolfgang/Ravens-Sieberer, Ulrike (Hrsg.): Jugendgesundheitssurvey. Weinheim, S.159-182.

Körperbilder in gegenwärtigen Modernisierungsprozessen – Konstruktionsprozesse von Geschlechtsidentität

Nina Friese

1. Einleitung

Gesellschaftliche Wandlungsprozesse erfolgen kontinuierlich und zu jeder Zeit. Jede Generation muss sich auf die der Zeit entsprechenden Handlungsanforderungen einstellen und dabei auf vorgefundene oder vorgelebte Muster zurückgreifen. Heute jedoch gibt es eine bisher nie dagewesene Bandbreite möglicher, mitunter widersprüchlicher Lebensentwürfe und Werte. Diese können kaum mehr so durch verschiedene Sozialisationsinstanzen vermittelt werden, als dass sie einfach übernommen werden können. Dies kann mit dem Begriff der ‚Entgrenzung' umschrieben werden, der sich u. a. auf kulturelle Normen bezieht (vgl. Junge 2004; S. 35-50). In die ehemals räumlich begrenzte Lebenswelt von Kindern und Heranwachsenden werden bis dato unbekannte Identitätskonzepte und -entwürfe durch mediale Inszenierungen hineingetragen. Da die Lebensentwürfe der Eltern bzw. der älteren Generation im Nahumfeld keine ausreichenden Perspektiven mehr zum Entwurf des eigenen Identitätskonzepts bieten, greifen die Heranwachsenden auch auf die medial dargestellten Konzepte als Folien von Identitäts-, auch Geschlechtsidentitätsentwürfen zu. Diese Entwürfe erscheinen fragmentarisch z. B. via Fernsehserien oder -filmen, Werbespots, Videoclips, aber auch über Web 2.0 (z. B. facebook, twitter, youtube, Internetforen).

Das führt uns zu zwei Fragen: Welche Wirkung haben die medial dargebotenen Entwürfe menschlicher Identitäten auf die Heranwachsenden? Und wie gehen sie mit diesen Entwürfen um, die in Bezug und auch in Kontrast zu den bereits in der Kindheit einsozialisierten Normen und Werten des direkten Lebensraumes stehen?

Der Körper als authentische und konsistente Ausdruckform von Lebensentwurf und Identität nimmt in diesem Zusammenhang an Bedeutung zu (vgl. Stockmeyer 2004; S. 11). Er fungiert als verlässliche Konstante des eigenen Bezugspunktes zur Welt, denn für Jugendliche wird es in einer auf Individualisierungs- und Rationalisierungsparadigmen basierenden Gesellschaft (vgl. Beck

1986; Degele/Dries 2005; Oechsle/Geissler 2004; Nordmann 2011) zunehmend schwierig, sich an vorgegebenen Identitätsmustern zu orientieren. Der eigene Körper ist Ausgangspunkt der Entwicklung von Identität. Er kann Fluch oder Segen sein und determiniert die Möglichkeiten der Entwicklung des eigenen Lebensentwurfes durch Fremd- und Selbstzuschreibungen von Geburt an (vgl. Trautner 2006; S. 103–120). Neben dieser körperlichen Begrenzung sind die Optionen, einen bestimmten Lebensstil zu übernehmen, unübersichtlich groß geworden. Dennoch müssen Jugendliche eine für sich adäquate gesellschaftliche Positionierung finden, sprich eine Ich-Identität innerhalb der gesellschaftlichen Rahmung ausbilden (vgl. Degele/Dries 2005). Durch ihre Umwelt in Schule, Familie, durch Medien und Peers strömen verschiedene Wertemuster und Orientierungsansätze auf die Jugendlichen ein. Doch wie gelingt eine Positionierung zu den angebotenen und auch zum Teil differierenden Werte- und Identitätsmodellen, gerade auch im Hinblick auf die Entwicklung von Geschlechtsidentität? Der Beleuchtung dieser Frage widmet sich die im Folgenden beschriebene Studie.

2. Studie zur Herstellung von Identitätsentwürfen am Beispiel von Schülerinnen und Schülern einer Realschulklasse

In der vorliegenden Untersuchung zu medialen Darstellungsformen von Weiblichkeit und Männlichkeit in Werbespots und deren Vorbildfunktion auf Jugendliche (HMWK-Studie 2008) werden Antworten auf die Frage gesucht, wie (Geschlechts-)Identitätsentwicklung im Spannungsfeld von Medien und Schule erfolgt. Wie finden Aushandlungsprozesse innerhalb der untersuchten Realschulklasse über Körperinszenierungen, Männer- und Frauenbilder und medial inszenierte Lebensentwürfe statt? Wie wirken die medialen Inszenierungen auf die Jugendlichen? Wie wird manifest mit der Thematik umgegangen? Was wird auf der latenten Ebene deutlich? Welche Faktoren sind wirkungsmächtig für die Ausbildung der Ich-Identität bei den Schülern und Schülerinnen?

Als Rahmung für die untersuchten interaktiven Prozesse gelten einerseits das Nahumfeld der Schulklasse und die in ihr vorgehenden Prozesse körperlicher und verbaler Selbstpräsentation innerhalb des Klassenverbandes und andererseits die Reaktionen auf das präsentierte Medium der Werbespots und die darin dargestellten Körper und deren Performance, die beobachtet und aufgezeichnet wurden.

In der Gesamtstudie werden Schülerinnen und Schüler aus drei Schulklassen in unterschiedlichen Schultypen untersucht. In diesem Artikel beziehe ich mich ausschließlich auf die Befunde aus einer Realschulklasse. Die Klasse besteht aus 11 Jugendlichen, sieben Schülerinnen und vier Schülern im Alter zwischen 13 und 15 Jahren. Die Untersuchung erfolgte in einer vierstündigen Phase innerhalb des Unterrichtszeitraumes. Den Schülern und Schülerinnen wurden aktuelle Fernsehwerbespots präsentiert. Die Auswahl der Spots erfolgte aufgrund ihres Vorkommens im Fernsehprogramm. Wir nutzten Werbespots aus dem von Jugendlichen gern gesehenen Musikkanal VIVA und Werbeblöcke, die zwischen der Sendung „Germany's next Topmodel" geschaltet wurden. Die Aufgabe der Jugendlichen bestand darin, ihre Wahrnehmungen in Bezug auf die Darstellungen der Protagonistinnen und Protagonisten und der lebensweltlichen Szenen zu äußern und zu dokumentieren. Daraus entwickelte sich eine weiterführende Diskussion über männliche und weibliche Körperbilder und Schönheitsideale. Abschließend füllten die Jugendlichen einen Fragebogen zu ihrer Freizeitgestaltung und ihren Zukunftsvisionen aus.

Als Grundlage der Untersuchung werden Theorie und Methode der Tiefenhermeneutischen Analyse von Alfred Lorenzer herangezogen (vgl. Lorenzer 1981; Lorenzer 1986; König 2003; Klein 2009; Klein 2010). Lorenzer ging es darum zu ergründen, wie der Mensch sich in der Interaktion mit seiner Umwelt entwickelt, wie er sich im permanenten Wechselspiel von Selbst und Umwelt gesellschaftlich-objektive Vorgaben zu eigen macht und in den individuellen Lebensentwurf einverleibt. „Die Analyse richtet sich auf die bewussten und unbewussten Lebensentwürfe, die in den über Text oder Film transportierten sozialen Interaktionen inszeniert werden" (König 2003; S. 556). In Bezug auf die Entwicklung von Geschlechtsidentität stellt Maihofer (2002) die gleiche Frage wie Lorenzer. Somit ist Lorenzers methodische Herangehensweise ideal für unsere Fragestellung, wie mediale Inszenierungen auf die (Geschlechts-)Identitätsentwicklung Jugendlicher in dem untersuchten mikrosoziologischen Feld wirken.

Zudem wird auf konstruktivistische und sozialisationstheoretisch-entwicklungspsychologische Theorien rekurriert, die davon ausgehen, dass die Entwicklung von Geschlechtsidentität und die Inkorporation geschlechtlicher Rollenzuschreibungen und gesellschaftlicher Normen durch Sozialisationsinstanzen im Sozialisationsprozess geschieht und in der Pubertätsphase ein höchst virulentes Thema ist.

In das tiefenhermeneutische Auswertungsverfahren wurden die transkribierten Audioaufzeichnungen der Gruppendiskussion, die von den Schülern und Schülerinnen verfassten Dokumente, Protokolle der teilnehmenden Beobachtung sowie Ergebnisse aus der Fragebogenerhebung einbezogen.

3. Ein ungleiches Paar: Schule und Massenmedien als Sozialisationsinstanzen

Die grundlegende Intention der Studie ist es, zu ermitteln, wie und ob sich die Rezeption medialer Inszenierungen, in diesem Fall das audiovisuelle Medium des Werbespots, auf die (Geschlechts-)Identitätsentwicklung der Jugendlichen auswirkt. Durch die Lage des Untersuchungsfeldes in einer Schulklasse entsteht eine Spannung zwischen zwei Sozialisationsinstanzen – Schule und Medien –, die zum Teil unterschiedliche gesellschaftliche Werte vermitteln bzw. repräsentieren. Da wir keinen Zugriff auf die innerfamiliäre Sozialisation und auf außerschulische Peergruppen haben, müssen diese als „blinde Flecken" in der Analyse betrachtet werden, deren Spuren dennoch latent vorhanden sind.

Als eine Seite der Rahmung des Analysearrangements wird die Schule als Sozialisationsinstanz gesehen. Eine ihrer grundlegenden Aufgaben ist es, dafür zu sorgen, dass die Schüler/innen individuelle Persönlichkeiten ausbilden, die zur Erfüllung der späteren Erwachsenenrolle mit vollfunktionaler gesellschaftlicher Partizipation befähigen: Allgemeine gesellschaftliche Werte und spezifische Rollentypen innerhalb der Gesellschaftsstruktur werden bereitwillig anerkannt und ausgefüllt (vgl. Parsons 2000; S. 99). Hierbei spielen hauptsächlich Akteure aus dem persönlichen Nahumfeld der Schüler und Schülerinnen, also Mitschüler/innen und Lehrer/innen, eine entscheidende Rolle. Eine normale Unterrichtssituation ist dominierend geprägt von einer hierarchischen, also asymmetrischen Kommunikations- bzw. Interaktionsstruktur zwischen Schüler/inne/n und Lehrer/in, dem Anwesenheitszwang und einer Leistungsorientierung. Nicht auf den Unterrichtsstoff ausgerichtete Schülerhandlungen sind zumeist unerwünscht und werden von der Lehrperson unterdrückt. In diesem Lehr-Lernarrangement haben die Schüler/innen „nur eine begrenzte Chance, eigene Rolleninterpretationen und Identitätsentwürfe einzubringen" (Tillmann 1989; S. 139).

Dem gegenüber wurde versucht, ein freiwilliges, relativ hierarchiefreies, kooperatives Lehr-Lernarrangement zu schaffen, in dem über Inhalte einer weiteren Sozialisationsinstanz, der audiovisuellen Medien, insbesondere Fernsehwerbespots, diskutiert werden sollte. Durch die Werbespots werden die Schüler und Schülerinnen mit Personen und Lebensentwurfsszenen konfrontiert, die sich außerhalb des persönlichen Nahraumes der Schüler/innen abspielen. Die Szenen in den Spots widersprechen teilweise den in der Institution Schule üblicherweise vermittelten Verhaltensweisen und gesellschaftlichen Werten (u. a. ein hedonistisches Wertesystem mit ausgelassenen Feiern, Alkoholkonsum und sexuellen Aspekten). Zudem wurden die Schüler/innen explizit dazu angeregt, eigene Rolleninterpretationen und Identitätsentwürfe in die Diskussion einzubringen.

4. Spannungen bei der Identitätsentwicklung durch inkohärente Wertevermittlung

Wie deutlich wird, treffen mit Schule und Medien zwei Sozialisationsinstanzen zusammen, deren Werte sich an bestimmten Stellen nur schwer zusammenbringen lassen, die sich in einem Spannungsverhältnis befinden, das unauflösbar scheint. Diese Spannung zeigt sich auch in den Interaktionen und Diskussionen im Klassenverband. Als Ergebnis lässt sich konstatieren, dass die untersuchten Schüler und Schülerinnen bei ihrer Identitätsentwicklung – sowohl der Ich- als auch der Geschlechtsidentitätsentwicklung – massiven Spannungen unterworfen sind, die durch differierende Rollenanforderungen und Wertevermittlung unterschiedlicher Sozialisationsinstanzen hervorgerufen werden. Die Ergebnisse zeigen weiter eine Inkohärenz bei der Entwicklung einer stabilen Geschlechtsidentität. Die Identität im Sinne eines festgelegten, wieder erkennbaren und kohärenten Bildes von sich selbst erscheint fragil: Je nach Kontext und zugehöriger Rolle gelingt die Selbstinszenierung und erscheint in diesen Szenen authentisch und stabil. Treffen aber, wie in der Studie geschehen, zwei Instanzen direkt aufeinander, die teilweise unterschiedliche Identitätsangebote vertreten, fällt bei den Schüler/inne/n das Rollenkonstrukt auseinander. Unsicherheit und Überforderung in Bezug auf die Selbstpositionierung werden sicht- und spürbar. Die fragmentierten und zum Teil auch divergierenden Darstellungen von Gender erschweren es, eine stabile und für den oder die Einzelne stimmige Geschlechtsrolle zu übernehmen.

Zur Verdeutlichung der Ergebnisfindung wird im Folgenden auf einzelne Szenen rekurriert, an denen zu zeigen ist, wie die Jugendlichen auf manifester Ebene mit der Situation bzw. dem Material umgehen, und was latent mitschwingt.

5. Ergebnisse: Das Manifeste, das Irritierende und das Verborgene

Performance: Coolness und Verweigerung der Jungen – kooperatives und kommunikatives Verhalten der Mädchen

Manifest zeigt sich auf der einen Seite eine rigide Verweigerungshaltung der Jungen in der Klasse, die nach anfänglicher Beteiligung ihr Recht auf Freiwilligkeit in Anspruch nehmen und sich in den hinteren Teil der Klasse zurückziehen, um dort Karten zu spielen. Das Kartenspiel als Taktik des Widerstands gegen eine Anforderung im schulischen Kontext thematisiert auch Tillmann (vgl. Tillmann 1989; S. 139–153; Tillmann 2003). Die Jungen treten als Widerständler auf, als die Unangepassten, sich Verweigernden. Sie wirken szenisch aber gleichzeitig als diejenigen, die die Aktivitäten der Schülerinnen beobachten und alles im Blick haben. Durch die von ihnen gewählte Sitzordnung – alle vier sitzen in einer Reihe an der hinteren Wand des Klassenraumes mit Blick auf die vor ihnen liegende Klasse – erscheinen sie wie Richter, die die Aussagen der Schülerinnen still verfolgen, zugleich aber überwachen. Der Eindruck entsteht, sie könnten jederzeit Einspruch erheben oder die Sitzung beenden. Diese auf einer Irritation beruhende Assoziation entsteht vor allem dadurch, dass die Sitzordnung für das von den Schülern begonnene Kartenspiel ungeeignet ist. Zugleich kann das – dem Verhalten der Mädchen diametral gegenüberstehende – Verhalten der Jungen als Geschlechterseparierungspraxis gedeutet werden. Durch den aktiven Rückzug der Jungen in den hinteren Teil der Klasse, entsteht eine räumliche Teilung der Geschlechter. Aber nicht nur räumlich besteht die Trennung, sondern auch im Interaktionsprozess. Sobald die Bereitschaft der Mädchen zur Beteiligung an der Studie offenkundig wird, beginnen die Jungen mit ihrer Verweigerung der Beteiligung und mit ihrem Rückzug aus der Gesamtgruppe.

Die Mädchen hingegen beteiligen sich mit großer Bereitschaft an der Studie. Sie verhalten sich interessiert und kooperativ. Sie zeigen reges Interesse an dem körperbezogenen Thema und ignorieren ihrerseits – die meiste Zeit – die Jungen. In den symbolischen Handlungen sehen wir Geschlechtsrollenstereotype umgesetzt, die nicht bewusst, sondern der Rolle entsprechend initiiert werden. Dies lässt darauf schließen, dass bei den Schülern und Schülerinnen innerhalb dieser Klasse bereits bestimmte Geschlechterrollen und dazu passende Verhaltensweisen inkorporiert sind. Diese entsprechen den klassischen Vorstellungen von widerständigen, unangepassten Jungen, die sich verweigern (vgl. Budde / Faulstich-Wieland 2005; S. 37). Das Thema Körper und Schönheit ist keines, das bei Jungen öffentlich verhandelt wird. Demgegenüber gibt es die kooperativen Mädchen, die sich gerne mit den Themen Schönheit und Körperlichkeit beschäftigen. Die manifeste Differenz zwischen männlichem und weiblichem Verhalten entspricht den klassischen Klischees.

Der Wunsch nach Authentizität

Wiederkehrende, sich ähnelnde Aussagen, die zu Irritationen führen, werden von den Mädchen und Jungen der Klasse zu den Themen Authentizität, Realität bzw. Schein, Vortäuschung und Verstellung gemacht. Sie ziehen sich durch die gesamte vierstündige Gesprächsaufzeichnung. Die Jugendlichen befinden sich in dem Zwiespalt, entweder den medialen Inszenierungen und den Aussagen oder Versprechungen zu glauben oder die Darstellungen als psychologische Tricks und deren Inhalte als unrealistisch zu begreifen. Ihr Misstrauen gegenüber der Echtheit der medialen Inszenierungen bezieht sich auf körperlich-ästhetische, funktionale, physisch (un)mögliche und sachliche Aspekte:

Ein ausgesprochener Unglauben gegenüber der Authentizität der Werbeprotagonistinnen auf körperlich-ästhetischer Ebene ist zu erkennen an Aussagen wie Lara's[1]: „Das sieht man doch immer... also, dann haben die da die langbeinigen Models, aber wenn die so kleine Muttermale oder Narben haben, das machen die dann alles vorher weg". „... und das machen die dann alles schön auf Computer weg!"

Diese Aussagen erfolgten auf die Frage, wie die Körper der Protagonisten in den zuvor präsentierten Werbeclips wahrgenommen wurden und welche Empfindungen es bei der Rezeption gab.

Im weiteren Verlauf der Diskussion äußert sich eine andere Schülerin skeptisch zu der impliziten Annahme von Lara, es wäre egal, wie ein Model aussähe, es würde alles retuschiert, was mit einem Makel behaftet sei. Anne: „...es gibt halt so hässliche Models und so, die werden perfekt gemacht, aber es gibt auch bestimmt auch schöne". Sie wehrt sich dagegen, dass alles Schein und Retusche sei, lässt Raum für das Argument von Lara, stellt aber zugleich die Möglichkeit der „wahren Schönheit" von Models heraus. In ihrer Vorstellung gibt es schöne und hässliche Models, wobei nur die hässlichen kosmetischer oder technischer Korrekturen bedürfen. Authentisch sind die Schönen, die anderen stellen etwas dar, was sie nicht sind und täuschen die Betrachter/innen. Die Spannung besteht darin, dass die Echten nicht von den Unechten zu unterschieden sind.

Auch die Jungen der Klasse wehren sich gegen die Annahme, die Werbe(körper)inszenierungen der weiblichen Models seien nicht real. Mit Widerstand und Wut in der Stimme wird geäußert: Sven: „Da kann man ja jede nehmen, mit Schminken...". Ein Mädchen schwächt die ärgerliche Aussage des Jungen ab. Sarah: „Oder natürlich schöne". Die Unklarheit bleibt und wird von Anne nochmals auf den Punkt gebracht: „Die [natürlich Schönen, Anm. N.F.] brauchen nich' so viel zu... schminken oder zu überarbeiten. Die so natürlich schön sind". Ähnliche Äußerungen wiederholen sich im Laufe der Diskussion. Es schwingt das Unbehagen mit, dass man nicht zu einem klaren Ergebnis kommen kann, dass keine Sicherheit besteht, was real ist und was nicht. Das führt bei den Schülern und Schülerinnen zu latent aggressivem Verhalten.

Besonders die Jungen lehnen für sie unlogische oder physisch unmögliche Darstellungen sehr vehement ab. Bei der Ansicht solcher Darstellungsformen in den Werbespots geben sie zeitweise ihre Verweigerungshaltung auf, um ihre Wahrnehmungen zu äußern. In einem der gezeigten Spots springen Erwachsene

---

1   Die Namen der Schülerinnen und Schüler sind geändert.

auf einen Jungen, um sein Tor in einem Fußballspiel zu feiern. Der Junge kriecht unversehrt unter dem Menschenberg hervor (vgl. Bifi-Werbespot 2008). Sven meint dazu aufgeregt und verärgert:

> *„...alte Leute, die springen alle drauf, einmal is dann irgend n Bauarbeiter dazwischen, der am Anfang gar nich dabei war. (...) Da der Junge einfach, bestimmt zwei Tonnen Menschen, einfach unne raus krabbelt und dann... Das sind wenigstens fünf Meter Menschen gewesen, das sin ja mindestens zwei Tonnen, die den Jungen erdrücken würden eigentlich".*

Zwei andere Schüler bestätigen den Einwand: *„Ja. Also müsst sich doch 's Kreuz brechen".*

Auch Gewinnspiele, die den Werbespots teilweise anhängen, werden misstrauisch betrachtet, und bei einigen selbst ausprobierten Produkten ist die Werbelüge direkt aufgefallen. Die Lüge oder die Veränderung der Realität, die sich in den Spots findet – ob direkt durchschaubar oder nicht – führt einerseits zu Verärgerung und andererseits zu Irritation bei den Jugendlichen, und zwar so stark, dass dieses Thema immer wieder angesprochen wird.

Die Fragmentierung des Körpers

Die Sicht auf die Körperinszenierungen in den Werbespots eröffnet eine Diskussion über die ideale Beschaffenheit weiblicher Körper. Der Körper wird in der Diskussion von den Schülerinnen nicht als Gesamtbild diskutiert, sondern fragmentiert nach einzelnen Körperteilen dargestellt und beurteilt.

So wird in dieser Klasse der Körperscan über die Beine, die lang sein müssen, die Füße, die klein sein müssen, den Po, der eine „Apfelform" haben soll, ein „bisschen Hüfte", zum Busen, der „nicht zu groß und nicht zu klein" sein darf und „nicht hängen" oder zu hoch sitzen darf, von unten nach oben vollführt.

Auch das Gesicht wird fragmentarisch beschrieben: Schöne Zähne sind „... ganz wichtig. Weiße, keine gelben oder so was Perverses"(Christiane). Dann werden die Haare thematisiert: „Schöne Haare!" (Lara) wirft ein Mädchen laut in die Diskussion ein. Auf die Frage, was „schöne Haare" für sie genau sind, antwortet sie stockend und unsicher damit, was schöne Haare nicht sind: „...nich' so schön, wenn so Frauen so Igel-Frisur oder so haben. (...). Das ist total unweiblich. Ja, Bob-Länge, mehr nich'." Gut ist der Bob-Schnitt, weil den „gerade alle haben", und weil der Schnitt „kurz oder lang oder halt alles" sein kann (Christiane). Daraufhin kommen die Mädchen auf die Körper-Proportionen und das Gewicht zu sprechen. Hierbei beziehen sie sich zunächst auf die Darstellung einer sehr schlanken Frau in einem der gezeigten Werbespots. Es wird aus den Darstellungen der Schülerinnen ersichtlich, wie schwierig eine genaue Beschreibung der Vorstellungen eines schönen weiblichen Körpers ist.

Maja: „Und ähm, ähm, ich finde sie brauch' auch 'n bisschen Hüfte, so also nich' ganz dünn, sondern, sondern...".

Sarah: „Vorne so, so 'ne?"

Anne: „Aber wenn alles so grade runter is', dann is' sehr hässlich"

Lara: „Auch nich' so, dass hier oben so diese Knochen so rausgucken, das finde ich echt 'n bisschen ekelhaft" (gemeint ist das Schlüsselbein, Anm. N.F.).

Christiane: „Wenn die so extrem rausgucken, das ist total ekelig".

Die Schülerinnen bewegen sich mit ihrer Vorstellung von schönen weiblichen Körpern immer im Bereich eines Mittemaßes (nicht zu viel, nicht zu wenig; nicht zu groß, nicht zu klein; nicht zu dick, nicht zu dünn). Extreme werden als „ekelhaft" abgelehnt. In der Debatte der Mädchen, scheint Uniformität als Weiblichkeitsideal attraktiv zu sein.

Ein funktionalistischer Umgang mit dem Körper

Die Untersuchung zeigt, dass die Schönheitsideale der jugendlichen Mädchen den gängigen gesellschaftlichen Klischees für erwachsene Weiblichkeit (und für eine bestimmte jugendliche Männlichkeit) entsprechen. Bei den weiblichen Idealvorstellungen wird eine Differenzierung zwischen medial propagierten Schönheitsidealen und dem Peer-Ideal deutlich, die spannungsgeladen ist. Die Schüler und Schülerinnen werden gefragt, wie für sie ein idealer weiblicher und männlicher Körper beschaffen ist. (Die Jungen in der Gruppe verweigern die Beteiligung.) Die Mädchen beteiligen sich eifrig an der Diskussion. In vielen Punkten sind sich die weiblichen Jugendlichen einig über das (mediale) Ideal. Die jugendlichen Mädchen orientieren sich an einem Weiblichkeitsideal, deren Basics ein enthaarter, schlanker, nicht unbedingt dünner, zierlicher, aber dennoch mit weiblichen Rundungen versehener Körper ist. Es gibt kleine Differenzen, die ausgehandelt und Bandbreiten, die zugelassen werden.

Bestimmte Normen von idealer Weiblichkeit bedürfen keiner Aushandlung und werden zum Teil rigide vertreten:

Moderation Stefanie: Fällt euch sonst noch was ein? (zur Frage nach dem idealen weiblichen Körper)

Lara: Ja. Enthaarung.

Mehrere Mädchenstimmen durcheinander: Ja; Ja; Ja; Ja.

Lara: An den Beinen, an den Achseln, Bikinizone, Intimzone...

Tom: (männlich, laut hörbar aus einem Pokerspiel in der letzten Reihe) Kreuz!

Lara: Damenbart (Lachen von mehreren)

Lara: Wenn man lange Haare hier hat...wir ham da so'n Strähnchen hängen, das muss auch ab.

Moderation Stefanie: Ja. Da seid ihr euch auch ziemlich einig? Also Haare nicht? Oder gibt's da andere Meinungen?

Anne: Was denn?

Moderation Stefanie: Zu der Enthaarung.

Mehrere Stimmen durcheinander und Schülerin: ...muss weg!

Moderation Stefanie: Alles weg?

Anne: Ja.

Moderation Stefanie: Ok

Christiane: Wir kennen gar nix.

Zustimmendes Lachen und Nicken der Schülerinnen

Auf der sprachlich-symbolischen, d. h. manifesten Ebene besteht Einigkeit darin, dass bis auf die Kopfhaare jegliche weibliche Körperbehaarung entfernt werden muss. Eine Irritation entsteht durch den Gedanken im Forschungsteam, ob das auch auf die Mädchen in der Klasse selbst zutrifft. Die Irritation verstärkt sich durch die nächste Szene, in der es um die Frisur geht.

Lara: Schöne Haare.

Moderation Stefanie: Was heißt schöne Haare? Wie sind die, wenn die schön sind?

Lara: ...(unverständlich) nich' so schön, wenn...(unverständlich, Gemurmel)...wenn so Frauen so Igel-Frisur oder so haben.

Christiane: Ja.

Lara: Das is' total unweiblich. (zustimmendes Gemurmel im Hintergrund)... Ja, Bob-Länge, mehr nich'.

Moderation Kai: Bob?

Christiane: Das is' der Schnitt; kurz, oder lang oder halt alles.

Moderation Kai: Ok, ja.

Christiane: ...was gerade alle haben.

Interessant ist, dass die Schülerinnen selbst keinen Bobschnitt tragen. Das weist darauf hin, dass mit „was gerade alle haben" nicht die Klassengemeinschaft und auch nicht das gesamte soziale Nahfeld gemeint ist, sondern Vorbilder aus den Medien (Heidi Klum, Victoria Beckham, Rihanna, Kathie Holmes, Jessica Alba, Paris Hilton, etc. tragen im Untersuchungszeitraum einen Bob-Schnitt), an denen sich die Schülerinnen orientieren. Die Schülerinnen erkennen den Bob als Frisurenideal an, weil alle ihn tragen, die „in" im Sinne der medialen Öffentlichkeit sind. Sie selbst zählen sich nicht zum Kreis „alle" dazu, obwohl die Formulierung dies zunächst vermuten lässt.

Deutungsansatz

Latent wird eine Abgrenzung des eigenen Selbst von dem Ideal sichtbar, das alle haben. Diese beiden Szenen – Körperenthaarung als manifestes Muss und die irritierende Frage nach der tatsächlichen Umsetzung, ebenso die verbalisierte Idealfrisur des Bob-Schnitts, der von den Mädchen selbst nicht getragen wird – verweisen auf eine latente, nicht verbalisierbare Ebene als eine Trennung von gesellschaftlichem Ideal und Selbst. Es besteht eine Spannung zwischen realer Lebenswelt und weiblicher Selbstinszenierung einerseits und dem medial postulierten Ideal andererseits. Hier zeigt sich ein interessanter Aspekt. Die Mädchen erleben eine Spannung zwischen den „medialen" Frauen und sich selbst, den Schülerinnen. Diese Spannung ist nicht bewusst. Die Mädchen sparen einen Bezug auf sich selbst und ihre Körper aus der Diskussion aus, der eigene Körper ist im Sinne von Lorenzer desymbolisiert. Diese Spannung scheint unüberbrückbar, solange der Fokus der Diskussion auf den Medieninszenierungen liegt. Die Schülerinnen leben das traditionelle Rollenbild des jungen Mädchens mit langen Haaren, wobei sie verbalisieren, „alle haben" einen Bob-Schnitt. Eine Interpretationsmöglichkeit, die aber weiter verifiziert werden muss, ist die, dass die Sozialisation in der Familie und im Nahumfeld (d. h. Schule und Peers) die Positionierung im Sinne einer tatsächlichen Körperperformance in diesem Entwicklungsstadium stärker beeinflusst als die medialen Angebote dies tun. Zugleich werden durch die sprachlichen Äußerungen eher die medialen Angebote als erstrebenswert und ideal angesehen. Das Zeichensystem der Sprache fällt mit den performativen Zeichen der optischen Selbstdarstellung, wie Kleidung und Frisuren, auseinander. Eine irritierende Spannung zwischen Aussagen und visuellen Erscheinungen entsteht beim Betrachter der Szene.

...um dem Mann zu gefallen

Es finden auch Annäherungen an den sozialen Nahraum und die darin existierenden Körperbilder statt, wobei der eigene Körper auch hier nicht zur Sprache
gebracht wird. So sagt die Schülerin Lara: „Also ich finde als Frau, bei 'ner Frau
hässlich, wenn sie kurze Beine hat...Ich hab' ne Freundin, die ist voll bestraft. Die
hat'n längeren Oberkörper als sie Beine hat. ...Man braucht schon längere Beine."
In einer ähnlichen Szene geht es um die Körperproportionen:

> *Anne mit selbstbewusster Stimme: „Da bin ich sehr kritisch bei Figur, da
> bin ich sehr kritisch. (...) Also ich finde das schrecklich, wenn eine Frau dick
> ist, das ist schrecklich".*

> *Lara: „Was ist denn daran schrecklich?"*

> *Anne nach einer kurzen Pause und mit leiser Stimme: „Keine Ahnung... Eine
> Frau muss weiblich aussehen...Klein, ...dünn sein".*

Hier wird deutlich, dass die zunächst selbstbewusste Stellungnahme Annes nicht
integrativer Bestandteil ihrer Ich-Identität ist. Selbst vehemente, selbstbewusst
klingende Aussagen können rasch unterminiert werden.

Zunächst bleibt im reinen Textverständnis unklar, warum man „längere Beine" braucht, und warum kurze Beine bei Lara als hässlich gelten. Zumal sie selbst
eine Freundin hat, die durch kurze Beine „gestraft" ist. Oder warum es für Anne
„schrecklich" ist, „wenn eine Frau dick ist" und eine Frau „weiblich", sprich, „klein
und dünn" aussehen muss. In der weiteren Diskussion wird deutlich, warum bestimmte Körperteile so und nicht anders beschaffen sein müssen: Es ist nicht der
eigene Blick, das eigene ästhetische Empfinden, welches kurze Beine zur Bestra-
fung macht. Es ist der männliche Blick – der nach wie vor gesellschaftliche Normen schaffende Blick –, den die Jugendliche übernimmt, um die weiblichen At-
tribute zu benennen, die ein Mann als potenzieller Partner attraktiv finden würde
(im Glauben der Jugendlichen, den sie aus den medialen Inszenierungen gewonnen hat). „Man braucht schön längere Beine" und „eine Frau muss weiblich aussehen... klein, ... dünn sein", bedeutet hier soviel wie: Sonst hast du bei den Jungen keine Chance. Mit kurzen Beinen oder dickem Körper bekommst du keinen
ab. Das wird von Lara und Anne nicht verbalisiert – ist bei ihnen tabuisiert, also
desymbolisiert. Der Einwurf von Tatjana: „Es stehen nicht alle Männer auf Boh-
nenstangen, ja!" verdeutlicht aber zweierlei: Zum einen argumentieren die Mädchen tatsächlich aus der männlichen Perspektive. Wichtig ist, was die Männer
attraktiv finden. Zum anderen ist nicht eindeutig klar, worauf Männer bei Frauen
„stehen". Während Anne sicher ist, Männer mögen sehr dünne Frauen, sieht Tatjana Differenzierungen. Es gibt auch Männer, die weniger dünne Frauen mögen.

Verbalisierte Anhaltspunkte, dass die Schönheitsideale aus der Sicht des anderen Geschlechts aufgestellt werden, finden wir nur in wenigen direkten Aussagen der Mädchen. Neben Tatjanas Aussage bezieht sich Lara einmal auf eine sexuelle Komponente von Körper: „Nicht zu große Füße, weil das is', unsexy". Und in einer Sequenz geht es um die akzeptable Körpergröße von Frauen:

Christiane: Größer als 1,80 geht gar nich'.

Lara: Nein, um Gottes Willen!

Anne: Das is' zu groß...

Christiane: Da findet man ja keinen Typ mehr.

Anne: Man kann ja also...

Christiane: Ja, mh, wenn man größer als der Typ is', das geht gar nich'.

Deutungsansatz

Die Mädchen haben ein recht deutliches Bild davon, was weibliche Schönheit, bezogen auf Äußerlichkeiten, bedeutet. Dieses Bild entnehmen sie dem medial postulierten gesellschaftlichen Leitbild. Von diesem Leitbild wird angenommen, dass es auch dem Bild entspricht, welches sich Männer von einer idealen Partnerin machen. In dem Alter zwischen 13 und 15 Jahren, in dem die Schülerinnen sind, entwickelt sich gerade ein intensives Interesse am anderen Geschlecht. Auch sie wollen den Jungen gefallen und streben deshalb das Ideal an. So normal dieser Wunsch auch sein mag, dies öffentlich zu äußern ist heute gesellschaftlich verpönt. Eine (erwachsene) Frau soll heute selbstbewusst und selbstbestimmt ihren Weg gehen, sich nicht mehr vom Mann abhängig machen und dennoch einen schlanken, langbeinigen, makellosen Körper besitzen, so das Postulat. Die Schülerinnen haben die öffentlich propagierten modernen Weiblichkeitsparadigmen als Leitbilder übernommen und verbalisieren die körperbezogene Seite des Paradigmas. Der latente Wunsch der Mädchen nach dem Mann als Versorger oder auch nur Partner darf nicht verbalisiert werden, da er dem Leitbild moderner Weiblichkeit widerspricht, er tritt aber in der Szene hervor. Dies deckt sich auch mit den Zukunftswünschen der Mädchen, die aus der Fragebogenuntersuchung hervorgehen. In dem anonymisierten, nicht öffentlich zugängigen Fragebogen antworteten sechs von sieben Mädchen auf die Frage, wie sie sich ihr Leben vorstellen, wenn sie 25 Jahre alt sind: Sie wären verheiratet (5) oder hätten „einen Freund, der gut Geld verdient" (1). Fünf der sieben Mädchen geben an, sie möchten bzw. hätten Kinder, wenn sie 25 Jahre alt sind. Hier sieht man die Orientierung an traditionellen Werten. Nur eins der Mädchen gibt an, „selbstständig" mit einem „sehr guten Job" sein zu wollen (allerdings widerspricht das ihren sonstigen Äußerungen aus der Klassenaufzeichnung).

Um das Ziel zu erreichen, einen Mann und damit auch Kinder haben zu können, spielt die optische Erscheinung eine große Rolle. Dies wird zwar selten explizit ausgesprochen, wird aber implizit durch die Aussagen der Mädchen deutlich.

6. Manifest: Selbstbewusste Selbstdarstellung in der Klasse – Latent: Rigide Geschlechterrollen

Auffällig ist die Spaltung zwischen der Gruppe der Jungen und der der Mädchen. Diese Spaltung zu überwinden, ist in der Situation unmöglich. Einem Jungen, der später in die Klasse kommt, wird von der Forscherin untersagt, sich zu den anderen Jungen in die letzte Reihe zu setzen. Zunächst versucht er, sich über das Verbot hinwegzusetzen. Als das nicht gelingt, sitzt er für kurze Zeit stumm bei den Mädchen und verlässt dann die Klasse. Die Mädchen in der Klasse stellen sich manifest als selbstbewusste Schülerinnen dar, die zusammenhalten, sich gegenseitig bestätigen und die Anwesenheit der Jungen nicht als hemmenden Faktor bei ihren Äußerungen über Vorstellungen zu Geschlecht und Körper empfinden. In der tiefenhermeneutischen Analyse konnte herausgearbeitet werden, dass dieses Selbstbewusstsein nicht für inkorporierte Selbstständigkeit moderner Frauenbilder steht, sondern ein traditionelles Rollenverständnis verdeckt. Die Dichotomie der Geschlechter tritt in der gesamten Szene deutlich hervor, eine Auflösung oder Aufweichung ist zu keiner Zeit erkennbar.

Die Mädchen in der Klasse präferieren Jungen, die der jugendkulturellen Skater-Szene angehören. Den Skatern wird klischeehaft unterstellt, besonders cool, locker, mutig und attraktiv zu sein. Sie leben hedonistisch, hören Hip-Hop und tragen Baggy-Hosen, T-Shirts, Baseballkappen und Schuhe der Marke Vans. Mädchen sind in der aktiven Skaterszene in der Minderheit (vgl. Bütow 2006; S. 113–116; Behr 2007). Sie haben eher eine passive Beobachtungsposition als Zuschauerinnen der männlich-aktiven Performance mit dem Board. Auch die Jungen in der untersuchten Klasse tragen den Skater-Stil.

Irritierend ist zunächst, dass die Mädchen den aktiven Part in der Klasse übernommen haben und die Jungen stille Beobachter sind. Die Statuspostionen erscheinen vertauscht. Dies könnte ein Hinweis auf die Macht der Institution Schule sein, in der den Mädchen ein Raum zur Performance offen steht. Mädchen verfügen im Gegensatz zu den Jungen über höhere Verbalisierungs- und Kommentierungskompetenzen (vgl. Bütow 2006; S. 138), die im schulischen Umfeld besonders deutlich hervortreten können. Durch diese Kompetenzen tragen die

Mädchen mit zur Statuspositionierung beider Geschlechter bei, und weisen damit den Jungen, je nach Kontext einen bestimmten Status zu. Die Statuspositionen scheinen stark vom Kontext abhängig zu sein.

7. Einordnung der Befunde in gesellschaftliche Bezüge

Der menschliche Körper wird heute stark funktionalisiert, als modellierbare Masse zur Erreichung einer individuellen Performance genutzt, um sich gesellschaftlich zu positionieren und strategische Vorteile im Kampf um Ressourcen zu erlangen. So sagt Gugutzer (2002), dass „mit Körper der Körper als Gegenstand, als Ding unter Dingen, das von außen wahrnehmbar und wie ein Instrument oder Werkzeug gebraucht wird, gemeint ist" (Gugutzer 2002, 14). Der Körper wird als modellierbares Objekt gesehen, als Folie, auf der Gesellschaft und Kultur präsentiert werden. Der postmoderne Körper ist, wie Foucault beschreibt, ein Gegenstand der Überwachung und Kontrolle (vgl. Foucault 1976). Und zwar der Überwachung und Kontrolle aus zwei Perspektiven: der äußeren durch die Bewertung der anderen und der inneren durch die Person selbst. Der Körper ist somit Träger und Inszenierungsmoment der eigenen Einstellungen und Werte und deren Ausdruckmittel durch individuelle Performance.

Attraktive Menschen haben in der westlichen Gesellschaft einen entscheidenden Vorteil, wenn es um die Verteilung von erstrebenswerten, gesellschaftlich angesehenen Ressourcen geht. Sie finden leichter einen Partner bzw. eine Partnerin, eine berufliche Anstellung und werden höher bezahlt. Attraktive Menschen sind beliebter als unattraktive (vgl. Koppetsch 2000; S. 99–124).

Der eigene Partnermarktwert hängt von der Einschätzung durch andere und das eigene Selbstbild ab. Die Bewertung durch andere zu kennen, ist nur möglich, wenn es innerhalb einer sozialen Gruppe einen von allen geteilten Attraktivitätsstandard gibt (vgl. Henns 1989; Henns 1991; S. 933–946).

Für Jugendliche aller Milieus spielt Schönheit eine entscheidende Rolle: „Schönheit ist alles, das Outfit entscheidet. Übergreifend erkennbar ist auch eine ausgeprägte pragmatische, zielgerichtete Lebens-Perspektive" (Calmbach / Wippermann 2008; S. 2). Jugendliche wollen als schön oder attraktiv angesehen werden, das erhöht die Anzahl der Freundschaften und die Stellung in der Peer-Group. Doch Attraktivität wird stark mit Authentizität assoziiert. Aber wie soll ein Jugendlicher oder eine Jugendliche authentisch erscheinen, wenn er oder sie selbst noch nicht weiß, wer er oder sie ist, die Identität noch nicht gefestigt ist? Viele Jugendliche versuchen aus diesem Grund zunächst, durch rein optische Schönheit – ein Sich-Schön-Machen – ihre Attraktivität zu erhöhen und ihre Stellung in der Gruppe zu sichern (vgl. Degele 2004). Diese Sicherheit ist sehr fragil. Ständig müssen sie sich neu vergewissern, ob sie noch „in" sind. Schnell kann man ins Abseits gelangen. Die jugendlichen Attraktivitätsnormen, festgelegt an physischer Schönheit durch idealen Körperbau und Körperschmuck wie Kleidung, Schminke und Haarschnitt unterliegen gesellschaftlichen Trends, die sich immer wieder wandeln.

Dank (oder Fluch) moderner technischer Bildbearbeitungsverfahren sind die uns heute aus Fernsehen, Internet und Magazinen entgegenstrahlenden Schönheiten bis zur Perfektion geglättet.

> *„Photoshop sei Dank muss kein Modell mehr Falten, Unebenheiten oder gar missliche Proportionen fürchten. Der Mausklick ersetzt Puder, der einst alles Störende zu vertuschen suchte. Wobei der Computer als visuell nachbearbeitender Schönheitschirurg weit leistungsfähiger ist als die alt gediente Kosmetik, die nur maskieren, aber nicht neu bilden konnte" (Geiger 2008; 13).*

Doch was bedeutet das im Identitätsfindungsprozess Jugendlicher? Müssen sie sich nicht immer minderwertig im Vergleich zu den medialen Schönheiten fühlen, die so inszeniert sind, als könne jede/r ihre/seine Schönheit erreichen?

In den Cultural Studies wird von einem ‚beauty-turn' gesprochen, von der geheimen Macht der Schönheit (vgl. Gutwald/Zons 2007; Posch 2009). Das bedeutet, die Schönheit, das Schöne, hier ausschließlich bezogen auf den menschlichen Körper, wird als gesellschaftliches Ordnungsmodell im öffentlichen Diskurs gesehen.

Die Jugendlichen in der Studie erkannten die Unwirklichkeit der schönen Menschen in der Werbung und benannten die Verfahren der gemorphten Gesichter: „Alles mit dem PC retuschiert. Die haben die am PC schön gemacht". Doch trotz des Wissens über die Unnatürlichkeit der medial inszenierten Personen gelten diese als das anzustrebende Ideal.

8. Fazit

Kommen wir auf unsere Anfangsfrage ‚Welche Wirkung haben die medial dargebotenen Entwürfe menschlicher Identitäten auf die Heranwachsenden?' zurück, finden wir als Antwort: Verwirrung durch und Misstrauen gegenüber der Authentizität der Darstellung. Das latente Thema der Jugendlichen ist durchgehend die Suchbewegung nach Stabilität, Echtheit und kohärenten Normen. Als ein Anhaltspunkt dafür kann der hohe Attraktivitätsgrad des Durchschnittsaussehens, welches die Mädchen in der Klasse immer wieder betonen, betrachtet werden.

Aber auch die Geschlechterseparierungspraxis in der Klasse ist ein Indiz dafür. Die Vielfalt an differenten Männlichkeits- und Weiblichkeitsdarstellungen führt bei den Jugendlichen zu Unsicherheit. Sie befinden sich in dem Alter, in dem sie sich suchend und an anderen Personen orientierend versuchen, eine eigene Geschlechtsidentität auszubilden. Die Verunsicherung in dieser Phase der Entwicklung bedeutet nicht, dass diese Entwicklung nicht gelingt, sondern ist ganz normal. Es konnte aber herausgearbeitet werden, dass die medialen Inszenierungen bei den Mädchen – die sich am Beginn der Pubertät befinden – zu Misstrauen und Verunsicherung durch unklare Authentizität führen. Zugleich kann man sagen, dass die Jugendlichen die Unnatürlichkeit der Inszenierungen erkennen und auch kritisch betrachten.

Damit in Verbindung steht auch die Beantwortung der zweiten Eingangsfrage, nach dem Umgang mit den medial dargebotenen Entwürfen in Bezug und im Kontrast zu den bereits in der Kindheit einsozialisierten Normen und Werten des direkten Lebensraumes: Die untersuchten Schülerinnen reagieren darauf mit einer Festlegung des weiblichen Körperideals im Mittelmaß. Das Aufeinandertreffen verschiedener Sozialisationsinstanzen mit ihren zum Teil differierenden Botschaften und unklaren Rollenerwartungen wirkt verunsichernd. Auf der einen Seite steht die Institution Schule, in der feste Regeln und gesellschaftskonforme Lebensentwürfe gezeigt und vorgelebt werden, auf der anderen Seite die Instanz Massenmedien, die neben gesellschaftskonformen auch Entwürfe von anarchischem oder anormalem Verhalten zeigen. Gerade für den Jugendbereich wird Hedonismus propagiert. Die Schülerinnen lösen den Konflikt dadurch, dass sie zwar sagen, was durch die Medien postuliert wird, das Verhalten aber davon abhängig ist, was der sozialisatorische Nahraum Schule und Peers zulässt. Dies führt zu Spannungen, die die Jugendlichen im Prozess ihrer Identitätsentwicklung lösen oder ins Selbst integrieren müssen.

In der tiefenhermeneutischen Analyse dieser 7. Schulklasse zeigt sich bei den Mädchen die Wirkmächtigkeit der einsozialisierten Normen und Werte des Nahumfelds an Werthaltungen, Verhalten und Aussehen. Es wird deutlich, dass Entwürfe von Weiblichkeit, die durch das direkte Lebensumfeld der Mädchen geprägt sind, in diesem Stadium der Geschlechtsidentitätsentwicklung, mit 13-15 Jahren, wirkungsmächtiger sind als medial vermittelte Lebensentwürfe und Weiblichkeitsdarstellungen. Auf der Suche nach einem eigenen, passenden Identitätsentwurf nehmen sie die Entwürfe aus medialen Inszenierungen kognitiv auf und reflektieren sie. Sie bemerken die Unwirklichkeit, die die medialen Darstellungsformen mitunter mit transportieren und zeigen sich davon irritiert und verärgert. Durch die auch kritischen Aussagen der Jugendlichen wird deutlich, dass sie sich in einem Differenzierungsprozess befinden. Halt und Sicherheit scheinen sie momentan eher aus den Entwürfen, die das Nahumfeld bietet, zu ziehen. Das Geschlechterspiel innerhalb der Klassengemeinschaft separiert bspw. klar beide Geschlechter voneinander. Es gibt klare Regeln und Zuordnungen, die Sicherheit zu geben scheinen. Die Jugendlichen verhalten sich in der Klassengemeinschaft ungezwungen und selbstsicher in den übernommenen Geschlechterrollen.

Eine Rollenverunsicherung wird dadurch ausgelöst, dass die Schüler/innenrolle nicht eindeutig ist. Das räumliche Umfeld Schule ist zwar gegeben, und darin sind die zu übernehmenden Rollen für Schüler und Schülerinnen klar. In dem für die Untersuchung initiierten Kontext tritt die Institution Schule aber in den Hintergrund, und ein offenes Diskussionssetting verlangt nach einer anderen Rolle als der einer Schülerin bzw. eines Schülers. Es zeigt sich, dass eine Ich-Identität, in der auch unklare oder mehrschichtige Rollen ausgefüllt werden müssen, noch nicht gefestigt ist. Es ist zu vermuten, dass in dieser Situation die beobachtbare rigide Geschlechterseparierungspraxis verfolgt wird, um Strukturen zu erhalten und Rollen zu klären. Der Wunsch nach Authentizität, den die Schüler und Schülerinnen in Bezug auf die Werbespots immer wieder äußern, repräsentiert auch ihren eigenen Wunsch, authentisch sein zu können.

Eine erweiterte Form von Identitätsentwicklungsprozessen scheint, in durch mediale Einflüsse stark geprägte Gesellschaften, vorhanden zu sein. Die Jugendlichen haben die Aufgabe, sich mit weitergefassten Geschlechter- und Lebensentwürfen auseinander zu setzen, um daraus ihren eigenen Entwurf zu entwickeln, als das noch vor einigen Generationen nötig war. Auf welche Art und Weise das gelingt, muss weiter untersucht werden.

Literatur

Beck, Ulrich (1986): Risikogesellschaft. Auf dem Weg in eine andere Moderne. Frankfurt/Main
Beck, Ulrich/Beck-Gernsheim, Elisabeth (1994): Individualisierung in modernen Gesellschaften. Perspektiven und Kontroversen einer subjektorientierten Soziologie. In: dies. (1994) (Hrsg.): Riskante Freiheiten. Individualisierung in modernen Gesellschaften. Frankfurt/Main, S. 10–39
Beck, Ulrich/Bonß, Wolfgang (2001): Die Modernisierung der Moderne. Frankfurt/Main
Behr, Johann (2007): Identitätssuche in jugendlichen Subkulturen. Skinheads, Punks und Gothics. Saarbrücken

Bilden, Helga / Dausien, Bettina (2006) (Hrsg.): Sozialisation und Geschlecht. Theoretische und methodologische Aspekte. Opladen

Budde, Jürgen / Faulstich-Wieland, Hannelore: Jungen zwischen Männlichkeit und Schule. In: King, Vera / Flaake, Karin (2005) (Hrsg.): Männliche Adoleszenz. Sozialisation und Bildungsprozesse zwischen Kindheit und Erwachsensein. Frankfurt / Main

Bütow; Birgit (2006): Mädchen in Cliquen. Sozialräumliche Konstruktionsprozesse von Geschlecht in der weiblichen Adoleszenz. Weinheim und München

Calmbach, Carsten / Wippermann, Carsten: Generation „Benefit"? Wie ticken Jugendliche? www. bdkj.de / uploads / media / pm08_Sinus-Jugend-Studie_LANG.pdf, Stand: 12.12.2010

Darwin, Charles (2009): Die Abstammung des Menschen. Nachdruck des Originals von 1874. Bremen

Degele, Nina (2004): Sich schön machen. Zur Soziologie von Geschlecht und Schönheitshandeln. Wiesbaden

Degele, Nina / Dries, Christian (2005): Modernisierungstheorien. München

Foucault, Michel (1976): Überwachen und Strafen. Die Geburt des Gefängnisses. Frankfurt / Main

Geiger, Annette (2008) (Hrsg.): Der schöne Körper. Mode und Kosmetik in Kunst und Gesellschaft. Köln

Gugutzer, Robert (2002): Leib, Körper und Identität. Wiesbaden

Gutwald, Cathrin / Zons, Reimar (2007) (Hrsg.): Die Macht der Schönheit. Paderborn

Henss, Ronald (1989): „Schönheit liegt im Auge des Betrachters" (?) Zur Beurteilerübereinstimmung bei der Einschätzung der physischen Attraktivität junger Männer und Frauen. (Beauty is in the eye of the beholder? Consensus in judgements of attractiveness). Universität des Saarlandes: Arbeiten der Fachrichtung Psychologie, H. 141

Henss, Ronald (1991): Perceiving age and attractiveness in facial photographs. Journal of Applied Social Psychology, H. 21, S. 933–946

Junge, Matthias (2004): Sozialisationstheorien vor dem Hintergrund von Modernisierung, Individualisierung und Postmodernisierung. In: Hoffmann, Dagmar / Merkens, Hans (2004) (Hrsg.): Jugendsoziologische Sozialisationstheorie. Impulse für die Jugendforschung. Weinheim und München

King Vera / Flaake Karin (2005) (Hrsg.): Männliche Adoleszenz. Sozialisation und Bildungsprozesse zwischen Kindheit und Erwachsensein. Frankfurt / Main

Klein, Regina: Tiefenhermeneutische Analyse. In: Friebertshäuser, Barbara / Langer, Anja / Prengel, Annedore (2010) (Hrsg.): Handbuch Qualitative Sozialforschung in der Erziehungswissenschaft. 3. Auflage, Weinheim und München, S. 263–280

Klein, Regina: Tiefenhermeneutische Analyse. In: http.//www.fallarchiv.uni-kassel.de/pdf/klein_ tiefenhermeneutik.pdf, 10.03.2009 (Stand: 10.08.11)

König, Hans-Dieter (2003): Tiefenhermeneutik. In: Flick, Uwe / von Kardorff, Ernst / Steinke, Ines (Hrsg.): Qualitative Forschung. Ein Handbuch. Hamburg

Koppetsch, Cornelia: Die Verkörperung des schönen Selbst. In: Koppetsch, Cornelia (2000) (Hrsg.): Körper und Status. Zur Soziologie der Attraktivität. Konstanz, S. 99–124

Maihofer, Andrea (2002): Geschlecht und Sozialisation. Eine Problemskizze. In: Erwägen Wissen Ethik, Jg. 13, Heft 1, Stuttgart, S. 13–26

Lorenzer, Alfred (1981): Das Konzil der Buchhalter. Frankfurt a. Main

Lorenzer, Alfred (1986): Tiefenhermeneutische Kulturanalyse, In: Lorenzer, Alfred (Hrsg.): Kultur-Analysen. Frankfurt, S. 11–98

Nordmann, Anja (2011): Alltäglicher Feminismus. Geschlecht als soziale Erfahrung und reflexive Kategorie. Sulzbach

Oechsle, Mechthild/Geissler, Birgit (2004): Modernisierungstheorien: Anregungspotenziale für die Frauen- und Geschlechterforschung. In: Becker, Ruth/Kortendiek, Beate (2004) (Hrsg.): Handbuch Frauen- und Geschlechterforschung. Theorie, Methode, Empirie. Wiesbaden, S. 196–203

Parsons, Talcott: Die Schulklasse als soziales System, In: Baumgart, Franzjörg (2000) (Hrsg.): Theorien der Sozialisation. 2. Auflage, Bad Heilbrunn

Posch, Waltraud (2009): Projekt Körper: Wie der Kult um die Schönheit unser Leben prägt. Frankfurt

Ritzel, Wolfgang (1885): Immanuel Kant. Eine Biographie. Berlin, S. 214

Stockmeyer, Anne-Christin (2004): Identität und Körper in der (post)modernen Gesellschaft. Marburg

Tillmann, Klaus-Jürgen (1989): Symbolischer Interaktionismus und Theorie der Schule, In: Baumgart, Franzjörg (2000) (Hrsg.): Theorien der Sozialisation, 2. Auflage, Bad Heilbrunn

Tillmann, Klaus-Jürgen (2007): Sozialisationstheorien: Eine Einführung in den Zusammenhang von Gesellschaft, Institution und Subjektwerdung. Reinbek

Trautner, Hanns Martin (2006): Sozialisation und Geschlecht. Die entwicklungspsychologische Perspektive. In: Bilden, Helga/Dausien, Bettina (2006) (Hrsg.): Sozialisation und Geschlecht. Theoretische und methodologische Aspekte. Opladen, S. 103–120

Performing female 'Kanackness' — Transcultural Perspectives on Lady Bitch Ray

Pinar Tuzcu

1. Introduction

This article focuses on the porn-rapper and artist Lady Bitch Ray and her 'Vagina Style' from a transcultural perspective. The analysis of her artistic performance seeks to explore the linkage between migration, gender, and popular culture in contemporary German society. What makes Lady Bitch Ray particularly interesting is her way of displaying explicit sexuality as a female artist with Turkish immigrant background. Therefore, she represents a distinctly female voice in a culture that wrestles with the emerging notion of "migration as a new form of being" (Smith 2008; S. 246). Furthermore, the medium in which she frames her performance, namely German rap, plays a crucial role for an inquiry into her art as an artistic provocation. Through an appropriation of the male-centric discourse of contemporary mainstream German rap, she reverses stereotypical gender roles of popular culture and openly calls for what she terms as "Vagina Kunst und Rebellion"—an emancipatory act through the employment of post-feminist rhetoric. In fact, the word "bitch," which already and tellingly builds a connotative counterpoint to "Lady" in her stage name, is transcribed in her lyrics as an empowering appellation. In conjunction with her performance and her excessively sexualized way of dressing, this linguistic inversion and co-optation forges a new discursive space—a sphere in which the normative is subject to subversion through a recombination of traditional reference points. Drawing on feminist artists such as Veronica Vera, Annie Sprinkle, Carolee Schneeman, (among others,) who all represent crucial artistic interventions aiming at a dissolve of the rigid binaries of art/ porn and of erotic spectacle/gaze, Lady Bitch Ray's 'Vagina Kunst' adds a further attack on an ontologically definitive dichotomy, namely that of being migrant vs. being local. Thus, I argue that Lady Bitch Ray is a cultural phenomenon that demonstrates transcultural and particularly female Turkish/German hybrid identity through porn-rap as a medium for a gender conscious, artistic provocation.

In this article, I will specifically focus on Lady Bitch Ray's only full-fledged music video "Du Bist Krank," in order to investigate her artistic performance as a feminist intervention. I will conceptualize her art as an aesthetic excess in the realm of national signification. This aesthetic excess resides in her grotesque exaggeration of female sexual agency. In fact, through this grotesque exaggeration, she transgresses the firmly categorized gender roles belonging to either German-ness or Turkish-ness.

2.   Lady Bitch Ray and "Du Bist Krank"

Reyhan Sahin, who invented the artistic figure Lady Bitch Ray (from hereon called LBR) was born into a Turkish *Gastarbeiter* family and reared in Germany. Besides her performances as LBR, Reyhan Sahin also pursues an academic career. She recently submitted her dissertation at the University of Bremen, where she has also been a lecturer. As LBR, she is producing her porn-rap songs through her own record label called *Vagina Style Records*. All of her songs are marked with highly explicit language evoking post-feminist rhetoric with an obtrusive imagery that celebrates female sexuality. Vulgarity takes center stage in her exuberant references to the androcentricity in contemporary show business, and particularly in current German rap culture.

The combination of vulgar rhetoric with hyper-sexualized imagery is most apparent in her only music video entitled "Du Bist Krank," in which she takes up the role of an andrologist. Examining her patients in her clinic, which is designed in retro 70s style, she runs through a lyrical diatribe against phallocentric male sexuality. Her ultimate diagnose stated in the refrain—"Deutscher Rap du bist krank"—reveals a sickness of mainstream German rap, in which androcentricity and misogyny are recurring manifest characteristics.

The diegetic world of "Du Bist Krank" consists of three different locations: a waiting room, an emergency room, and a long narrow hall, apparently in the cellar. In addition, an epilogue shows the artist directly addressing the audience in an exterior scene. The video begins with an iris-in/iris-out shot combination, showing a transition from the ornate Vagina Style Records logo to a high angle shot of a carpeted waiting room that features retro-style wallpapers and 70s furniture such as a ceiling lamp in the shape of four sprawling old-fashioned bowls hanging above a coffee table with a flower vase. Around this coffee table, six male patients are sitting, four of whom having obvious injuries such as a plastered arm or leg, or a neck brace. One patient supports his arms on a wheeled walker. The remaining two's medical conditions are not identifiable from this camera angle.

On the right side of the frame we see a nurse standing behind a counter, on which a monitor and a telephone are placed. As the eye-catching objects in this unitarily designed mis-en-scene, two television screens are placed in the right corner, one on top of the other. They show a lasciviously presented décolleté, later to be revealed as LBR's.

The second location, the emergency room, is held in the same brownish colors as the waiting room. It features a sickbed, a doctor's desk and a decorative skeleton. In the first shot showing the emergency room, a patient is lying on the sickbed, waiting to be treated by LBR. Later on in the video, this patient is sitting at the doctor's desk for a consultation concerning his medical condition. An examination of an x-ray picture reveals his penis as broken, and thus as dysfunctional. Embarrassed by this degrading diagnosis, he escapes from the emergency room. Tellingly, his eyes are rendered unrecognizable by a black bar, which underscores the humiliation of the image signifying impotency.

The third location, the long hall of a cellar compartment, recognizable from tubes and valves above, represents a parallel diegesis, since the actions taking place there are not directly linked to the scenes in the clinic. However, the televisions placed in the waiting room show pictures from this cellar hall, in which LBR performs in sexualized poses on a sickbed.

During the entire video, the props LBR is interacting with play a significant role. For instance, in one scene, she holds an old fashioned, giant syringe. With an erotic look, she pulls and pushes the handle of the syringe. This pull-push movement evokes both masturbation and medical treatment—a juxtaposition of sexual service and superiority. In many ways, this image distills the upside down gender power relation evoked in her performance: taking control of the injection, which is tellingly shaped like a penis with testicles, LBR literally takes phallic sexuality in her hand and returns the threat of penetration. Contrary to the conventional understanding of gender relations, which is based on an asymmetric active/passive dichotomy, in which masculinity represents the subject and femininity assumes the role of the object, she portrays femininity with an active sexual agency. However, this agency does not derive from a denial of an objectification of the female body. Rather, it turns this very objectification into a weapon for self-determination. Her explicit self-objectification allows her to depict femininity as both sexually charged and powerful. In fact, that power stems from the ubiquitous fetishization of the female body. In her performance, the sexualized female body runs out of control through a turn of the position as a desired commodity into a strategic strength. In fact, the gaze of the fetishist is mirrored back through a display of an exaggerated mode of sexiness. While pointing to the dependence of the gazer to the object in focus, female sexuality invalidates masculine claims to sexual omnipotence, and emerges as the determining force in the gender power dynamics—*a revolt of the fetish.*

Also crucial in the video is the costume of LBR, in particular her jewelry. She is carrying a belt featuring a huge buckle showing a rhinestone writing of the word "Hure". In addition, she is wearing creole earrings, which encircle the writing "glamour." In addition, she shows a hip-hop rhinestone chain, which displays "LadyRay". The combination of these writings stands for the merging of conventionally distinct categories in her performance. This artistic fusion of opposites can be referred to Vivian Patraka's concept of "binary terror" which results from a dissolution of conceptual boundaries in feminist performances (Patraka 1992; S. 163). The word "Hure" is meeting the word "Lady" and both synthesize (or rather syncretize) into a new form of connotation that defies straightforward categorization. Thus, LBR's jewelry literally inscribes her self-fashioning as a powerful, glamorous 'bitch' that turns her object status into a methodological strategy for self-determination.

Recurring several times in the music video, the televisions are pivotal in LBR's performance, since they signify her playful distortion of popular imagery. The televisions show LBR's breasts, her buttocks, and her face in close-ups. These images represent in hyperbolic manner what Laura Mulvey famously conceptualized as *woman-as-spectacle* in popular culture. According to Mulvey, "women are simultaneously looked at and displayed, with their appearance coded for strong visual and erotic impact so that they can be said to connote to-be-looked-at-ness" (Mulvey 1975; S. 837). In "Du Bist Krank," the televisions and the male patients in the waiting room form the stereotypical gaze/spectacle relation in popular imagery. Since the location is a clinic and the gazers are shown as being ill, this relation is inherently pathologized. This pathologization is explicitly voiced in the refrain:

> *Du bist sick,*
> *Du bist wack,*
> *Du bist ill,*
> *Du bist dreck,*
> *Du bist Opfer,*
> *Du bist Junk,*
> *Deutscher Rap: Du bist krank*

Moreover, through excessive display of obscenity, LBR frees this to-be-looked-at-ness from its framework of passivity. Instead, her excessive obscenity —a turn of the erotic into the vulgar— shifts the emphasis from the female body to the very act of looking. The eroticism of conventional imagery is re-inscribed, but in such a way that it exceeds erotic pleasure and becomes offensive. Hence, *a pathologized (male) gaze encounters itself.*

It is important to note, however, that LBR specifically refers to the German Rap scene which is to a great extent dominated by male rappers who draw on a lyrical tradition steeped in misogyny. In Tricia Rose's words, "Hip Hop's sexism is visible, vulgar, aggressive, and popular" (Rose 2008; S. 114). Pointing to the gender aesthetics in German Rap, Birgit Bütow observes, "Frauen werden in den Texten und im jugendkulturellen Kontext häufig abgesehen—abgesehen von einigen Ausnahmen—über ihre Bedeutung für den Mann auch auf sexistische Weise reduziert dargestellt und bezeichnet." Yet, as Bütow remarks, this degraded image of the woman seems to point to a bipolar gender relation (bipolare Geschlechterverhältnisse) in the German Rap scene. The misogynistic content of rap lyrics is by no means always univocal and unquestionable. Rather, rap scenes represent discursive spaces that are marked with an interpretative virtuosity (Deutungsvirtuosität) (Bütow 2011; S. 38).

With respect to this forging of discursive spaces, LBR can be compared to Kitty Kat who appropriates misogynistic rhetoric in order to carve out a space for contemporary female rap. Both employ extensive use of female stereotypes in conjunction with the explicit pornographic content in their lyrics. In her 2009 single "Bitchfresse," Kitty Kat opens with the line, "Das ist für alle meine Frau'n hier im Haus, die wissen wie man Geld macht." Kitty Kat's incorporation of male-centric discourse becomes most apparent in the refrain, "Ich bin eine Frau; Aber wäre ich'n Mann, würde ich dir sagen: 'Alter lutsch mein Schwanz,'" in which the last part is dubbed by a male voice. Here, Kitty Kat obviously uses masculine language and re-codes misogynistic insults against men themselves. However, as her ultimate punchline shows, she resorts to an imaginary phallus framed in conditional grammar in order to humiliate her male target.

LBR goes further in the attempt to invent a female version of porn-rap. In fact, she goes beyond the phallocentricity inherent in porn-rap discourse. Instead of resorting to an imaginary phallic power, she attacks men at the source of their discursive superiority. In "Du Bist Krank," she ridicules the genitals of her 'patients':

Wir wollen uns den Patienten mal genauer ansehen,
Ich würd da unten mal ein bisschen näher rangehen.
Das fühlt sich an wie Geschwüre in den Hoden,
Was sind den das für zwei schrumpelige Bohnen?

Mach dich nicht lächerlich, du willst Ficki-Ficki?
Wie? Mit dieser jämmerlichen Mini-Bifi?
...

3. Voicing the Gap—Transculturality

A transcultural perspective gives us the possibility to theorize the change and alternation of culture, beyond governmental policy under often misused titles such as 'multiculturalism' or the 'melting-pot'. Hence, the concept of transculturation frames encounters between cultural others as a deconstructive process of simultaneous deprivation and creation. In fact, as transcultural theory posits, the location of cultural creation is exactly the point where cultural influences overlap. Thus, contrary to the conservative approach, which sees hybridization as a dangerous, due to the threat of impurity; and contrary to the progressive approach, which perceives the threat that marginalized cultures will eventually submerge under the devouring power of the dominant, transcultural theory enables a re-reading of cultural identity which is in both approaches seen as single-caused and operating in a teleological trajectory. In fact, through the lens of transcultural theory, communication 'between' cultures is replaced by the emphasis on culture's own ever-present in-betweenness. Cultures are always engaged in multivalent struggles for identificatory representation and (re)signification, which follows a Derridian path of 'dangerous supplementation,' since new cultural signifiers always question previously outlined ideological and discursive boundaries. Thus, at the core lies a Hegelian constitutive dissonance which leads to an ongoing, contestatory, but always undefinitive en- and de-culturation.

The mode in which culture generates, articulates and reifies itself is narration. In "DissemiNation: Time, Narrative, and the Margins of the Modern Nation", Homi K. Bhabha underscores the narrative process that leads to the very concepts of culture and nation. Bhabha writes that the contestatory cultural bricolage must result in "a coherent national culture, while the very act of the narrative performance interpolates a growing circle of national subjects" (Bhabha 1994; S. 145). What Bhabha describes by this is the patchwork of distinct others into a homogenous whole. In this respect, we are always caught in what Seyla Benhabib has termed a "double hermeneutic," an identification with ourselves and with others through a telling and re-telling of stories (Benhabib 2002; S. 6). The narratives are not only told, but also assigned an evaluative quality, according to the fleeting standards of a given cultural conjuncture.

Furthermore, the dynamics of majority and minority are called into question, for transcultural theory denies the fixity and purity of cultural groups struggling for power in a hierarchical construct, but instead stresses the interaction between cultures and subcultures that are inextricably interwoven—they are always both local and migrant. Thus, the bar between the traditional dichotomy of immigrant/local is blurred, if not under outright erasure. This conceptual fuzziness and inherent permeability has a profound impact on cultural identity, since it permanently reshapes and displaces the sense of belonging. "[B]ecause of its liquid nature as a process," Hans Rudolf Wicker points out, "the concept of a coherent culture yields to the concept of a flowing cultural complexity." This cultural complexity unfolds as a "result of past, present, and future processes of creolization" (Wicker 1997; S. 38-39). Through this grid, new debates on culture highlight inter- and intra-cultural dialogue with notions that transcend unidirectional and monolinear principles such as the 'melting-pot,' 'assimilation,' or 'multiculturalism'. Rather than submerging in a monolithic cultural totality, individuals are engaged in continual brokering and bricolaging within a multifaceted web of cultural positioning.

As a post-migrational country, Germany represents a vibrant arena for these contested forms of identification. This holds true in particular for youths, for whom the generational collision of differences calls previously exclusive codes of identification into question. A significant effect in this emergence of a new cultural topography can be ascribed to the second and third generations of people of Turkish origin, who are born and reared in Germany. In spaces of cultural encounters, the binaries of German-ness and Turkish-ness are recombined and dissolved through interaction and through transgressions of normative boundaries. Youth cultures in these contact zones draw on multiple narratives and lay claim to new patterns of societal positioning. In fact, through the formation of discursive spaces, they seize stages for performances of identities that are subject to transculturation. As Dirk Hoerder (et al.) points out, "youth from different cultural, ethnic, and social contexts produce diasporic public spheres, which are neither predominantly emancipatory nor fully controlled, but emerging and therefore contested" (Hoerder et al. 2005; S. 15). This contestation results from the divergent histories at stake and leads to pluricodic, negotiated social relationships. From this perspective, youths with Turkish background employ a mixed, transcultural form of expression that defies a compartmentalization into a distinct nationality.

Therefore, hybridity and the performative act of hybridizing are essential to the build-up of what is often derogatorily referred to "Kanack" identity, which I will focus on in the following section, and which is the ultimate and necessary result of the experienced cultural encounters. Furthermore, women assume a critical, if incipient, role in that cultural struggle, since, as Seyla Benhabib points out, "there is a profound and unavoidable connection between cultural diversity and gender-related differences" (Benhabib 2002; S. xi). It is exactly this gender-related difference that is articulated and re-worked in the performance of LBR.

4. Grotesque in-betweeness

„Bin nicht deutsch, nicht türkisch: bin 'ne Kanackin"

(LBR 2008; online)

From a feminist perspective, LBR not only represents a new form of identity between German-ness and Turkish-ness, but she also emphasizes her gendered identity. Yet, her gendered identity is endowed with qualities that are radically empowering, since she defies the phallocentric standards, both of her potential nationality and of rap culture. Her lyrics in conjunction with her extreme body exposure pose a challenge to the in both spheres, i. e. the sphere of national identity and the sphere of German rap, male-dominated discourse. Boldly, she disrupts the conventional power relation through a subversion of the normative vocabulary signifying stereotypical gender roles. In Benhabib's words, the "interconnections between psychic identity, the practices of the private sphere, and cultural difference assume a new configuration in modern liberal democracies" (Benhabib 2002; S. 85). Hence, LBR's sexual explicitness is a result of that re-configuration. Artistically, she articulates gender-related national identifications through deliberate transgressions of differential parameters. This transgression becomes particularly provocative because of her hybrid national identity and her identity as a woman. In fact, the provocation draws its strength from the very act of highlighting and distorting the correlation of sexual morals with national belonging.

Sexuality and its degree of publicity play a crucial role for a reassurance of national belonging. In their article "Zwischen Tabu und Liberalisierung—Zur Sexualität junger Muslime," Franziska Schäfer and Melissa Schwarz argue that young Muslims in Germany experience a dilemma resulting from the conflicting sexual morals between western culture and their parents' culture. According to them, "Junge Muslime wachsen *auch* mit einer liberalen Sexualkultur auf, sie erfahren Sexualkundeunterricht, sie teilen hedonistische Kultur und Sprache der westlichen Jugendkultur [...]" (Schäfer and Schwarz 2007; S. 252). What they describe as a liberal sexual culture is a culture that brings sexuality out of the private into the public domain. In contrast, the German Muslim culture, which according to Schäfer and Schwarz is based on a residual tradition of tight parental control, advocates a sexuality that remains restricted to the domestic realm. Thus, sexuality represents the ethical and ethnical demarcation line dividing the majoritarian (supposedly liberated) western culture from the minoritarian (supposedly controlled) migrant culture.

While this conflict of sexual morals is felt by both males and females of the new generations of young Muslims in Germany, it is important to note that visions of sexual morality are specifically projected onto the female body. In Nira Yuval Davis' words, "stronger social control is likely to be exercised on girls than on boys, especially among the children of immigrants," since they "are expected to remain the primary bearers of a distinctive 'home' culture" (Davis 1997; S. 197). This illustrates the imbricatedness of culture and biology, since along with their biologically reproductive role, women are also seen as 'pregnant' with a cultural 'DNA.' This means, women assume a symbolic function with regard to sexual morals—their bodies represent *deictic markers of cultural heritage.*

Seen in this light, LBR's "Vagina Kunst und Rebellion" is not only a rebellion within Turkish immigrant culture itself, through breaking the taboo of exposing the female body, but also a rebellion against the majoritarian discourse that frames female immigrant identity in German culture. The essentialist view of the dominant culture positions women with Turkish immigrant background in the fixed boundaries of what Schäfer and Schwarz term as "asymmetrische Geschlechterordnung," *(asymmetrical gender order)* which shows women as oppressed, silenced, and under patriarchal control. In turn, what is seen by German culture as lack of sexual freedom is in the main discourse of Turkish immigrant culture considered as 'appropriate' adherence to the moral code. Thus, while confusing and exaggerating the sexual ideals, LBR provokes both the dominant culture and that on the margin. In other words, her performance defies both marginality and acquiescence with the mainstream. This double-edged subversion of cultural semiotics positions her not only as a taboo breaker but also a cultural hybrid.

5. Hybridity as strategy

The intentional stress on hybridity must be understood as a counter-hegemonic act that seeks to subvert the dominant discourse of linearity. In fact a performance of hybridity has the potential of serious provocation, because it lays bare the fragile groundings of cultural axioms and presuppositions. Thus, through a focus on the transition, supplementation, alternation, and historical situatedness, an intentional performance of hybridity initiates a gaze on culture from a wider angle and with deep focus, sharpening the blurry image of marginal identities in culturally variegated milieus. As Bhabba says, cultural hybridity is "neither One nor the Other, but something else besides" (Bhabba 1999; S. 15). This reverberates what Derrida called "the dangerous supplement," which provokes an anxiety, because it subverts the relationship between one sign and the other (Derrida 1998; S.141).

Through her transgressive performance, LBR portrays a hybrid character, namely that of a Female 'Kanack.' 'Kanackness' gains its position besides and between the national identities. It indicates the mixture and re-formulation of German-ness and Turkish-ness. Fusing the differences, this performance of hybridity evokes a new, non-national subjectivity. This newness is the result of interaction between various influences of both cultures. Thus, while insisting on her 'Kanackness,' LBR evades the rigid categorization into national belonging. As a female 'kanack,' she parodies and mimics cultural stereotypes in order to create a medium for what numerous theorists have called "struggles for recognition." Her consciousness of that hybridity is stressed through her refusal to fit into the established categories. Hence, in verbal form as well as in terms of her imageries, she acts as a consciously female player of hybridity.

"Mikhail Bakhtin's division of hybridity into unconscious organic hybridity and conscious *intentional hybridity* opens a clear perspective on the difference between routine and transgressive acts of articulating in-between-ness. Unconscious organic hybridity does not disrupt the sense of order and continuity" (Werbner 1997; 5). Continuously, new images, words, and objects permeate language and representation. This is the routine side of the hybridization of culture which reveals contradiction and negotiation as quotidian byproducts of social interaction.

"By contrast, conscious intentional hybridity operates as an aesthetic intervention and through a creation of self-images that induce shock, change, questioning, denaturalization, and disruption. Hence, intentional hybrids create an ironic double consciousness" (Werbner 1997; 4-5). Unlike unconscious organic hybrids, they engage in dialogical actions of self-othering and self-re-fashioning. Thus, conscious intentional hybridity connotes a playful act of harnessing one's own multiplicity, rather than a non-creative compliance with implicit cultural codes.

With this in mind, LBR is a conscious intentional hybrid, because she challenges the cultural group she is ascribed to and the nation-state wherein she was born. Drawing on shock and provocation, she challenges both coexisting discourses through a disruption of the prime determinant of female immigrant identity —namely sexuality.

6. Bitchism — Re-labeling in the margin

Why using the word bitch which is traditionally associated with degradation and sexual submissiveness? LBR says: "Ich nehm den Begriff, kehr das um, [...] für mich ist eine Bitch was positives, für mich ist das eine Frau, die weiß was sie will, sie nimmt sich was sie will [...] Das ist für mich 'ne Bitch. Das ist was Positives" (LBR 2007; online).

Birgit Bütow explains the subversive power of using the label „Bitch" as taking it out of the context of the dominant culture's understanding and re-appropriating it as a resistance against the normative (Bütow 2011; S. 39). Therefore, self-imaging and/or self-conceptualizing oneself as a „bitch" elicits shock through the tabooed act of self-devaluation. This devaluation echoes back as assertiveness, due to its willful, and autonomous mode of articulation. Tellingly, 'bitch' is also indicating an unstable and degraded form of national identity, similar to how Salman Rushide calls himself „a bastard child of history" (Rushide 2010; S. 394). In many respects, 'being a bastard' resembles LBR's 'being a bitch' since both terms not only imply degradation, but also connote illicit sexual activity, the first as a product, and the latter as an active agent.

The abstract and invisible resistance of hybrid identity is converted into a concrete and visible demonstration of a grotesque exposure of the body. „The grotesque," Bakhtin says, „ignores the impenetrable surface that closes and limits the body as a separate and completed phenomenon" (Bakhtin 1968; S. 227). In this sense, the grotesque representation of the body establishes nothing but a citation of the incomplete, permeable character of cultural hybridity in LBR's performance. By the same token, that grotesque body—as a carnivalesque form of quoting in disguise—attacks dominant cultural values and inverts social hierarchies. As Bakhtinian scholars Ella Shohat and Robert Stam put it, the carnivalesque "turns conventional aesthetics on its head in order to locate a new kind of popular, convulsive, rebellious beauty: one that dares to reveal the grotesquery of the powerful and the latent beauty of the 'vulgar'" (Shohat; Stam 2010; S. 45). In Rosemarie Thomson's words, „the carnivalesque figure represents ,the right to be other' in this world, the right not to make common cause with any single one of the existing categories that life makes available; none of these categories quite suits them, they see the underside and falseness of every situation" (Thomson 2002; S. 247). This must be compared to what Bhabha describes as the "right to narrate"—the right to give an account of one's identity, even though it runs contrary to the dominant discourse and entails a radical cultural otherness (Bhabha 2003; S. 180).

This right to narrate might be acquired through building a discursive space, which Mae Michiko describes as the zone of indeterminacy ("Zone der Unbestimmtheit"), which is necessarily created by questioning traditional oppositions (Michiko 2007; S. 46). For Michiko, a precondition for the existence of that "zone" represents the potential subversion of existing power relations ("Möglichkeit der Subversion von bestehenden Machtverhältnissen"). This is enabled by a "Transdifferenz"—a transcendence of differences—as „the starting point of the resistance" of suppressed minorities and excluded Others (Michiko 2007; S. 46). The conceptual importance of the zone of indeterminancy is its spatial existence which enables the production of a subversive hybridity, beyond and besides the ideologically charged spheres such as the dominant and the diasporic. Thus, it brings to mind Bhabha's often quoted concept of the third space. According to Bhabha "the importance of hybridity is not to be able to trace two original moments from which the third emerges, rather hybridity (…) is the 'third space' which enables other positions to emerge" (Bhabha 1999; S. 211).

LBR moves in this third space by means of her grotesque body exposure—like the recurrent zoom-ins on her breasts in "Du Bist Krank." This represents her refusal to fit in the gendered norms, the conventional focus on national categories. "Bitchism" is thus a grotesque label that threatens to disrupt the semiotic taxonomy when it comes to gender and nationality. It dissolves the discursive correlation between female immigrant nationality and its subservient gender role, particularly regarding sexuality. It is LBR's exaggeration of her sexual agency that pushes her performance into carnivalesque vulgarity. In fact, the grotesqueness of her performance is produced by a transdifference—an explosion of the concepts associated with her double-marginality, i. e. her existence as a 'Kanack', and as a woman.

7. Conclusion

LBR herself formulates a feminist manifesto—"10 Gebote des Vagina Styles"—in which she states the precepts of her artistic intervention. It is important to note that all of her 'commandments' imply sexually liberating acts for women. Yet, what makes her art particularly provocative is not her feminism, but her feminism as a cultural hybrid. She is not only raising a voice for females, but specifically for females with immigrant background, whose sexual agency is all too often denied in the public discourse. While using her body as the primary material in her performance, her art undermines traditional rules of many Turkish immigrants. In fact, the inherent provocation of this body exposure as a 'Kanack' points to the sexual misconception of immigrants in Germany. That is to say, on the one hand, it highlights actual asymmetrical gender relations within the immigrant community, and thus it reveals the anxiety of many immigrants with regard to the 'sexually liberated' lifestyle of young women in Germany; on the other hand, it re-formulates the meta-discourse of the so called 'umbrella' (German) culture that sees female immigrant sexuality as non-liberated and under rigid patriarchal supervision.

The explicit sexual content in her art suggests that she might be seen in a tradition of provocative porn-art feminists such as Veronica Vera, Annie Sprinkle, or Carolee Schneeman, who are often considered to be the pioneers of the 'sexual revolution' occurring in the arts since the early 80s. Similar to these artists, LBR's body is the stage, on which gender-specific critique is re-invented and articulated. The mode of artistic articulation of feminist porn-artists is mimicry, through which the fetishist's gaze is over-aestheticized, and thus turned into the grotesque.

Yet, and this point shows also the artistic departure from other female rappers in Germany, LBR's performance offers another dimension to porn and gender critique—namely that of a transcultural identity. She draws the attention to integration, transcultural society, and specifically to the third generation of immigrants in Germany, all through a hyper-sexualization of her hybrid existence. This presents the ultimate thrust in her performance, because it reveals a provocation and a transgression of taboos on various levels.

As a woman and because of her immigrant background, LBR symbolizes a bilateral otherness, rather than unilateral one. Therefore, she brings the relationship between 'sex' and 'integration' into discussion. Hence, Vagina Kunst highlights and critiques categorical binaries such as women/men, lower-class/bourgeois, art/porn. This multidimensional maneuvering as a conscious intentional hybrid, challenges the tropes that undergird the cultures in post-migrational and post-colonial countries, since it re-claims cultural representation for hybridity.

Hence, LBR represents an alternation and change in the context of German society that differs from the usually invoked concepts of assimilation or acculturation. Rather, her performance underlines the dissonance and creativity in actual cultural processes. In post-migrational Germany, German womanhood cannot be understood without the invocation of immigrant womanhood. Analogously, Turkish immigrant womanhood cannot be conceptualized without the significant mark of female 'Kanackness.' The question is, however, where, how and to what extent re-combinations of cultural markers occur. After all, playful reshufflings of semiotics are most likely to be produced in the interstice—the cauldron of cultural metamorphosis. LBR moves exactly within these fleeting parameters of cultural identity and this renders her performance as a carnivalesque mis-quotation of her cultural environment. Viewed in this light, she not only exposes the pitfalls of traditional migration studies, but first and foremost, she reveals the political potential of popular culture, which, if deliberately seized as a stage, becomes a potent third space—a medium for the articulation of the non-discursive.

Literature

Bakhtin, Mikhail. (1963): Problems of Dostoevsky's Poetics. Emerson, C. (trans.) (1984) Minneapolis
Bakhtin, Mikhail. (1968): The Grotesque Image of the Body and its Sources. In Dentith S. (eds.) (1995): Bakhtinian Thought: an Introductory Reader. London, S. 225-253
Benhabib, Seyla. (2002): The Claims of culture— Equality and Diversity in Global Era. New Jersey
Bhabha, Homi. (1999): The Third Space. In: Rutherford, J. (1999) (eds): Identity, Community, Culture, Difference. London, S. 207-221
Bhabha, Homi. (2003): On writing rights. In: Globalizing right: Gibney, M.J. (1999) (eds.): The Oxford Amnesty Lectures. Oxford, S. 162-183
Bütow, Birgit. (2011): Gender trotz(t) Entgrenzung? Analysen zu Jugend, Alter und Geschlecht. In: Kleinau. E. und Maurer, S. (2011) (Hrsg.): Ambivalente Erfahrungen—(Re-)politisierung der Geschlechter. Opladen & Farmington Hills, S. 31-45
Derrida, Jacque. (1998): The Dangerous Supplement. In: Gayatri Spivak (1998) (trans.): Of Grammatology. Baltimore
Friedman, Susan Standford. (1998): Mappings—Feminism and the Cultural Geographies of Encounters. Princeton, New Jersey
Hoerder, Dirk; Hebert, Yvonne; Schmitt Irina. (2005): Introduction—Transculturation and the Accumulation of Social Capital: Understanding Histories and Decoding the Present of Young People. In: Hoerder, D.; Hebert, Y.; Schmitt I. (2005) (eds.): Negotiating Transcultural Lives—Belongings and Social Capital among Youth in Comparative Perspective. Göttingen, S. 11-39
Lübcke, Claudia. (2007): Jugendkulturen junger Muslime in Deutschland. In: von Wensierski, H. und Lübcke, C. (2007) (Hrsg.): Junge Muslime in Deutschland—Lebenslagen, Aufwachsprozesse und Jugendkulturen. Opladen & Farmington Hills, S. 285-319
Mae, Michiko. (2007): Auf dem Weg zu einer transkulturellen Genderforschung. In Mae, M. und Saal, B. (2007) (Hrsg): Transkulturelle Genderforschung: Ein Studienbuch zum Verhältnis von Kultur und Geschlecht. Wiesbaden, S. 37-51
Pyranja. (2007): Let's go Girl! Ein Gespraech mit der Rapperin Pyranja über Maedchen und Frauen im Hiphop. In: Rohmann, G. (2007) (Hrsg.): Krasse Töchter. Maedchen in Jugendkulturen. Berlin, S. 175-178
Rose, Tricia. (2008): The Hip-Hop Wars—What we talk when we talk about Hip Hop and Why It Matters. NewYork
Rushide, Salman. (2010): In Good Faith. In: Rushide, S. (2010): Imaginary Homelands—Essay and Criticisim 1981-91. USA, S. 393-415
Sackmann, Rosemarie. (2005): Transfer and Transformation Collective Identities and Religious Belonging of Turkish Immigrants in Germany. In: Hoerder, D.; Hebert, Y.; Schmitt I. (2005)

(eds.): Negotiating Transcultural Lives—Belongings and Socail Capital among Youth in Comparative Perspective. Göttingen, S. 69-91

Schaefer, Claudia; Schwarz Melissa. (2007): Zwischen Tabu und Liberalisierung—Zur Sexualität junger Muslime. In: von Wensierski, H. und Lübcke, C. (2007) (Hrsg.): Junge Muslime in Deutschland— Lebenslagen, Aufwachsprozesse und Jugendkulturen. Opladen & Farmington Hills, S. 251-185

Schneider, Rebecca. (1996): The Explicit Body in Feminist Performance 1963–1993. Binary Terrorism& The Body Made Explicit. Unpublished doctoral dissertation: New York University, Graduate School of Arts and Science. New York, S. 1-81

Shohat, Ella and Robert Stam. (2010): Narrativizing Visual Culture. In: Mirzoeff, N. (2010) (eds): The Visual Culture Reader. New York, S. 37-59

Smith, Andrew. (2008): Migrancy, hybridity and postcolonial literary studies. In: Lazarus, N. (2008) (eds.): The Cambridge Companion to Postcolonial Literary Studies. Cambridge, S. 241-262

Thomson, Rosemarie Garland. (2002): Theorizing Disability. In: Goldberg, D. and Quayson, A. (2002) (eds.): Relocating Postcolonialism. Oxford, S. 231-268

Vivian, Patraka: Binary Terror and Feminist Performance— Reading Both Ways. In: Discourse 14.2, Spring 1992, S.163-185

Werbner, Piane. (1997): Introduction: The Dialects of Cultural Hybridity". In: Werbner, P. and Modood T. (1997) (eds.): Debating Cultural Hybridity Multi-Cultural Identities and the Politics of Anti-Racism. London and New Jersey, S. 1-26

Wicker, Hans Rudolf. (1997): In: Werbner, P. and Modood, T. (1997) (eds.): Debating Cultural Hybridity Multi-Cultural Identities and the Politics of Anti-Racism. London and New Jersey

Yuval-Davis, Nira. (1997): Ethnicity, Gender Relations and Multiculturalism. n: Werbner, P. and Modood T. (1997) (eds.): Debating Cultural Hybridity Multi-Cultural Identities and the Politics of Anti-Racism. London and New Jersey, S. 193-209

Online Sources

Ray, Lady Bitch (2007): Online Interview —LBR bei Spiegel TV. 02.09.2007. [Access: 16.01.2009] http://de.youtube.com/watch?v=bB0ZacATx1o.

— (2007): Music Video —Du Bist Krank. [Access: 17. 05.2001.] http://www.youtube.com/watch?v=9Jt3G2OW7B4. Youtube.

— (2008): Online Interview —Super Freunde Neue Serie in BILD. In: Bild Unterhaltung Leute, 15.05.2009. [Access: 09.01.2009]. http://www.bild.de/unterhaltung/leute/lady-bitch-ray/lady-bitch-ray-in-neuer-bild-serie-6146894.bild.html.

Selbstverortung, Abgrenzung und Geschlechternormierung. Mediale Rezeptionsmuster in jugendlichen Gleichaltrigengruppen anhand des Manga *Death Note*

Ramona Kahl

1. Einführung

Medien insbesondere Massenmedien werden aus medienpädagogischer Perspektive als Sozialisationsinstanzen betrachtet (vgl. Süss 2004; Hajok 2006). Bezogen auf mediale Geschlechterdarstellungen besagt der sozialisationstheoretische Ansatz, dass in Medienangeboten mit der Darstellung von männlichen und weiblichen Protagonisten Vorstellungen über Mannsein und Frausein produziert werden, die Einfluss auf die gesellschaftlichen Geschlechterkonstruktionen und die individuelle Geschlechtsidentitätsbildung nehmen (vgl. Beinzger 2003; Luca 2003). Mit ihren attraktiven und zugleich wertend-normierenden Lebensentwürfen und Geschlechtskörperdarstellungen liefern Massenmedien Vorgaben, die im Besonderen von Heranwachsenden als vorbildhaftes Material zur Ausgestaltung ihrer Selbstinszenierung und Geschlechtsidentität eingesetzt werden (vgl. Luca 1998; Fritzsche 2007; Stach 2011). Die Identitätsarbeit der Jugendlichen findet primär in der Gleichaltrigengruppe statt, die sich altersbedingt bewusst von familiären Vorgaben abgrenzt und außerfamiliäre alternative Entwürfe sucht, wie sie die Medieninszenierungen anbieten.

Den sozialisatorischen Einfluss medialer Geschlechterinszenierungen bei Jugendlichen zu untersuchen ist vor allem bei Angeboten von Relevanz, die in hohem Maße oder ausschließlich von Heranwachsenden rezipiert werden und eine große Resonanz in der Altersgruppe aufweisen.[1] Ein aktuelles und bislang wenig erforschtes Jugendmedium stellen die erfolgreichen japanischen Jugendcomics – die sogenannten Manga – dar. Die international populäre Comiclektüre aus Fernost hat ihren Siegeszug in Deutschland Mitte der 90er Jahre angetreten

---

1   Unter Resonanz wird der wirtschaftliche Erfolg und vor allem die aktive Aneignung durch die Jugendlichen mittels eigener Medienproduktionen und kreativer Spielformen bis hin zur Ausbildung von Fanszenen zum Medienstoff verstanden (zur Vertiefung siehe Fritzsche 2003 / Wegener 2008 / Geimer 2010 / Stach 2011).

und dominiert mittlerweile den deutschen Comicmarkt (Dolle-Weinkauff 2010a; S. 89 f.). Sie wird vor allem von Jugendlichen und jungen Erwachsenen zwischen 12-24 Jahren gelesen. Unter ihnen findet sich eine breite, aktive Fangemeinde, die im Verbund mit weiteren japanischen Medienangeboten – Zeichentrickserien, Filmen, Musik, Computerspielen, etc. – eine eigene ‚Medienszene' im Spektrum der Jugendkulturen darstellt.

In ihren Erzählungen, der Bildsprache und der Figurentypologie gehen Manga innovative Wege innerhalb der Gattung Comic (vgl. Roedel 1996; McCloud 2001; Dolle-Weinkauff 2005) und bieten insofern neuartige (Körper-) Inszenierungen und Identifikationsoptionen an. Selbst jugendlichen Nicht-LeserInnen sind Inszenierungsformen, Narrative und Körperbilder im Manga-Stil vertraut, da sie neben der Präsenz in Computerspielen[2] vor allem über das Zwillingsmedium der Manga, die japanischen Zeichentrickserien (Anime), aus dem deutschen Fernsehen bekannt sind (Treumann et al. 2007; S. 143).

Bislang wurde das „Phänomen Manga" (Berndt) vor allem comictheoretisch, entwicklungsgeschichtlich und narratologisch betrachtet (vgl. Schodt 1986 und 2007; Berndt 1995; Philipps 1996; McCloud 2001; Dolle-Weinkauff 2005; Gravett 2006; Brunner 2009; Kahl 2009; Dolle-Weinkauff 2010a; Dolle-Weinkauff 2010b). Der vorliegende Beitrag untersucht das Comicphänomen im Hinblick auf seine Rezeption durch Jugendliche im Kontext der adoleszenten Geschlechtsidentitätsbildung. Fokus der Analyse sind die Aushandlungsprozesse und Normierungen der jugendlichen Gleichaltrigengruppen zu Fragen der Körperinszenierung und der Geschlechtsrolle anhand des Bildmaterials der Manga. Dabei werden sowohl die geschlechtsbezogenen Zuschreibungen, die von den Jugendlichen zum Bildmaterial vorgenommen werden, betrachtet („Attribuierung" von Geschlecht, Hirschauer 1993; S. 27), als auch die gruppeninternen Leitvorstellungen von Geschlechts- und Körperidealen analysiert. Die Kernfrage der Untersuchung ist: Welche geschlechtlichen Zuschreibungen und Normen werden anhand der Geschlechterdarstellungen des Comicmaterials von Jugendlichen in der Gleichaltrigengruppe etabliert?

2. Datenmaterial und Methode

Um dem Erkenntnisinteresse nachzugehen, werden Auszüge des Datenmaterials eines Forschungsprojekts zur jugendlichen Rezeption von Geschlechterdar-

---

2   Populäre Computerspiele mit Mangaästhetik sind etwa die Reihe *Final-Fantasy* Squaresoft/Square Enix seit 1987, *Neon Genesis Evangelion* Bandai 1999, *Record of Lodoss War* Bigben Interactive 2000, *Fiesta* Gamigo AG 2003-2008, *Elsword* KOG Studios 2007-2011

stellungen in Werbespots und Manga ausgewertet, das von 2008 bis 2009 an der Philipps-Universität Marburg durchgeführt wurde.[3] Zu Ergebnissen im Bereich Werbung siehe den Beitrag von Nina Friese in diesem Band. In der Studie ist je eine gemischtgeschlechtliche Jugendlichengruppe im Alter von 12-15 Jahren aus dem Gymnasial-, Real- und Hauptschulzweig befragt worden. Die Teilnehmer der Gruppendiskussionen sind per Zufallsprinzip aus einem schulischen Klassenverband zusammengestellt worden und die Gespräche fanden anstelle des Unterrichts statt.

Im Beitrag wird unter der zuvor genannten Fragestellung der Geschlechtsattribuierung und Normbildung die jugendliche Gruppenrezeption von Bildmaterial aus Manga untersucht. Die Rezeptionsmuster werden exemplarisch an einem Mangabild der Studie analysiert, das besonders expressive Reaktionen in den Jugendgruppen ausgelöst hat. Zunächst wird das Bild, bezogen auf seine Geschlechts- und Körperdarstellungen vorgestellt. Im zweiten Schritt und Schwerpunkt der Ausführungen wird die Rezeption der Abbildung durch die jugendlichen Mädchen und Jungen in den Gleichaltrigengruppen untersucht.

Als Interpretationsverfahren sowohl des Medienmaterials als auch der jugendlichen Verarbeitung wird die Tiefenhermeneutische Kulturanalyse nach Lorenzer verwendet (vgl. Lorenzer 1986; Kahl 2007; Bereswill / Morgenroth / Redman 2010). Der methodische Ansatz – die Verknüpfung der Inhalts- und Rezeptionsanalyse und ihre Auswertung mittels der Tiefenhermeneutik – basiert auf der Konversionsanalyse nach Prokop (Prokop / Stach / Welniak 2000; Prokop 2006; Prokop 2008; Bereswill / Morgenroth 2010).

Ein kurzer methodischer Exkurs zur näheren Erläuterung: Die verwendete Auswertungsmethode, die tiefenhermeneutische Kulturanalyse, ist ein psychoanalytisch fundiertes Interpretationsverfahren und basiert auf der Annahme, dass in Medienangeboten wie auch in sozialwissenschaftlichem Datenmaterial neben den intendierten und bewussten Aussagen und Affekten auch Nicht-Sagbares, Tabuiertes, unintendierte und unbewusste Anteile vorhanden sind, die zum Mitteilungsgehalt und seiner Rezeption beitragen. Mittels der Analyse der Gegenübertragung auf das Material (Text-Leser-Verhältnis) können dessen offenkundige und verborgene Mitteilungsebenen erschlossen werden, die im tiefenhermeneu-

---

3   Das Forschungsprojekt „Mediale Darstellungsformen von Weiblichkeit und Männlichkeit heute. Geschlechterdarstellungen in Werbespots und Comics in ihrer Vorbildfunktion für Jugendliche" wurde von Prof. Dr. Ulrike Prokop durchgeführt und vom Hessischen Ministerium für Wissenschaft und Kunst gefördert. Die Teilstudie im Bereich Comic untersucht die jugendliche Rezeption von Titelbildern und Narrativen japanischer Jugendcomics anhand zweier erfolgreicher Serien und fragt nach den Reaktionen und Einschätzungen der dargestellten Geschlechterverhältnisse, Gemeinschaftsformen und Konfliktlösungen durch Jugendliche verschiedener Bildungsniveaus und Milieuzugehörigkeiten.

tischen Sprachgebrauch als manifeste und latente Ebene bezeichnet werden (Lorenzer 2006; S. 178).

Das Verfahren, die tiefenhermeneutischen Ergebnisse der medialen Inhaltsanalyse und der Rezeptionsanalyse zu verknüpfen und aufeinander zu beziehen, erfolgt mit der eigens für dieses Erkenntnisinteresse entwickelten Methode der Konversionsanalyse von Prokop. Die Gruppenanalysen von Leithäuser und Volmerg (vgl. Leithäuser et al. 1977) liefern das Modell für die Erhebung der Rezeptionsweisen in Jugendgruppen. Die Analyse des Medienangebots und die Auswertung der Rezeptionsprotokolle erfolgt mit dem szenischen Verstehen der tiefenhermeneutischen Kulturanalyse.

3. Eindeutig uneindeutig: Geschlechts(körper)inszenierungen in japanischen Jugendcomics anhand der Serie *Death Note*

Das Bildmaterial der Rezeptionsanalyse entstammt der (inter-)national erfolgreichen Mangaserie *Death Note* (Ohba/Obata 2006-2008). Die Serie thematisiert den Drang nach einer eigenmächtigen Verbesserung der Welt und moralische Fragen von Gerechtigkeit und der Natur des Bösen (Brenner 2007; S. 32 und 221 ff.; Johnson-Woods 2010; S. 12). Es handelt sich um ein Angebot für eine adoleszente männliche Zielgruppe, die vom Verlag Tokyopop ab 15 Jahren empfohlen ist.[4] Die reale Leserschaft und Fangemeinde ist jedoch sowohl in der Alters- als auch der Geschlechtszugehörigkeit heterogen.

Die Rezeptionsanalyse wird anhand des Titelbilds des ersten Kapitels aus dem ersten Band vorgenommen, das Kapitel trägt den Titel „Langeweile" (Ohba/Obata 2006; S. 6-7). Anhand der ganzseitigen, schwarz-weißen Abbildung der beiden Hauptfiguren – der Jugendliche *Light Yagami* und sein dämonischer Begleiter *Ryuk* – werden ihre (Geschlechts-) Körperdarstellungen untersucht. Das Augenmerk der Analyse richtet sich auf die unterschiedlichen Signale für die Alters- und Geschlechtszugehörigkeit.

Die Abbildung zeigt zwei Personen bis zur Hüfte, die nebeneinander vor einer weißen Wand stehen und in Richtung des Betrachters blicken. Die Wand ist am linken Rand mit einem Größenmaßstab in Inch beschriftet und mit horizon-

---

4   Zum Inhalt: *Death Note* erzählt von *Light Yagami*, dem besten Mittelschüler Japans, der mit
     Hilfe eines magischen Buchs aus dem Dämonenreich – dem „Death Note" – die Welt verbessern
     möchte. Mit Hilfe des Buches beginnt er, alle Schwerverbrecher zu eliminieren und wird dabei
     von dem Todesgott *Ryuk* begleitet, dem früheren Besitzer des Buchs. Die mysteriöse Mordserie
     ruft die Vertreter von Recht und Ordnung auf den Plan, die den ominösen Killer und seine
     „Waffe" zu fassen bekommen wollen. Es entspinnt sich ein rasantes Katz-und-Maus-Spiel auf
     Leben und Tod zwischen Light und seinen Verfolgern.

talen Messlinien versehen. Der Maßstab an der Wand und die frontale Ansicht der Protagonisten erinnern an die Szene einer polizeilichen Gegenüberstellung in einem US-amerikanischen Kontext, wobei der Bildausschnitt die zwei Tatverdächtigen während der Gegenüberstellung präsentiert.

Gleichzeitig lenkt der Maßstab die Aufmerksamkeit auf den Größen- und Staturunterschied der beiden Personen und lädt zum Vergleich von Körperbau und Erscheinungsbild ein. Gemeinsam ist den beiden Figuren ihre scheinbar selbstverständliche Einordnung auf den ersten Blick – ein hübscher, unauffälliger Junge und ein entstelltes, gefährliches „Monster"[5]. Gemeinsam ist ihnen auch, dass diese erste Einschätzung bei genauerer Betrachtung aufgrund mehrdeutiger bzw. widersprüchlicher Zeichen und Merkmale v. a. bezüglich der Alters- und Geschlechtszugehörigkeit irritiert wird.

Bei der linken Gestalt handelt es sich augenfällig um einen Jungen, da sie mit einem weißem Hemd und Krawatte bekleidet ist, einen breiten Oberkörper aufweist und einen locker in die Stirn frisierten Kurzhaarschnitt trägt. Das Gesicht mit der kleinen Nase, dem schmalen Mund und den verhältnismäßig großen Augen ist unbewegt, die Züge kindlich und weich ohne markante Auffälligkeiten; sie verweisen auf ein Kind am Beginn der Pubertät.

Bei der Darstellung stehen zwar der Adamsapfel, der breitschultrige Oberkörper und die Kleidung als geschlechtlich kodierte Zeichen von Männlichkeit für einen jungen Mann. Doch fokussiert man die feinen, weichen, kindlichen Gesichtszüge, wird die Geschlechtszuordnung unklar; es könnte sich ebenso um ein Mädchen (in männlicher Kleidung) handeln. Die Kombination aus kindlichen und männlichen Attributen vereindeutigt eine Alters- und Geschlechtseinschätzung.

Bei der zweiten Figur finden sich zahlreiche divergierende Merkmale. So weist sie einen humanoiden Körperbau auf, doch mit ihren hervorquellenden schielenden Augen, der skelettartigen Nase, den spitzen Haifischzähnen und vor allem der groben Naht am Schultergürtel, die einen hellhäutigen, massigen Hals mit einem dunkelgrauen, knochig-ausgezehrten Rumpf verbindet vermittelt sie einen unmenschlichen und leichenartigen Eindruck. Die Gestalt ruft die Assoziation zu Frankensteins Monster hervor, das aus einzelnen Leichenteilen zusammen genäht ist (vgl. Shelley 1986); die körperlichen Besonderheiten und ihr assoziativer Kontext stellen sowohl das Menschsein als auch den Lebendigkeitsstatus der Gestalt zur Disposition.

---

5 Als Monstren gelten Wesen mit einem „chimärischen, zusammengesetzten Erscheinungsbild" (Brittnacher 1994; S. 184) auf der „Grenze zwischen Menschlichem und Nichtmenschlichem" (ebd.), deren „Gemeinsamkeit (...) in ihrer exzessiven Abweichung von der Norm physischer Integrität" (Brittnacher 1994; S. 183) besteht.

Zudem sind die Geschlechtsmerkmale widersprüchlich. Die Darstellung von männlichen Körpermerkmalen, die auf Kraft und Virilität verweisen (kantiger Kopf, dichte Haare, massiger Hals, breite Schultern) im Kontrast zu leichenhafter Ausgezehrtheit, femininer Schlankheit und Fragilität (schmaler Brustkorb, schlanke Taille, dünne Arme) eröffnen einen Spielraum der Geschlechtsattribuierung. Das gleiche gilt für Bekleidung und Körperschmuck. Das Gesicht ist entweder sehr blass oder weiß geschminkt, die Augen und der Mund sind mit unebenen schwarzen Strichen umrandet, die wie Make-Up aussehen. Die Gestalt trägt einen breiten Gürtel mit metallenen Ketten und Totenkopfschnallen und einen Ohrring aus Kettengliedern mit einem Metallherz. Hinter ihren Schultern befinden sich lange spitz zulaufende Ausläufer, bei denen es sich um ausgefranste Federn von Flügeln oder eine Federboa handeln mag. Die Inszenierung verweist gleichermaßen auf weiblich kodierte Darstellungspraxen (in Kleidung, Accessoires und Schönheitshandeln, vgl. Eicher / Roach-Higgins 1993; Degele 2004) wie auf jugendliche Szenestilisierungen der Rock- und Heavy-Metal-Szene (vgl. Baacke 2004; Pinczewski 2008).

Zudem werden männlich kodierte Körperattribute wie Größe und Breite bei der Gestalt künstlich verstärkt durch nach oben stehende Haare, die Federn neben den Schultern und eine weite Armhaltung. Die Statur und Raumbeanspruchung als Ausdruck von Maskulinität (Mühlen-Achs 1993; Gieske 1998) wird dadurch betont und optisch verstärkt, was im Zusammenhang mit den zerbrechlichen und femininen Körpermerkmalen die Männlichkeit der Figur eher als fragil denn potent erscheinen lässt.

Betrachtet man die Körperdarstellungen beider Figuren abschließend gemeinsam, enthalten beide sowohl Merkmale potenter, traditioneller Männlichkeiten – im einen Fall als körperliche Virilität, im anderen als sachlich-funktionale Rationalität – als auch kindliche bzw. unmenschliche und feminine Züge. Aufgrund dieser Komposition werden die auf den ersten Blick als männlich einzuordnenden Körper / Protagonisten mehrdeutig und verlieren an Trennschärfe bezüglich ihrer Geschlechtlichkeit und körperlichen Reife. Als solches bieten sie Anknüpfungspunkte unterschiedlicher Assoziationen und Attribuierungen.

Durch ihre Repräsentation von Körpern im Zwischenstadium und Übergang so mein Deutungsansatz bieten sie eine Analogie zur Jugendphase mit ihrem Moment des körperlichen Übergangs vom Kind zum Erwachsenen und eröffnen Projektionsmöglichkeiten jugendlicher Körperphantasmen: Angesichts des pubertären Wachstumsschubs und den Veränderungen des Geschlechtskörpers „entstellt" zu sein, den Körper in seiner Erscheinung nicht unter Kontrolle zu haben und aus disharmonischen Einzelteilen zusammengesetzt zu sein, ist

ein mögliches jugendliches Körpererleben das mit dem Bild des zusammenge-
stückelten, entstellten Monsterleibs korrespondieren kann. Ebenso bietet die Jungenfigur im Übergang vom Kind zum Erwachsenen Anknüpfungspunkte jugendlicher Selbstwahrnehmungen.

4. Wie gestaltet sich die Rezeption der Körperdarstellungen in der jugendlichen Gleichaltrigengruppe?

Das erste Ergebnis der Rezeption betrifft die Gesprächsdynamik. Die Diskussionen sind schwierig auszuwerten, da die Auseinandersetzungen innerhalb der Jugendgruppen zumeist schnell, laut, emotionalisiert und mehrstimmig verlaufen.
Kommentare erfolgen im Zwischenrufstil und die Phantasien zum Medienangebot
kleiden sich zunächst in unzugängliche Wort- und Zitierspiele. Die Rezeptionsprozesse in den Gruppengesprächen der Jugendlichen konnten erst im Laufe der
Interpretationsarbeit in verschiedenen Forschungsgruppen zugänglich gemacht
und in ihrem Rekurs auf das Bildmaterial gedeutet werden.

Des Weiteren ist die Gesprächsbeteiligung zwischen Mädchen und Jungen
auffallend disparat. Es zeigt sich eine deutliche Dominanz der männlichen Teilnehmer und die Zurückhaltung der weiblichen. In allen drei Befragungsgruppen
bestreitet eine Gruppe aus männlichen Sprechern und jeweils einer Sprecherin
im Schwerpunkt die Auseinandersetzungen.[6] Bei den männlichen Jugendlichen
handelt es sich augenscheinlich um die tonangebenden Sprecher innerhalb der
(Jungen-) Gruppe. Die Mädchen haben unterschiedliche Zugänge. In der Gymna-
siumsgruppe handelt es sich um eine per se engagierte Schülerin. In der Realschulgruppe ist die Sprecherin aufgrund ihres Faibles für japanische Zeichentrickserien
engagiert beim Thema. In der Hauptschulgruppe gehört das Mädchen zur Clique
der Jungen, die sich beteiligen. Die Gruppendiskussionen werden weitestgehend
von Aushandlungen unter den männlichen Akteuren bestimmt. Die Beiträge der
Sprecherinnen werden stellenweise in die Verhandlungen einbezogen, bleiben in
Teilen aber auch für sich stehen. Die anderen Gruppenmitglieder beteiligen sich
nur vereinzelt oder gar nicht am Diskussionsgeschehen. Die „Schweigergrup-
pe" besteht aus den weniger populären Jungen und der Mehrzahl der Mädchen.

Für die Rezeptionsstudie bedeutet das, dass die Themen primär von den aktiven, männlichen Sprechern platziert, ausgestaltet und verhandelt werden. Eine
Aussage über die Perspektive der Mädchen ist nur eingeschränkt sprich am Einzelfall möglich. Es zeigen sich hier Verwandtschaften zu anderen Rezeptionsstu-

---

6   Die Geschlechterverteilung in den Gruppen ist ausgeglichen.

dien in Jugendgruppen (vgl. Prokop / Stach / Welniak 2000; Prokop / Friese / Stach 2009) sowie Untersuchungen von Gruppendynamiken in Schulklassen (vgl. Faulstich-Wieland / Weber / Willems 2004).

5. Die Rezeptionsmuster in den gemischtgeschlechtlichen Jugendgruppen

Zentrales Ergebnis der Analyse der verschiedenen Gruppen ist, dass sich in der Auseinandersetzung mit dem Bildmaterial gemeinsame Themenschwerpunkte zeigen. In den Diskussionen etablieren die Jugendlichen der verschiedenen Gruppen und Schultypen auffallend parallele Geschlechternormen. Neben der Geschlechterfrage bildet die soziale Lage überraschend ein gemeinsames Kernthema der jugendlichen Rezeption. Es wird deutlich, wie wichtig den Jugendlichen die Selbstpositionierung im sozialen Gefüge ist. Ein weiteres wichtiges Ergebnis ist, dass die Rezeption geschlechtsdifferent verläuft und besonders die männlichen Jugendlichen expressiv auf die Manga-Darstellung reagieren.

Soziale Selbstverortung und Re-Inszenierung von Ausgrenzungserfahrungen

Die Auseinandersetzung der Jugendlichen mit Ihrem sozialen Status differiert gemäß der eigenen Verortung im sozialen Gefüge. Federführend in der Selbstpositionierung sind die Jungen, obgleich die vereinzelten Kommentare der Mädchen in dieselbe Richtung weisen.

An den Reaktionen auf den hellhaarigen Jungen mit dem ordentlichen Haarschnitt gekleidet in Hemd und Krawatte, manifestiert sich die soziale Selbstverortung der Jugendlichen. Sie dekodieren sein Aussehen und seine Kleidung als Ausdruck seines Bildungsniveaus und Distinktionsmerkmal der Zugehörigkeit zu einer gehobenen gesellschaftlichen Schicht, sein unauffälliges Äußeres lesen sie als charakterliche Angepasstheit an die gesellschaftlichen Normen und Werte.

An der Darstellung der Jungenfigur thematisieren vor allem die Jungen ihren Status in der Bildungshierarchie. Für die männlichen Gymnasialschüler ist er ein Gleichrangiger. Bereits der erste Kommentar von Patrick[7] „Der sieht aus, wie ich, der Junge." zeigt ihre positive Bezugnahme auf die Figur. Die Jungen in der Realschulgruppe betiteln ihn als „eingebildeten Schleimer"; sie reagieren negativ auf den wahrgenommenen Bildanteil des braven, angepassten Jungen. Dieses Image wird von ihnen abgelehnt so wie sie nach eigener Aussage auch die Streber vom Gymnasium ablehnen. Sie identifizieren die Figur als einen Repräsen-

---

7   Alle Namen der Jugendlichen sind anonymisiert.

tanten der Erfolgreichen im Bildungssystem, denen sie sich unterlegen fühlen. In den kritischen Kommentaren zu der Figur so meine Deutung wiederholt sich ihre Abwehr der eigenen sozialen Abwertung. Die Jungen in der Hauptschulgruppe wenden sich der Figur nicht näher zu, möglicherweise ihre Form der Ablehnung der wahrgenommenen Statusdifferenz.

Anhand der monströsen Figur wird das Thema der sozialen Abgrenzung und Ausgrenzung verhandelt und gruppenintern inszeniert. Die Gestalt wird von den Jugendlichen stets mit anwesenden Mitschülern verglichen. Dabei handelt es sich entweder um das Foppen von Freunden oder den Vergleich mit unbeliebten Mitschülern. In den beiden Gruppen, die einen deutlichen Außenseiter erkennen lassen – ein Junge in der Gymnasialgruppe und ein Mädchen in der Hauptschulgruppe – werden beide mit der Monsterfigur identifiziert. Der ernste Unterton und die Beschämung des Vergleichs mit dem Monster zeigen sich daran, dass beide nicht auf die Kommentare reagieren; Indiz eines Stigmatisierungsprozesses (vgl. Goffman 1967). In der Gymnasialgruppe beschränkt sich der Bezug auf die kurze Benennung optischer Ähnlichkeiten, während in der Hauptschulgruppe eine ausführliche Diffamierung des Mädchens durch die Sprecher und die Sprecherin in der Runde vorgenommen wird:

Carsten (mit hoher, verstellter Stimme): „Simone, wir haben dich gefunden. (in normale Stimmlage) Nur der ist schöner."

Boris: „Das passt wirklich genau auf die Simone. Guck mal die Augen, die Mähne, die dürren Ärmchen – (lauter) der Ausschnitt, der Ausschnitt!"

Mehrere Schüler lachen.

André: „Muss nur noch ne Brille aufhaben. Die Simone kann mit einem Auge schielen."

Dina (zu Simone): „Zieh mal kurz deine Brille ab. Ich will mal ganz kurz gucken."

Die Abnormalität der Monstergestalt ist Anlass zur Gruppeninszenierung sozialer Ausgrenzung. Sie wird in der gemeinsamen Abwertung einer unliebsamen Mitschülerin aufgeführt. Es entsteht eine Dynamik von Attacke und Beschämung mit einer klaren Opferposition. Sie hängt zum einen an der Wahrnehmung der Absonderlichkeit der Monsterfigur, die mit der Außenseiterposition der Klassenkameradin verknüpft wird. Zum anderen wird sie – betrachtet man den Gesprächsverlauf – hervorgerufen durch die Notwendigkeit einer Restabilisierung der Sprecherrunde. Zuvor ist es in der Jungenrunde zu einem internen Konflikt gekommen; mittels der kollektiven Ausgrenzung der Mitschülerin findet eine Selbstvergewisserung der Sprecher als Wir-Gruppe statt.

Der Unterschied zwischen den beiden Ausgrenzungsvarianten in den Jugendgruppen fußt nach meiner Einschätzung in ihren unterschiedlichen sozialen Lebenslagen und Lebenserfahrungen. Die Gymnasialschüler stellen die Bildungsspitze dar und sind weder von sozialer Abwertung bedroht noch unter Legitimierungsdruck (außer innerhalb der eigenen Leistungsgruppe). Dieser Erfahrungshorizont besteht jedoch für die jugendlichen Hauptschüler als den „Niedrigrangigen" des Bildungssystems.

Insgesamt zeigt sich, dass die Jugendlichen mit dem Thema des Bildungsstatus und der Außenseiterrolle auf eigene Lebenserfahrungen rekurrieren. Der wahrgenommene soziale Status der Jungenfigur führt zur Thematisierung der eigenen sozialen Lage. Die Andersartigkeit und körperliche Absonderlichkeit der Monstergestalt regt dazu an, gruppenintern den sozialen Ausschluss zu (re-) inszenieren. Besonders intensiv erfolgt das bei den Jugendlichen des unteren Bildungsniveaus, deren erlebte soziale Ausgrenzungserfahrungen am ausgeprägtesten sind, wie die Ergebnisse zur gesellschaftlichen Segregation und sozialhierarchischen Abgrenzung der Sinus-Milieu-Forschung nahe legen (Merkle / Wippermann 2008; S. 50 ff.).

Geschlechterdifferenz und traditionelle Männlichkeitsvorstellungen als etablierte Gruppennormen

Zur Frage der Rezeption der Geschlechterinszenierungen im Manga-Bild zeigt sich deutlich eine geschlechtsdifferente Rezeptionsweise. Die Jungen reagieren expressiv und debattieren heftig. Sie gleichen die als männlich identifizierten Protagonisten mit ihren Männlichkeitsvorstellungen ab. Die Figur des jugendlichen Jungen lädt sie zum Selbstvergleich ein. Es kommt zur Projektion eigener Erfahrungen auf die gleichgeschlechtliche Abbildung. In der Assoziation „er ist auf der Flucht, vor seiner Mutter; der hat sein Zimmer nicht aufgeräumt" (Thomas, Hauptschulgruppe) drückt sich exemplarisch ein solcher persönlicher, lebensweltlicher Bezug aus, der den eigenen Erfahrungshorizont auf die gezeigte Figur überträgt. Auch die Debatte um den sozialen Status ist ein Ausdruck des Selbstvergleichs der Jungen mit der präsentierten Figur. Die wahrgenommene Differenz zwischen dem eigenen Sozialstatus und der der Jungenfigur bei den Real- und Hauptschülern führt zu seiner Beschimpfung und Abwertung als „Schleimbolzen" und „schwul".

Eine heftige Auseinandersetzung um Männlichkeitsvorstellungen verläuft angesichts der Monstergestalt. Die männlichen Jugendlichen rufen ihre ersten anerkennenden Kommentare „cool" und „voll gut aussehend" lautstark in die Runde. Sie stellen einen inneren Bezug zu der Figur her und erkennen in ihr zuerst ein attraktives Bild von Männlichkeit. Bei längerer Betrachtung sorgen die Accessoires der Figur allerdings für Irritationen:

> *Bert (gerufen): „Der hat einen Ohrring an! Schwuchtel. Hässlich!" (Realschulgruppe)*
>
> *Carsten: „Wie `ne behaarte Britney Spears." (Realschulgruppe)*
>
> *Andre: „Der sieht gay aus. Den Großen mein ich." (Hauptschulgruppe)*

Die Jugendlichen gleichen die Figuren mit ihrem impliziten Männlichkeitsbild ab. Die Vorstellung von Männlichkeit, die dieser Prüfung zugrunde liegt, scheint sich an heterosexuellen und konservativen Normen von Männlichkeit zu orientieren. Zu ihnen gehört auf der Zeichenebene, dass Männer keine Ohrringe, Schmuck oder Federkragen tragen und sich nicht schminken; das gilt als unmännlich bzw. „schwul". Da die Monsterfigur der Männlichkeitsvorstellung der Jugendlichen in diesen Einzelaspekten widerspricht, wird sie kontrovers debattiert und schließlich mehrheitlich als homosexuell aus der Männergruppe ausgeschlossen.

Die Mädchen kommen im expressiven Austausch der Jungen selten zu Wort. Ihre Bemerkungen und Einwürfe zeigen jedoch einen anderen Rezeptionszugang. Die Jungenfigur betrachten sie als Entwurf eines männlichen Gegenübers und setzen sich zu ihm in Beziehung. Die Frage der erotischen Attraktivität ist das versteckte Thema. Es äußert sich leise in den gruppenübergreifenden Einwürfen „sexy" und verschafft sich Raum im Kommentar eines Mädchens in der Realschulgruppe: „Also der Junge sieht geil aus. Hammergeil! Er ist sexy. Backen Sie mir mal so einen." Sie thematisiert ihn offen als anziehenden Idealpartner. Ihre Mitschülerinnen grenzen sich mit der wiederholten Äußerung „Streberklamotten" hingegen von der Figur ab. Sie fokussieren die Bildungs- bzw. Milieudifferenz und schließen ihn von daher als adäquaten Partner aus.

Des Weiteren stellen die jugendlichen Sprecherinnen in den Gruppen Überlegungen zur emotionalen Verfassung des Jungen an: „Der Junge ist böse und lieb gleichzeitig. Er guckt ein bisschen deprimiert." (Dina, Hauptschulgruppe) „Es kann sein, dass die eigentlich zusammen als Team arbeiten." (Alice, Gymnasialgruppe) Sie versuchen einen Zugang zu der Figur über die Beschäftigung mit seiner Innenwelt bzw. seinen Beziehungsstrukturen herzustellen. Die Monsterfigur wird von den Mädchen entweder im Rahmen der zuvor dargestellten Auseinandersetzung um Andersartigkeit kommentierten oder im Hinblick auf die mutmaßliche Verbindung zu seinem Begleiter.

Insgesamt verweisen die Kommentare der Mädchen auf einen empathischen und beziehungsorientierten Zugang zu der Bildszene. Aufgrund der Einzelaussagen ist eine dezidierte Einschätzung ihrer Perspektive nicht möglich. Die erkennbare Tendenz weist jedoch Parallelen zu den beiden weiblichen Rezeptionsmustern des „Sein-in-Beziehung" und der „Parasozialen Beziehung" auf, wie sie für die Rezeption von Daily Soaps herausgearbeitet wurden (vgl. Götz 2003).

6. Fazit

Die Rezeption des Manga-Bilds der Serie *Death Note* zeigt, dass die Jugendlichen sich mit den Differenzkategorien Geschlecht und Status auseinandersetzen, um das Angebot einzuschätzen und sich dazu zu positionieren. Mit dem Thema des Bildungsstatus und der Außenseiterrolle greifen die Jungen und Mädchen sozialräumliche Zuschreibungen auf und (re-) konstruieren gesellschaftliche Gruppenbildungs- und Ausschlussverfahren, die entlang der eigenen sozialhierarchischen Position und sozialräumlichen Selbstverortung strukturiert sind. Die gesellschaftlichen Segregationsprozesse (vgl. Merkle / Wippermann 2008) können als Erfahrungshintergrund dieses Themas der jugendlichen Manga-Rezeption angenommen werden.

Die Debatte der Geschlechtskörperdarstellungen zeigt eine geschlechtsdifferente Perspektive. Die uneindeutige (Geschlechts-) Körperdarstellung stößt besonders bei den männlichen Jugendlichen auf starke Ablehnung. In den jungengeprägten Gruppendiskussionen wird ein tradiertes Männlichkeitsbild etabliert, das sich maßgeblich über die Ablehnung von Homosexualität und als „weiblich" Attribuiertem konturiert. Es lassen sich komplementäre Rollenbilder, die am Primat des Zwei-Geschlechter-Modells (Laqueur 1992; S. 176) und der Heterosexualität ausgerichtet sind, als Grundlage erkennen. Insgesamt rekurriert die Auseinandersetzung der männlichen Jugendlichen zu den Inszenierungen auf stereotype Geschlechtervorstellungen entlang traditioneller Männerbilder, zu denen ein komplementäres, hierarchisch untergeordnetes Frauenbild gehört. Ihr Gruppendiskurs etabliert eine starre Geschlechterpolarität, die nicht hinterfragt werden darf. Abweichungen führen zu Sanktion und Ausgrenzung (vgl. Bion 1974).

Angesichts der befragten Altersgruppe kann diese Rezeptionspraxis im Zusammenhang mit der altersspezifischen Orientierungssuche verstanden und als Phase innerhalb der Auseinandersetzung um Geschlechtsidentitäten aufgefasst werden. Die diesbezügliche Deutung versteht die Reaktionen der Jungen als Versuche, anhand körperlicher Merkmale eindeutige Geschlechterkonstruktionen vorzunehmen, um Sicherheit im Umgang mit den Geschlechterrollen und der eigenen Geschlechtsidentität zu gewinnen. Die Fokussierung der körperlichen Geschlechtsmerkmale sowie die Traditionalität der Geschlechterrollen und geschlechtlich kodierten Zeichen lassen sich als Wunsch nach Eindeutigkeit verstehen, der in der zweigeschlechtlichen Polarisierung die eigene Verunsicherung bannen will. Die Mädchen scheinen eher mit Beziehungs- und Partnerfragen beschäftigt, doch Näheres lässt sich aufgrund der vereinzelten Beteiligung nicht sagen.

Darüber hinaus zeigen sich geschlechtsbezogene Verknüpfungen der beiden Differenzkategorien in der Rezeption. Die Jungen betrachten die Jungenfigur aus der Perspektive einer gleichgeschlechtlichen Identifizierung. Je nach ihrem eigenen sozialen Status im Vergleich zu dem wahrgenommenen Status der Figur wird sie entweder als Idealselbst oder als soziales Abgrenzungsbild innerhalb der eigenen Geschlechtsgruppe wahrgenommen.

Die Mädchen hingegen weisen eine gegengeschlechtliche Rezeptionsperspektive auf, die die Jungenfigur als potentiellen Beziehungspartner wahrnimmt und anhand seiner Distinktionsmerkmale als attraktiv oder unpassend bewertet je nach eigenem sozialen Status bzw. Partnerideal.

Die analogen Ergebnisse der geschlechtsbezogenen Rezeption des Bildmaterials in allen drei jugendlichen (Bildungs-) Gruppen sind auffallend. Es gilt in weiterführenden Untersuchungen zu klären, ob die männliche Rezeptionslinie als Durchgangsphase zu verstehen ist und die Jugendlichen im Älterwerden zu mehr Offenheit im Umgang mit den Männlichkeits- und Geschlechterrollen gelangen oder es zu einer Stabilisierung der polaren Schemata kommt. Vorhandene Erkenntnisse im Feld der Männlichkeitsforschung und männlichen Identitätsbildung lassen beide Entwicklungen zu (vgl. Pohl 2004; King/Flaake 2005; Connell 2006; Matzner/Tischner 2008). Zudem gilt es eine breitere Erhebung der weiblichen Rezeptionsperspektive vorzunehmen, um Aussagen über ihre geschlechtsbezogenen Attribuierungsprozesse und Rollenmuster zu ermöglichen.

Ferner legt die Ausgrenzungsthematik im Material nahe, den Einfluss gesellschaftlicher Segregationsprozesse auf jugendliche Lebenserfahrungen näher zu untersuchen und ihren möglichen Zusammenhang mit Stigmatisierungen und jugendlichen Gewalthandlungen zu erforschen.

Bezogen auf das Thema der medialen Sozialisation von Geschlechtsidentitäten zeigen die Ergebnisse, dass die ambivalent-deutungsflexiblen (Geschlechts-) Körperdarstellungen im Manga-Bild von den Jugendlichen mit normierenden Vorstellungen von bzw. Wünschen nach polaren, eindeutigen Geschlechtszuordnungen beantwortet werden. Die Repräsentationen von Geschlechtern insbesondere Männlichkeiten, die das Manga-Material anbietet, führt zur Aktivierung tradierter Geschlechtervorstellungen, die von den Jugendlichen als Gruppennorm in der Rezeption etabliert werden. Sie grenzen sich darüber von den Geschlechtervorstellungen des Medienmaterials ab und rekurrieren auf ein traditionelles Männlichkeitsbild.[8] Welche Rezeptionsmuster sich bei jugendlichen Fans der Serie und ihren Figuren zeigen – sprich: ob sie positiv auf die mehrdeutigen Darstellungen reagieren und beispielsweise ein androgynes Geschlechterbild befürworten – gilt es weiterführend zu klären. Erste Einzelinterviews mit jugendlichen Manga-LeserInnen zwischen 12-18 Jahren, die ich zu dieser Frage im Jahr 2010 durchgeführt habe, verweisen darauf, dass die Figuren als attraktive Repräsentationen von Überlegenheit, Einzigartigkeit und (Omni-) Potenz gelesen werden und die Geschlechtsattribuierung entlang des ersten Eindrucks von mehrheitlich als männlich entschlüsselten Signalen vorgenommen wird. Merkmale, die dieser Zuschreibung entgegen stehen (könnten), werden nicht als solche Geschlechtssignale wahrgenommen, sondern tendenziell als Aussagen über spezifische Charaktereigenschaften gelesen. Weiterführende Untersuchungen zur Klärung des Manga-Einflusses auf die geschlechtliche Identitätsbildung entlang solcher Rezeptionsprozesse sind wünschenswert.

Literatur

Baacke, Dieter (2004): Jugend und Jugendkulturen. Darstellung und Deutung. 4. Aufl. Weinheim

Beinzger, Dagmar (2003): Filmerleben im Rückblick. Der Zusammenhang zwischen Filmrezeption und Geschlechtsidentität aus biographischer Sicht. In: Luca, R. (Hrsg.): Medien Sozialisation Geschlecht. Fallstudien aus der sozialwissenschaftlichen Forschungspraxis. München, S. 111-126

Bereswill, Mechthild/Morgenroth, Christine/Redman, Peter (2010) (Hrsg.): Special issue: Alfred Lorenzer and the depth-hermeneutic method. Psychoanalysis, Culture & Society Vol. 15, Issue 3

Bereswill, Mechthild/Morgenroth, Christine (2010): The depth-hermeneutic approach in cultural and media analysis. A conversation with Ulrike Prokop. In: Bereswill, Mechthild/Morgenroth, Christine/Redman, Peter (Hrsg.): Special issue: Alfred Lorenzer and the depth-hermeneutic method. Psychoanalysis, Culture & Society Vol. 15, Issue 3, S. 302-314

Berndt, Jaqueline (1995): Phänomen Manga. Comic-Kultur in Japan. Berlin

Bion, Wilfred R.(1974): Erfahrungen in Gruppen und andere Schriften. 2. Aufl. Stuttgart

Brenner, Robin E. (2007): Understanding Manga and Anime. Westport, Connecticut (USA)

Brittnacher, Hans Richard (1994): Ästhetik des Horrors. Gespenster, Vampire, Monster, Teufel und künstliche Menschen in der phantastischen Literatur. Frankfurt a. M.

---

8   Einen Zusammenhang zwischen traditionellem Männlichkeitsideal und adoleszenten Gewalthandlungen gegen Gleichaltrige, die ein androgynes Männlichkeitsbild präsentieren, thematisiert der Beitrag von Schuboth in diesem Band.

Brunner, Miriam (2009): Manga – Die Faszination der Bilder. München

Connell, Robert W. (2006): Der gemachte Mann. Konstruktion und Krise von Männlichkeiten. 3. Auflage, Wiesbaden.

Degele, Nina (2004): Sich schön machen. Zur Soziologie von Geschlecht und Schönheitshandeln. Wiesbaden

Dolle-Weinkauff, Bernd (2005): Manga – Eine Literatur der Globalisierung? In: Ders / Ewers, H. / Pohlmann, C. (Hrsg.): Kinder- und Jugendliteraturforschung 2004 / 2005. Frankfurt, S. 99-109

Dolle-Weinkauff, Bernd (2010a): Comics und kulturelle Globalisierung. Manga als transkulturelles Phänomen und die Legende vom „östlichen Erzählen in Bildern". In: Grünewald, D. (2010) (Hrsg.): Struktur und Geschichte der Comics. Beiträge zur Comicforschung. Bochum, S. 85-98

Dolle-Weinkauff, Bernd (2010b): Aktuelle Erscheinungsformen des Comic. Manga und Graphic Novel. In: Maiwald, K. / Josting, P. (Hrsg.): Jahrbuch Medien im Deutschunterricht 2009. Schwerpunkt Comics und Animationsfilme. München, S. 19-32

Eicher, Joanna B. / Roach-Higgins, Mary Ellen (1993): Definition and Classification of Dress. Implications for Analysis of Gender roles. In: Barnes, Ruth / Eicher, Joanna B. (Hrsg.): Dress and Gender. Making and Meaning. Providence und Oxford, S. 8-28

Faulstich-Wieland, Hannelore / Weber, Martina / Willems, Katharina (2004): Doing Gender im Schulalltag. Empirische Studien zur sozialen Konstruktion von Geschlecht in schulischer Interaktion. Weinheim und München

Fritzsche, Bettina (2003): Pop-Fans. Studie einer Mädchenkultur. Opladen

Fritzsche, Bettina (2007): Sozialisation und Geschlecht in der Medienkultur. In: Hoffmann, Dagmar / Mikos, Lothar (Hrsg.): Mediensozialisationstheorien. Neue Modelle und Ansätze in der Diskussion. Wiesbaden, S. 167-184

Geimer, Alexander (2010): Filmrezeption und Filmaneignung. Eine qualitativrekonstruktive Studie über Praktiken der Rezeption bei Jugendlichen. Wiesbaden

Gieske, Sabine (1998): Großer Mann und kleine Frau. Das ideale Paar im bürgerlichen Entwurf. In: Dies: Jenseits vom Durchschnitt. Vom Kleinsein und Großsein. Marburg, S. 61-93

Goffman, Erving (1967): Stigma. Frankfurt a. M.

Götz, Maya: Was suchen und finden Mädchen in Daily Soaps? In: Luca, R. (2003) (Hrsg.): Medien Sozialisation Geschlecht. München, S. 99-110

Gravett, Paul (2006): Manga. Sechzig Jahre japanische Comics. Köln

Hajok, Daniel (2006): Theoretische Konzepte und empirische Fakten zur Mediensozialisation. Fernsehen als Sozialisationsagentur Jugendlicher. In: Prokop, U. / Jansen, M. M. (Hrsg.): Doku-Soap, Reality-TV, Affekt-Talkshow, Fantasy-Rollenspiele. Neue Sozialisationsagenturen im Jugendalter. Marburg, S. 129-166

Hirschauer, Stefan (1993): Die soziale Konstruktion von Transsexualität. Über die Medizin und den Geschlechtswechsel. Frankfurt

Johnson-Woods, Toni (2010): Introduction. In: Ders (2010) (Hrsg.): Manga. An Anthology of Global and Cultural Perspectives. London und New York, S. 1-17

Kahl, Ramona (2007): Fantasy-Rollenspiele als szenische Darstellung von Lebensentwürfen. Eine tiefenhermeneutische Analyse. Reihe Kulturanalysen. Marburg

Kahl, Ramona (2009): Grimms Märchen im japanischen Comic. Ein Vergleich des Märchens und des Mangas »Die zwölf Jäger«. In: Hessische Vereinigung für Volkskunde (Hrsg.): Zwischen Identität und Image. Die Popularität der Brüder Grimm in Hessen. Hess. Blätter für Volks- u. Kulturforschung, Band 44 / 45. Marburg, S. 488-505

King, Vera; Flaake, Karin (2005)(Hrsg.): Männliche Adoleszenz. Sozialisation und Bildungsprozesse zwischen Kindheit und Erwachsenensein. Frankfurt

Laqueur, Thomas (1996): Auf den Leib geschrieben. Die Inszenierung der Geschlechter von der
Antike bis Freud. München

Leithäuser, Thomas / Volmerg, Birgit / Salje, Gunther / Wutka, Bernhard (1977): Entwurf zu einer
Empirie des Alltagsbewusstseins. Frankfurt a. M.

Lorenzer, Alfred (1986): Tiefenhermeneutische Kulturanalyse. In: Ders. (Hrsg.): Kultur-Analysen.
Frankfurt, S. 11-98

Lorenzer, Alfred (2006): Verführung zur Selbstpreisgabe. Psychoanalytisch-tiefenhermeneutische
Interpretation eines Gedichts von Rudolf Alexander Schröder. In: Ders: Szenisches Verstehen.
Zur Erkenntnis des Unbewussten. Hrsg. v. U. Prokop und B. Görlich. Marburg, S. 173-200

Luca, Renate (1998): Medien und weibliche Identitätsbildung. Körper, Sexualität und Begehren in
Selbst- und Fremdbildern junger Frauen. Frankfurt a. M.

Luca, Renate (2003): Mediensozialisation. Weiblichkeits- und Männlichkeitsentwürfe in der Adoleszenz. In: Dies (Hrsg.): Medien Sozialisation Geschlecht. Fallstudien aus der sozialwissenschaftlichen Forschungspraxis. München, S. 39-54

Matzner, Michael / Tischner, Wolfgang (2008): Handbuch Jungen-Pädagogik. Weinheim und Basel

McCloud, Scott (2001): Comics richtig lesen. Die unsichtbare Kunst. 5. Aufl. veränd. Neuausga-
be. Hamburg

Merkle, Tanja / Wippermann, Carsten (2008): Eltern unter Druck. Stuttgart

Mühlen-Achs, Gitta (1993): Wie Katz und Hund. Die Körpersprache der Geschlechter. München

Ohba, Tsugumi / Obata, Takeshi (2006-2008): Death Note. Bd. 1-12. Hamburg

Philipps, Susanne (1996): Erzählform Manga. Eine Analyse der Zeitstrukturen in Tezuka Osamus
„Hi no tori" („Phönix"). Wiesbaden

Pinczewski, Andreas (2008): Bilder des Schreckens. In: Geiger, A. (Hrsg.): Der schöne Körper.
Köln, S. 241-257

Pohl, Rolf (2004): Feindbild Frau. Männliche Sexualität, Gewalt und die Abwehr des Weiblichen.
Hannover

Prokop, Ulrike / Stach, Anna / Welniak, Christian (2000): Die Talkshow Arabella. Elemente einer Wir-
kungsanalyse. In: Lahme-Gronostaj, H. / Leuzinger-Bohleber, M. (Hrsg.): Identität und Differenz. Zur Psychoanalyse des Geschlechterverhältnisses in der Spätmoderne. Wiesbaden, S. 51-86

Prokop, Ulrike (2006): Einleitung. Der tiefenhermeneutische Ansatz in der Medienforschung. In:
Prokop, U. / Jansen, M. M. (Hrsg.): Doku-Soap, Reality-TV, Affekt-Talkshow, Fantasy-Rollenspiele. Neue Sozialisationsagenturen im Jugendalter. Reihe Kulturanalysen. Marburg, S. 13-26

Prokop, Ulrike (2008): Vorwort. In: Dies. (Hrsg.): Erziehung als Unterhaltung in den populären
TV-Ratgebern „Super Nanny" und „S.O.S. Schule". Reihe Kulturanalysen. Marburg, S. 7-32

Roedel, Christine (1996): Schön bis zur Unerträglichkeit. Rollenbilder im japanischen Comic und
Zeichentrick. In: Hackl, C / Prommer, E. / Scherer, B. (Hrsg.): Models und Machos? Frauen-
und Männerbilder in den Medien. Konstanz, S. 121-151

Schodt, Frederik L. (1986): Manga! Manga! The World of Japanese Comics. Tokyo

Schodt, Frederik L. (2007): Dreamland Japan. Writings on Modern Manga. 10. Aufl., Berkeley Ca-
lifornia

Shelley, Mary Wollstonecraft (2000): Frankenstein oder Der moderne Prometheus. Frankfurt a. M.
und Leipzig

Stach, Anna (2009): Exkurs. Schülerinnen und Schüler diskutieren Germany's Next Topmodel. In: Prokop, U./Friese, N./Stach, A. (Hrsg.): Geiles Leben, falscher Glamour. Beschreibungen, Analysen, Kritiken zu Germany's Next Topmodel. Reihe Kulturanalysen. Marburg, S. 159-188

Stach, Anna (2011) (Hrsg.): Männlichkeiten, Sexualitäten und Autorität im Fantasy-Land. Analysen zur Kino-Trilogie Der Herr der Ringe. Reihe Kulturanalysen. Marburg

Süss, Daniel (2004): Mediensozialisation von Heranwachsenden. Dimensionen – Konstanten – Wandel. Wiesbaden

Treumann, Klaus Peter/Meister, Dorothee M./Sander, Uwe/Burkatzki, Eckhard/Hagedorn, Jörg/Kämmerer, Manuela/Strotmann, Mareike/Wegener, Claudia (2007): Medienhandeln Jugendlicher. Mediennutzung und Medienkompetenz. Bielefelder Medienkompetenzmodell. Wiesbaden

Wegener, Claudia (2008): Medien, Aneignung und Identität. „Stars" im Alltag jugendlicher Fans. Wiesbaden

3

Institutionalisierte Jugendbildungs- und Kulturarbeit

Jugendkulturarbeit als Diskursfeld.
Aushandlungsprozesse um Anerkennung und Teilhabe

Elke Josties

Im Folgenden wird es darum gehen, anhand von kurzen Portraits fünf junger Erwachsener die Potenziale von Jugendkulturarbeit, bezogen auf die Vermittlung von Geschlechterkonstruktionen, Bildungsprozessen und Selbstinszenierungen zu rekonstruieren. Der Fokus liegt dabei auf der Sichtweise von Mädchen und jungen Frauen, ihren biografischen Zugängen zu Tanz, Musik und Theater und ihren spezifischen Aushandlungsprozessen um Anerkennung und Teilhabe im Kontext von sozialer Ungleichheit und Dominanz (vgl. Munsch 2010). Es handelt sich um Auszüge aus Gruppen- und Einzelinterviews, die im Rahmen einer vergleichenden euro-mediterranen Studie zu kulturellen, sozialen und politischen Partizipationschancen Jugendlicher und junger Erwachsener durchgeführt wurden.[1]

Jugendkulturarbeit (vgl. im Folgenden Josties 2010) ist eine spezifische Ausprägung der offenen Jugendarbeit, die in den 1980er Jahren ihren Ausgang nahm und seit den 1990ern insbesondere in urbanen Regionen starke Verbreitung findet. Ziel war es, die Angebote der Jugendarbeit durch profilierte künstlerisch-gestalterische Angebote attraktiver zu machen und jugendkulturellen Szenen ange-

---

1 Studie: „Vergleichende Ethnographie gesellschaftlicher Teilhabe von Jugendlichen (EUROMED)"
(Ethnographie comparée des participations publiques des jeunes). Dieses Forschungsprojekt der
Alice Salomon Hochschule Berlin ist das eigenständige Teilprojekt eines euro-mediterranen
Netzwerkes, an dem Partner aus Frankreich (IRTS Aquitaine, IRTS Bretagne, Universität
Rennes 2), Tunesien (ISAJC Université Tunis) und Marokko (IRFC Rabat) beteiligt sind.
Chancen und Schwierigkeiten sozialer, kultureller und politischer Partizipation werden am
Beispiel von Jugendlichen, die sich informell oder in Projekten der Jugendkulturarbeit orga-
nisieren, analysiert. Dabei werden in jedem der vier Partnerländer vergleichend urbane wie
auch ländliche sozialstrukturell benachteiligte Regionen untersucht. Die deutsche Teilstudie
bezieht sich auf einen Berliner Innenstadtbezirk und die Region Brandenburg. In der empirischen Forschung werden die teilnehmende Beobachtung, die Kameraethnographie sowie
Einzel- und Gruppeninterviews angewandt. Die Auswertung der Interviews erfolgt mit Hilfe
einer eigens entwickelten Variante der Methode der objektiv hermeneutischen Interpretation
(vgl. dazu Wernet 2000). Die hier vorgestellten Interviewbeispiele stammen aus den Jahren
2010/2011. Personenbezogene Angaben sind anonymisiert, das gilt entsprechend für die Namen
der Jugendfreizeiteinrichtungen und für spezifische Ortsangaben. (Projektleitung und Kontakt:
Elke Josties, www.ash-berlin.eu/hsl/josties)

messen Raum sowie gezielte Förderung zu bieten. Jugendkulturarbeit ist durch freiwillige Teilnahme gekennzeichnet und zielt auf die Entwicklung von Lebenskompetenzen, die Übernahme von Prinzipien sozialer und gesellschaftlicher Verantwortung, die Förderung von Eigenverantwortung und Partizipation und auf den Ausgleich und die Vermeidung von Benachteiligungen. Kulturelle Bildung ist als Schwerpunkt von Jugendarbeit gesetzlich im SGB VIII, §11, Abs. 3 verankert. Jugendkulturarbeit folgt einem Verständnis von kultureller Bildung, das selbstorganisiertes ästhetisch-gestalterisches Handeln und Lernen in Gleichaltrigengruppen mit einem starken lebensweltlichen Bezug in den Mittelpunkt rückt. Jugendkulturarbeit ist grundsätzlich zieloffen. Es gibt keine Curricula; im Gegensatz zur Schule entscheiden die Jugendlichen selbst, welche Musik sie spielen lernen und welche Ziele sie damit verfolgen, ob sie an einem Tanzworkshop teilnehmen oder welche Themen sie in einem Theaterprojekt erarbeiten und darstellen wollen. Es gilt, im Sinne des Empowerments an die vorhandenen Ressourcen Jugendlicher, an ihre Interessen und Fähigkeiten, anzuknüpfen und diese zu stärken. Jugendkulturarbeit bedeutet Bildung zur kulturellen Teilhabe insbesondere mit Bezug auf jugendliche Lebenswelten und die jeweils aktuellen jugendkulturellen Szenen. Im Kontext szeneorientierter Jugendkulturarbeit übernehmen junge Szeneakteure selbst maßgeblich die Vermittlung künstlerisch-gestalterischer Fähigkeiten und Fertigkeiten. Insbesondere für die jungen AnleiterInnen oder TrainerInnen bietet Jugendkulturarbeit unkonventionelle Wege der Qualifizierung und Gestaltung des Übergangs ins Erwerbsleben (vgl. Josties 2008). Geschlechterreflexive Konzepte (vgl. Voigt-Kehlenbeck 2003) sind in der Jugendkulturarbeit in unterschiedlichen Varianten entwickelt – bezogen auf die Zielgruppenorientierung, auf koedukative und geschlechtshomogene Arbeit, auf die Rolle der MitarbeiterInnen und die Inhalte und Ziele der Workshops und Projektangebote. Jugendkulturarbeit ist gefordert, jeglichen Diskriminierungs- und Ausgrenzungsprozessen entgegenzuwirken und die Inklusion Jugendlicher unterschiedlicher geschlechtlicher, sozialer, ethnischer, kultureller und religiöser Herkunft zu leisten. Im Sinne von Gender und Diversity Mainstreaming bergen innovative Jugendkulturprojekte das Potenzial, stereotype Bilder aufzubrechen und neue hybride und kreative Ausdrucksformen zu fördern und zu kreieren.

Die beiden Projekte der Jugendkulturarbeit, die im Folgenden thematisiert werden, sind in der Berliner Innenstadt angesiedelt. Das Jugendkulturzentrum (im Folgenden kurz: JUKUZ) ist eine große bezirkliche Einrichtung mit dem Schwerpunkt szeneorientierte Musik- und Tanzförderung. Die Jugendtheaterinitiative (JTI) ist ein Theaterprojekt, in dem Jugendliche und junge Erwachsene eigene Theaterstücke erarbeiten und ein Jugendtheaterfestival organisieren. In beiden Projekten arbeiten PädagogInnen, KünstlerInnen und junge Szeneakteure mit, die vorwiegend in der Rolle der ModeratorInnen agieren (Josties 2008; S. 22ff.). Charakteristisch für beide Beispiele sind die soziale Heterogenität der Zielgruppen, der hohe Anteil an Jugendlichen und jungen Erwachsenen aus Familien mit Migrationsgeschichte und das starke und öffentlichkeitswirksame Engagement gegen jegliche Formen der Diskriminierung und des Rassismus.

1. Sich beim Tanzen frei fühlen – Tanja, Breakdancerin

Tanja ist 1989 in Bulgarien geboren und zum Zeitpunkt des Interviews 21 Jahre alt. Aufgewachsen ist sie in der Stadt Rousse (eine große Industriestadt im Norden Bulgariens) und dann mit zwölf Jahren nach Berlin gezogen. Dort wohnt sie in einem Vorort mit ihrer Mutter und ihren Brüdern, alle anderen Verwandten leben in Bulgarien. Tanja hat die Oberschule mit dem Realschulabschluss beendet. Derzeit arbeitet sie als Callcenter-Agentin für einen Telekommunikationskonzern. Ihr Zukunftswunsch ist, Gerichtsmedizinerin zu werden. Tanja nimmt im JUKUZ am Breakdancetraining für Mädchen teil und ist im offenen Bereich der Jugendarbeit aktiv. Mittlerweile bietet Tanja im Auftrag des JUKUZ eigene Breakdance-Workshops an.

Sich beim Tanzen frei fühlen – einen eigenen Tanzstil entwickeln

Als wichtigstes Motiv, tanzen zu wollen, beschreibt Tanja das Gefühl von Freiheit:

> *„Meiner Meinung nach ist das der Grund, warum viele tanzen, weil man sich da drin also frei fühlt. Man kann selbst entscheiden, was für Schritte man macht, wie man jetzt tanzt. Ob's passt oder nicht, ist egal. Hauptsache, man tanzt. Und man fühlt sich halt gut dabei und das hält auch fit und macht schon Spaß".*

So wie Tanja das Tanzen erlebt, kann sie selbst entscheiden, wie sie tanzen möchte. Manche Musik ist für sie unmittelbar mit Bewegung verbunden:

> *„Wenn man manche Musik hört, man kann nicht still sitzen. In der U-Bahn auch, wenn man still sitzt, man hört Musik, dann läuft schon vor einem so ein Film ungefähr, wie das so aussehen soll, das fängt schon ganz früh an".*

Tanja betont, im Prinzip könne man jedoch jede Musik zum Ausgangspunkt nehmen. So hätten die *Flying Steps*, vierfacher Weltmeister im Breakdance aus Berlin, bei ihrem „Red Bull Flying Bach Projekt" Klassik mit Breakdance gemischt

– „das haben die richtig toll gemacht, mit den richtigen Sachen kann man das richtig schön zusammen mischen". Doch um seine „Schritte zu machen", brauchte man eigentlich keine Musik mehr zu hören:

> *„Aber nach einer Zeit hat man eigene Facetten entwickelt, sein eigenes Rhythmusgefühl. Und dann braucht man keine Musik mehr zu hören. Dann kann man das schon von alleine. Viele machen das nach dem Herztakt, viele. Man hört das dann nämlich selber. Und dann tanzt man danach oder bildet sich noch einen Ton mit ein. Dann stellt man sich das so vor. Also so ist das bei mir".*

Breakdance bietet demnach Tanja die Möglichkeit, sich unabhängig von Vorgaben zu entfalten, ganz im Einklang mit ihrem eigenen Körper. Tanja mag sich keinem bestimmten Stil zuordnen:

> *„Und ja, dann braucht man auf die Musikrichtung nicht zu achten. Es ist zwar eingeteilt, Breakdance-Musik ist Breakbeat, HipHop-Musik HipHop, House-Dance House und, klar, aber man kann eigentlich, wenn man sich das richtig im Kopf denkt, kann man zu allem tanzen, sind viele Seiten drin".*

Diese vielfältigen Möglichkeiten möchte Tanja ausschöpfen, sich dabei nicht festlegen – und frei fühlen.

Die Atmosphäre geht verloren – Konkurrenzkampf in der Breakdance-Szene

Doch beim Training und vor allem bei den Battles komme schnell Konkurrenz zum Tragen, die das freie, selbst bestimmte Training untergrabe, beklagt Tanja:

> *„Viele, viele, wie soll ich sagen, sind, ich will nicht abgehoben sagen, aber viele sind in eine andere Richtung gegangen. Die sagen sich, okay, ich trainiere jetzt für mich alleine, die Anderen interessieren mich nicht. Eigentlich ist es schon eine ganz gute Weile so. Aber das Problem ist: Jeder fängt so an. Und dann hilft keiner mehr Anderen, die neu dazu kommen. Und die Atmosphäre geht so verloren, wenn man trainiert. Jeder bleibt in seiner Ecke und sagt, ‚Oh mein Gott, ich trainiere jetzt bloß nicht zu viel, sonst guckt der und der ab.‘ Das ist blöd geworden".*

Diese Haltung beobachtet Tanja vorwiegend bei den Jungen in der Breakdance-Szene. Tanja räumt ein:

„Okay, beim Battle muss man die Jury überzeugen. Aber das kann man auch nicht tun wenn man macht und macht und macht und macht. Da muss auch Herz dabei sein. Man kann nicht sich jetzt einfach wie eine Maschine da hinstellen und sagen, okay, ich mach das jetzt, weil ich gewinnen will, sondern ich mach das jetzt aus Spaß, weil ich Spaß daran habe. Ich will einfach Spaß haben. Wenn ich gewinne, gewinne ich. Wenn nicht, na ja, dann eben nächstes Mal. Dann trainiere ich halt härter. Und dann gewinne ich nächstes Mal. So viele haben da die Meinung geändert und gewinnen auch... ‚Ich bin besser als du. Und ich bin besser als der.‘ So ist das geworden. Und das ist sehr schade“.

Tanja lehnt den Wettkampf nicht grundsätzlich ab. Sie möchte aber nicht darauf fixiert sein und die Zugänge speziell für Mädchen erleichtern.

Wenn man nicht anfängt, klappt das nie – Mädchenförderung in der Breakdance Szene

Tanja meint, dass es aufgrund dieser konkurrenzbetonten Atmosphäre dazu gekommen sei, dass die Mädchen und Jungen „ein bisschen auseinander trainieren". Das bedeutet, es gibt im JUKUZ und anderen Jugendclubs Trainingszeiten, die nur Mädchen vorbehalten sind. Das offene Training unter Mädchen und jungen Frauen erlebt Tanja weniger konkurrenzbetont:

„Also erwärmen tut sich jeder selber. Und es fängt so an: Man geht halt da hin, wärmt sich auf, macht seine Schritte. Wenn man Fragen hat, kann man zu jedem Einzelnen gehen. Es kommen auch andere ab und zu, zu dir und sagen, ‚Guck mal, das war aber nicht ganz richtig. Mach das lieber so und so. So ist's einfacher.‘ Jeder bringt sich da so gegenseitig etwas bei“.

Tanja selbst trainiert sowohl mit Mädchen als auch Jungen. Sie findet es schade, dass die Mädchen „wieder extra" trainieren (es gab wohl mal andere Zeiten), aber derzeit seien in Berlin sehr wenige, „insgesamt vielleicht zwanzig Mädchen, die wirklich Breakdance tanzen". Und die meisten von ihnen trauten sich nicht, mit Jungen zu trainieren, erst recht nicht, sich an Battles zu beteiligen:

„Aber bei Battles ist es häufig, dass die Mädchen sich sagen, ‚Nein, guck mal, ich schäme mich‘ oder ‚Die sind sowieso besser‘. Und ich versuche denen irgendwie klar zu machen, dass es egal ist, ob die besser sind oder nicht. Es geht darum, einfach rein zu gehen und seine Erfahrung zu sammeln, weil wenn man nicht anfängt, klappt das nie“. Tanja will demnächst Battles veranstalten „für Mädchen, die sich zum Beispiel nicht so ganz trauen, dass ich

sage, so Newcomer, alle, die jetzt neu anfangen, die machen ein Battle, damit sie einen kleineren Schritt vorangehen. Weil, wenn sie sich das getraut haben, dann trauen sie sich vielleicht auch mehr. Und da will ich noch ein bisschen was erreichen".

Tanja ist bei ihrem ersten Battle, dem 1. Mai Battle, nur zweite geworden, sie betont das „nur", weil augenscheinlich nur der erste Platz wirklich zählt. Doch zugleich meint sie, sie könne akzeptieren, dass die Erstplatzierte besser beurteilt wurde und behauptet, sie sei mit ihrem zweiten Platz zufrieden – „ist auch gut, hat Spaß gemacht". Tanja will sich unabhängig vom Wettkampf ihren Genuss nicht nehmen lassen. Sie will eigentlich frei vom Urteil Dritter tanzen: „Du tanzt für dich selber. Es muss dir gefallen und nicht den anderen, wenn du Breakdance machst oder irgendwie anders tanzt. Du musst dich gut dabei fühlen. Dass der Andere eine Meinung über dich hat, ist egal". Sich diese Haltung zu bewahren, trotzdem in der Breakdance-Szene die wichtigsten Auftritte mit Battles verbunden sind, ist eine Gratwanderung.

Da lacht mein Herz schon wieder – eine einzigartige Erfahrung der Begegnung

Tanja bietet im Auftrag des JUKUZ sowohl in Berlin als auch im brandenburgischen Umland Tanzworkshops an. Damit könne sie Menschen bewegen, zum Beispiel wenn sie kurdische Kinder zum freien Tanzen ermuntere und spüre wie positiv dies ankomme. Ein Höhepunkt war für Tanja das äußerst positive Feedback, dass sie als Tanzanleiterin für einen Workshop mit Kindern in ihrer bulgarischen Heimatstadt Rousse geerntet hatte: „Da lacht mein Herz schon wieder, wenn ich daran denke". Die Kinder haben für sie zum Dank einen Überraschungstanz aufgeführt und Tanja und ihren Co-Teamer auf zwei „Kronenstühlen" platziert und geehrt. Tanja ist beim Erzählen gerührt: „Wir konnten nicht mehr, es war für uns so ein Glücksgefühl, dass die da wirklich so fasziniert von waren, dass die für uns was gemacht haben. Das war eine einzigartige Erfahrung. So was vergisst man nicht".

Bedeutsam für Tanja war hier aber nicht nur die Anerkennung ihrer Leistungen als Tänzerin. Sie spielte bei diesem Workshop eine Schlüsselrolle. Sie war Tänzerin, Anleiterin und Dolmetscherin, die drei Sprachen (Bulgarisch, Englisch und Deutsch) beherrschen musste. Sie war auch Veranstalterin, die vieles organisieren musste und vor allem zwischen unterschiedlichen (Tanz-) Kulturen vermittelt hat. Tanja erlebte als Besucherin ihres Heimatortes die Ernte neu gewonnener Kompetenzen – im Tanzen aber auch als Mittlerin in der interkulturellen Verständigung. Dies war für sie eine zutiefst berührende Erfahrung.

2. Einfach machen und zeigen, das geht auch – *Ska Oriental,* Musikband

Die Band *Ska Oriental* entstand in der Folge eines Schulworkshops, den das JU-KUZ für SchülerInnen aus dem im Bezirk Kreuzberg anbot. Im Rahmen dieses Workshops fanden einige Mädchen erstmalig Zugang zum Musizieren. Zum Kern der Gründungsmitglieder der Mädchenband gehörte die Sängerin Songül. Sie war Fan der türkischen Band *Athena*, die eine Ska-Punk-Musik gemischt mit orientalischen Klängen spielte und beim Eurovision Song Contest 2004 mit dem Titel „For Real" den vierten Platz erzielte. Söngül wollte gerne ähnliche Musik spielen – orientalische Skamusik mit selbstgeschriebenen türkischsprachigen Texten. Die Band begann als Schülerinnengruppe. Sie ist multiethnisch zusammengesetzt und spiegelt die für den Berliner Innenstadtbezirk typische kulturelle Diversität wider. Zur Band gehörten zum Zeitpunkt des Interviews eine Sängerin, eine Schlagzeugerin, eine Bassistin, eine E-Gitarristin, ein Bläserinnenensemble und seit neustem ein Saz-Spieler. *Ska Oriental* ist nach einer zweijährigen Phase des musikalischen Coaching durch eine Mitarbeiterin des JUKUZ eine eigenständige Band geworden, die sich selbst ihre Regeln und ihr Programm gibt. Die Bandmitglieder bestimmen über ihr Repertoire, entwickeln eigene Musikstücke oder Coverversionen, arbeiten in ihren Proben gemeinsam an den Musikarrangements und kreieren auf diese Weise ihre eigene Form des musikalischen Cross-Over. Die Band nutzt ihren Probenraum eigenständig und profitiert darüber hinaus von den Angeboten des JUKUZ: dem Tonstudio, den Probenmöglichkeiten bei Partnern in Brandenburg und den Auftrittsmöglichkeiten in Berlin, in der Region und manchmal auch andernorts. Mittlerweile haben mit der Ausnahme des einzigen männlichen Mitglieds Ahmed alle Bandmitglieder die Schule mit dem Abitur abgeschlossen und studieren. Die Kernband ist schon seit sechs Jahren zusammen und kann auf viele Auftritte mit eigenem Repertoire zurückblicken. Heute haben die Bandmitglieder weniger Freizeit, doch zur Probe und zu Auftritten treffen sie sich weiterhin. Drei Bandmitglieder sprechen in einem Gruppeninterview über ihre Erfahrungen mit *Ska Oriental:*

Sophie ist 1986 in Bern in der Schweiz geboren und seit ihrem zweiten Lebensjahr in Berlin-Innenstadt aufgewachsen. Zum Zeitpunkt des Interviews war sie 24 Jahre alt. Sie hat die Oberschule besucht und dort Abitur gemacht. Derzeit studiert sie Geoökologie an der Universität Potsdam. Sophie hat beim Kinderzirkus (ein pädagogisch betreutes Projekt) ein wenig Schlagzeug spielen gelernt.

Im Rahmen der Bandproben im JUKUZ lernte sie mit Hilfe der Bandanleiterin hinzu. Mittlerweile nimmt sie Einzelunterricht am Schlagzeug. Sophie hat von Anfang an in der Band *Ska Oriental* mitgespielt, gehört aber nicht zu den Gründungsmitgliedern.

Alice ist 1990 in Berlin geboren und war zum Zeitpunkt des Interviews 21 Jahre alt. Sie ist deutsch-iranischer Herkunft und seit 2007 Bandmitglied von *Ska Oriental*. Ihr Bruder war bereits als Rapper im JUKUZ aktiv. Sie selbst lernte an der Musikschule Gitarre spielen. Alice hat gerade das Abitur gemacht und leistet derzeit ein Praktikum im Krankenhaus. Sie möchte Medizin studieren und dann Hautärztin zu werden. Alice ist zufällig über den Kontakt zu einem Bandmitglied in die Band und zum JUKUZ gekommen.

Ahmed ist 1989 in Berlin geboren und war zum Zeitpunkt des Interviews 21 Jahre alt. Er ist als Kind einer türkischstämmigen Familie aufgewachsen und seit 2005, seit seinem 16. Lebensjahr intensiver Nutzer des JUKUZ. Ahmed hat die Hauptschule mit dem mittleren Schulabschluss abgeschlossen und dann eine Ausbildung zum Fahrradmonteur absolviert. Mittlerweile arbeitet er in einem Fahrradladen. Der Erstkontakt mit dem JUKUZ ergab sich über Ahmeds Teilnahme an einem Schulworkshop, den es für seine Hauptschule veranstaltet hatte. Ahmed begann Musik zu machen, zunächst als Schlagzeuger unter Anleitung eines Mitarbeiters des JUKUZ, später dann im Unterricht an der Saz, den ein Musiker der türkischen Musikschule im JUKUZ anbot, und seit einem Jahr als Saz-Spieler in der Band *Ska Oriental*.

In einigen besonders dichten[2] Erzählpassagen des Gruppeninterviews brachten die Bandmitglieder von *Ska Oriental* folgende zentralen Themen zum Ausdruck: Umgang mit Differenzen; Entstehung von musikalischem Cross-Over, Performanz von Diversität und Vielfalt.

Eigentlich könnten wir das ausprobieren – Umgang mit Differenzen

Ska Oriental ist eigentlich eine reine Mädchenband. Das war nie Konzept, das war einfach so. Wenn Bandparts ersetzt werden mussten, wurden stets nur Mädchen als neue Bandmitglieder gesucht. Für Ahmed war der Einstieg in die Band *Ska Oriental* nicht selbstverständlich. Seine Geschichte begann mit einer zufälligen Begegnung. Er hörte der Band beim Proben im offenen Bereich zu: „Hab dann mal gesagt, dass ich's schön finde und so, dass ich auch Saz spiele. Und da

---

2   Gemeint sind Passagen des Gruppeninterviews mit einer interaktiven und/oder erzählerischen Dichte (vgl. Bohnsack et al 2007)

kam irgendwie ne Diskussion oder was weiß ich, und dann meinten sie – irgendwas habt ihr gemeint".

Augenscheinlich gab es in der Band zunächst Diskussionsbedarf, bevor Ahmed aufgenommen werden konnte. Er war somit von der Gunst der Bandmitglieder abhängig. Nun stand mit Ahmed die unausgesprochene Selbstdefinition als reine Mädchenband zur Disposition. Eine andere Besonderheit dieser Band wurde wichtig – ihre Bezugnahme auf orientalische Musik und die von der Sängerin Songül verfassten türkischsprachigen Liedtexte. Alice erklärt, es habe damals gerade einen Auftritt auf der orientalischen Bühne beim Karneval der Kulturen bevor gestanden:

„Und dann dachten wir, das wäre ja eigentlich nett, weil wir ja auf der orientalischen Bühne spielen sollten, könnten wir noch so' n anderes Instrument mit rein bringen". Und Sophie erinnert an den erfolgreichen Auftritt: *„Ja. Das ist sehr gut angekommen. Und uns hat's allen Spaß gemacht. Und deswegen dachten wir, wachsen wir zusammen".*

Ahmeds Bandeintritt bedeutet für die Geschichte der Band personell wie musikalisch einen Einschnitt. Ahmed hat nicht nur ein anderes Geschlecht als die anderen Bandmitglieder, er hat auch eine andere schulische Sozialisation. Er ist der einzige Hauptschulabsolvent, alle anderen haben Abitur und die meisten studieren. Und: Er bringt ein traditionelles orientalisches Musikinstrument mit ein.

Unsere Musik ist nicht so typisch, also was ganz Eigenes – Entstehung von musikalischem Cross-Over

In einem zweiten dichten Dialog beschreiben die drei Bandmitglieder, wie sie ihre musikalische Mischung entwickelt haben: Alice erklärt, sie hätten schon öfter probiert, Lieder „einfach als Ska zu spielen" – z.B. eine Coverversion eines türkischen Rocksängers:

„Im ersten Teil haben wir gecovert, also das ist musikalisch ähnlich. Und dann gibt's ja einen Break oder eine kurze Pause. Und danach spielen wir im Ska weiter, also das ist der gleiche Text und die Strophe bleibt gleich, aber" – Ahmed erklärt: *„vom Rhythmus her"* – und Alice ergänzt: *„Genau, und dann spielen wir halt viel schneller".* Sie fährt fort: *„Und dann hatten wir ein türkisches Lied, das unsere Sängerin Songül geschrieben hatte, dazu sollte Ahmed mit der Saz improvisieren im Wechsel mit der Stimme. Und das hat voll gut geklappt und hat wirklich dazu gepasst".* Sophie unterstreicht: *„Allein das Instrument Saz bringt schon viel Orientalisches rein, ohne dass*

*man noch viel machen muss. Und es ist eine andere Tonleiter als die euro-
päische". Ahmed erläutert: „Ja, die Tonleiter, weil die ist eigentlich ja ganz
anders als die europäische. Das sind ja so Vierteltöne, also Halbtöne, was
beim Europäischen nicht so ist. Das hört sich dann alles sehr verstimmt an
und alles halb komisch an, aber wenn man dann alles richtig spielt, war
schon auch ziemlich schwer, das alles zu improvisieren".*

In diesen Beschreibungen wird deutlich, wie innerhalb der Band Vielfalt produktiv genutzt wird und sich alle einbringen können. Wie die meisten Bands tut sich
auch *Ska Oriental* schwer, sich auf einen Musikstil festzulegen. Meistens sagten
sie, sie spielten „orientalischen Ska", meint Sophie. Aber sie ist sich nicht sicher.
Alice betont, dass die Band „was ganz Eigenes" kreiert habe: „Na, mit türkischen
Texten. Es ist halt nicht so, wenn man Ska hat, dann denkt man irgendwie an so
einen bestimmten Ska. Und na ja, unsere Musik ist jetzt nicht so typisch. Also
das ist was ganz Eigenes. Habe ich auch sonst noch nicht irgendwo gehört. Also
hat so einen eigenen Touch eben auch".

Ahmed unterstreicht, er habe noch nie Ska gemischt mit dem Spiel einer Saz
gehört. Darüber müssen die anderen Bandmitglieder lachen. Ahmed resümiert:
„Das ist schon ne ganz komische Mischung, aber irgendwie toll". Gerade diese
besondere Mischung macht den Reiz und Identität stiftenden Charakter der Band
für ihre Mitglieder aus.

Wir machen es einfach und zeigen, das geht auch – Performanz von Diversität und Vielfalt

Sophie hebt hervor, „dass einige von der Band unterschiedliche Wurzeln haben".
Sophie selbst ist in der Schweiz geboren und Alice hat ein Elternteil, das aus dem
Iran stammt. Ahmed und einige andere Bandmitglieder stammen aus Familien mit
türkischer Migrationsgeschichte. *Ska Oriental* ist oftmals im Rahmen von Ver-
anstaltungen gegen Rassismus und gegen Sexismus aufgetreten – ein politisches
Engagement mit dem vor allem das JUKUZ viele Auftritte und Projekte verbindet und organisiert. Und schließlich ist es eine Besonderheit, „dass halt alle, also
dass eben alle mit Ausnahme von Ahmed alle Mädels sind und alle Instrumente
spielen". Sophie betont, dass ansonsten in Bands Frauen meistens nur die Rolle
der Sängerinnen übernehmen und Männer die Instrumente spielen. Bezogen auf
die Frage nach politischem Engagement unterstreicht Sophie, dass es ihrer Band
nicht um große Worte, sondern um das Schaffen von Fakten gehe:

*„Dass wir es irgendwie gar nicht groß ansprechen sondern einfach machen
und zeigen, also das geht auch und geht vielleicht auch, und für manche ist*

es irgendwie – vielleicht nicht eine Vorbildfunktion, aber so eine Idee, also dass das nicht unnormal ist oder so, dass es halt ganz natürlich sein soll ".

In ihrem Fazit kommt eine Ambivalenz zum Tragen. Einerseits wird ein Faktum unterstrichen: Es ist „nicht unnormal", dass sie so agieren. Andererseits wird eine Forderung erhoben: Es „soll natürlich" sein, dass eine Band so agiert wie *Ska Oriental* – demnach ist es (noch) *nicht* selbstverständlich und vielmehr doch *unnormal.* Und doch nicht so ganz *einfach*, und das macht das Besondere der Band *Ska Oriental* aus – ihre ungewöhnliche Mischung in ihrer Zusammensetzung, in ihrer Musik und ihren Texten.

3. Tausend Sachen ändern sich in mir – Leyla, Musik und Theaterspiel

Leyla ist 1990 in Berlin geboren und war zum Zeitpunkt des Einzelinterviews 21 Jahre alt. Ihre Eltern trennten sich, als sie ein kleines Kind war. Leyla wohnt bis heute bei ihrer Mutter, die seit langem schwer erkrankt und aktuell bereits ein Pflegefall geworden ist. Leylas Vater ist pakistanischer Herkunft und hat fünf Kinder aus drei Familien. Leyla hat 2006 die Hauptschule mit dem mittleren Schulabschluss abgeschlossen. Von 2008 bis 2010 machte sie beim Internationalen Bund (eine Einrichtung der Jugendhilfe) eine Ausbildung zur Sozialassistentin. Ab Herbst 2011 wollte sie eine berufsbegleitende ErzieherInnenausbildung beginnen.

Tausend Sachen ändern sich in mir – Musik als Ausdruck von Identitätssuche in der frühen Jugendphase

Das JUKUZ bot Leyla als jüngere Jugendliche eine niedrigschwellige Musikförderung an, zu der Schulworkshops und spezielles Mädchenband-Coaching gehörten. Dies kam Leyla entgegen, orientierte sie sich damals ausschließlich an ihrem unmittelbaren Umfeld und engste Freundinnen und Mädchencliquen. Im JUKUZ gründete Leyla zwei Mädchenbands aus eigener Initiative heraus. Die erste Band gründete Leyla im Alter von 14 Jahren zusammen mit ihrer damaligen besten Freundin. Alle vier Mädchen waren Schülerinnen und Anfängerinnen auf ihren Musikinstrumenten, Leyla lernte – angeregt durch einen Schulworkshop – Schlagzeug spielen. Die Mädchen favorisierten aktuelle Popmusik aus dem Internet und die türkischstämmigen Sänger Ahmed, Muhabbet und Cetin Kaya, die unter Jugendlichen in ihrem Wohnbezirk sehr populär waren. Es war nicht leicht, selbst Musik zu machen. Leyla erinnert sich:

„Angefangen hat's damit, dass wir einfach Texte geschrieben haben und daraus Lieder machen wollten. Die Band hat in den zwei Jahren nur ein Lied vollendet. So'n deutsches Liebeslied. Also auf Deutsch und so liebesliedmäßig und so soft, so weil wir halt keine Gitarre hatten. Leyla fand das Lied ,damals super. War ja unser Baby, ne. Texte haben wir selber geschrieben'. Das Lied hieß ,Tausend Sachen', weil mit diesen Worten die erste Strophe begann. Leyla erinnert sich an den Text: ,Tausend Sachen ändern sich in mir. Ich denk und rede Tag und Nacht von Dir. Meine Gefühle, sie streben nach Dir. Doch du bist leider nicht bei mir'".

Der Liedtext behandelt Themen, die Mädchen während ihrer Pubertät stark beschäftigen: Die Veränderung ihres Körpers, ihrer Ansichten, die Suche nach ihrer Identität und vor allem: die (unerfüllte) Sehnsucht nach Liebe und Partnerschaft. Zweimal ist die Mädchenband mit ihrem Lied aufgetreten, einmal im Rahmen eines Festes des JUKUZ und einmal im Rahmen des Kinderkarnevals der Kulturen. Die Auftritte wurden von der Mitarbeiterin des JUKUZ organisiert. Dies waren eher Zusammenhänge, die die Band von jungen Anfängerinnen vor Misserfolgen schützten. Nach zwei Jahren kam es in der Mädchenband zu einem großen Streit, der zu ihrer Auflösung führte. Solche Streitereien, ausgelöst allein durch Gerüchte, sind insbesondere unter jüngeren Jugendlichen verbreitet. Oftmals erweisen sich diese Gerüchte im Nachhinein als nichtig oder gar falsch. Leyla kommentiert: „Und es hat sich halt auch erst ein Jahr später geklärt, ne, dass es gar nicht so war, wie wir das erfahren haben." Im folgenden Jahr gründete Leyla zusammen mit einer anderen Freundin eine neue Mädchenband. Diese zweite Band probte nach einer kurzen Phase der musikalischen Anleitung eigenständig. Die Musikparts waren Gitarre, Bass, Schlagzeug und Gesang. Die Mädchen mieteten im JUKUZ einen Probenraum, den sie einmal wöchentlich nutzen konnten. Das kostete 10 Euro, je Bandmitglied 2,50 Euro. Leyla urteilt rückblickend im Vergleich zu ihrer ersten Mädchenband: „Das hat auch viel besser geklappt. Das war dann so die Rockrichtung." Anfangs coverten die Mädchen und spielten Songs wie „Zombie" von den *Cranberries*. Dann begannen sie an eigenen Stücken zu arbeiten: „Das hat einfach besser geklappt, weil man dann mehr rumexperimentieren kann, was einem gefällt und was nicht." Leider – so urteilt Leyla – musste sich diese Band schon nach einem Jahr auflösen, weil die Mädchen wegen ihres Schulabschlusses und Übergangs in die Ausbildungsphase zeitlich zu stark eingebunden waren. Als Erinnerung bleibt Leyla ein Song, den die Band auf Handy im Probenraum aufgenommen hat. Es handelt sich um ein Gedicht, das die Mädchen zu einem Songtext umgeschrieben haben. „Es geht halt um kaputte Freundschaft". Wieder wird eines der zentralen Themen im Jugendalter beim Texten und

Musizieren verarbeitet. Leyla ist mit dem Ergebnis sehr zufrieden, auch was ihren eigenen Part anbelangt: Bei diesem Song hat sie erstmals einen Wechsel im Schlagzeug-Groove zwischen Strophe und Refrain entwickelt.

Bis dahin hatte Leyla immer nur ein und denselben Rock-Groove im 4/4Takt gespielt, sie nennt ihn „meinen Takt. Leyla urteilt rückblickend: „Im JUKUZ war es einfach, einen Musikprobenraum zu kriegen. Was für mich nicht so einfach war: ich hätte halt gern Schlagzeugunterricht dort gehabt". Es gab im JUKUZ das Angebot, Schlagzeugunterricht zu nehmen. Es bestand bereits eine feste Gruppe aus Jungen und Mädchen, der sich Leyla hätte anschließen können. Zwei, dreimal ist sie hingegangen, doch sie traute sich nicht mitzumachen und fand keinen Anschluss. Unabhängig vom Problem des Zugangs zu neuen Gruppen, fällt es Leyla vielleicht auch schwer, über ihre bisherigen Kompetenzen im Schlagzeugspiel hinaus, weitere Entwicklungen zu forcieren. Dennoch bleibt festzuhalten: Sie konnte im Rahmen des JUKUZ Erfahrungen im künstlerischen Bereich machen, sich selbst in der Musik ausdrücken und auch Rückschläge (Bandauflösung) hinnehmen, ohne grundsätzlich zu verzagen (Gründung einer anderen Band). Die weitere Angebotspalette bot Leyla dann im Folgenden andere Möglichkeiten, sich selbst auszuprobieren.

Totale Veränderung – Stärkung des Selbstbewusstseins durch Theaterspiel

Den Zugang zur Jugendtheater-Initiative (JTI) fand Leyla durch ihre neue Schulfreundin Aicha, die ihr dort einen Schulpraktikumsplatz vermittelte. In der JTI fühlte sich Leyla sogleich angenommen und „inspiriert", auf vielerlei Ebenen zu partizipieren. Als Praktikantin erhielt sie Einblick in alle Facetten der Theater- und Öffentlichkeitsarbeit. Als Teilnehmerin engagierte sie sich im sozialen Kontext der Gruppe der Jugendlichen, die im Gegensatz zum JUKUZ überschaubar und dadurch familiär wirkte. Als Theaterspielerin und bald auch Regieassistentin und Regisseurin nutzte sie die vielfältigen Möglichkeiten des Theaters zu kommunizieren und sich auf kreative Weise (im Theaterspiel und der Regie, mit Gedichten und manchmal mit Musik) auszudrücken. Als Mitglied der JTI nahm Leyla an politischen Kampagnen, Straßentheateraufführungen und Podiumsdiskussionen teil und erfuhr, dass sie mit eigenen Beiträgen etwas bewirken konnte.

Leyla unterstreicht ihr Gefühl, dass sie durch das JTI „einfach total viel mitgenommen hat". Sie erhält im JTI Anregungen, wie sie sich politisch engagieren bzw. beteiligen kann. Leyla betrachtet ihr Engagement in der JTI als förderlich für ihre persönliche Entwicklung – „und das hat mir auch einfach geholfen. Ich hab mich durch die JTI total verändert". Die JTI gibt den entscheidenden Anstoß zu ihrer positiven persönlichen Veränderung, die Leyla als eine *totale* bezeichnet. Sie spart nicht mit Superlativen, wenn es darum geht, die Bedeutsamkeit der JTI zu unterstreichen. Das hat noch etwas stark Pubertäres und damit teilt Leyla ihre biografische Erfahrung in ihre Zeit „vor Eintritt in die JTI" und in die Zeit „danach" ein. Sie resümiert:

> *„Ich bin viel aufgeschlossener, trotzdem ruhiger, also meine Art einfach total ruhig und selbstbewusst. Ich hab soooo viel Selbstbewusstsein durch die JTI bekommen. Früher hätte ich mich gar nicht getraut, irgendwelche Interviews zu führen. Jetzt quatsche ich ohne Punkt und Komma. So ne Sachen, was ich früher nicht konnte, waren Telefonate, obwohl es ja total wichtig ist, Ämter und Ärzte, irgendwelche Infos zu bekommen, egal was, habe ich mich nie getraut. Und jetzt ist es überhaupt kein Problem. Ich weiß nicht, warum, ich konnte früher nicht reden. Also es kam nichts raus so. Und jetzt phh, überhaupt kein Problem."*

Das Theaterspielen ist der Schlüssel, mit dem Leyla ihre Schwierigkeiten zu kommunizieren und teilzuhaben aufbrechen lernt und positiven Selbstausdruck entwickelt – bis hin zu ihrer „Frohnatur", wie sie betont. Allerdings in geschützter Umgebung: „Freundschaften und Verbundenheit" mit der Gruppe des JTI ermöglichen Leyla, „einfach das ausleben zu *können*, was man sich vorstellt. Das *geht* ja so nicht". Im Theaterspiel hingegen kann Leyla ihre alltäglichen Probleme und ihre persönlichen Hemmnisse überwinden und ihren Vorstellungen nachgehen: „Ich meine, ich kann im Theater in jede Rolle schlüpfen, die ich *will*. Es gibt niemanden, der mir sagt, ‚Du *musst* diese Rolle spielen'."

Ich sehe es nicht ein, dass Leute nur wegen ihrer Sexualität anders sein sollen – Engagement gegen die Diskriminierung Homosexueller

In der JTI scheute Leyla nicht, in den Konflikt mit anderen Jugendlichen zu treten, wenn es ihr um wichtige Themen, wie die Diskriminierung Homosexueller ging. Bezogen auf die Kritik an Homophobie hat Leyla einen „Stein ins Rollen gebracht". Sie betont: „Ich bin ein Mensch, der sich sehr stark sich für andere Leute einsetzt. Und ich hab viele Bekannte und Fr- auch familiäre- im familiären Kreis, die homosexuell sind." Leyla stockt, als sie anhebt von homosexuellen Freunden zu sprechen. Dies wäre zu intim. Stattdessen erzählt sie von einem heftigen Streit, den sie mit einigen homophoben Jugendlichen aus der Theatergruppe hatte:

> *„Die sagen, ‚Das geht nicht, das ist nicht normal.' Und auch richtig krasse Sachen kommen. Ja, ich hatte einen ganz schlimmen Streit mit einem aus unserem Kreis, der gesagt hat, ‚Ja, Hitler hatte schon recht, wenn er die ver-*

gast hat' und so was. Und da bin ich so ausgerastet. Und heute hat er diese Meinung nicht mehr. Er sagt zwar, ‚Ich akzeptiere es nicht. Aber ich toleriere es.' Und das ist doch schon mal was. "

Die Streitgespräche mit Ali, einem besonders stark homophoben Jugendlichen dauerten zwei Jahre lang, das heißt die ganze Zeit, seit Leyla in der JTI war: „Aber jetzt ist er an dem Punkt, wo er sagt, ‚Ja, okay, ich muss mit denen nichts zu tun haben'. Früher hätte er am liebsten jeden auf der Straße fertig gemacht, wenn er das gewusst hätte". Die Streitgespräche die unter den Jugendlichen entstehen sind intensiv. Leyla weiß um ihren eigenen Anteil:

„Dadurch, dass ich mal gesagt habe, dass ich's cool finde, wenn Leute dazu stehen, dass ich regelmäßig auf'm Christopher-Street-Day bin, um einfach mit den Leuten mitzufeiern, dass es sie gibt und dass sie dazu stehen und weil ich's einfach toll finde, und er sich daraufhin angegriffen gefühlt hat und so diese Diskussion überhaupt entstanden ist. Und diese Diskussion spielt sich heute noch in der Theaterarbeit ab, durch andere Leute, die jetzt dieselbe Meinung haben wie er früher. Es ist eine Diskussion, die irgendwie nicht endet. Ich vertrete immer- ja, doch, ich glaube schon, dass ich da, ich rede nicht um den heißen Brei herum. Ja, ich glaube schon, dass ich daran teilhabe."

Homophobie bleibt unter den Jugendlichen der JTI ein Dauerbrenner, insbesondere bei einigen Jugendlichen arabischer Herkunft. Leyla setzt sich unermüdlich gegen jegliche Form der Diskriminierung ein: „Ich sehe es nicht ein, dass Leute nur wegen ihrer Sexualität anders sein sollen. Das ist ja genauso wie früher mit Schwarzen und Weißen. Sind doch auch nur Menschen. Mein Gott also. Das ist was, wo ich auch nicht müde werde."

Leyla zeichnet verantwortlich für die Neufassung eines Stücks zum Thema „Identität" für das bevorstehende Theaterfestival im Herbst 2011, das von der JTI organisiert werden soll. In diesem Stück will sie dem Thema Homosexualität mehr Raum geben:

„Und die Sache war die: Wir haben gesagt, es gibt die, die und die Stücke, die wir haben. Wer will Regie machen? Und jeder hätte sich melden können. Ich hab mich für dieses Stück gemeldet. Und deswegen liegt's jetzt quasi in meiner Macht, zu entscheiden, ich will nicht sagen, „Du musst es jetzt machen". Ich will mich mit den Leuten, die jetzt auch neu dazu kommen, genauso sehr damit auseinander setzen. Und ich meine, Ali muss ja jetzt nicht den Homosexuellen spielen. Weil ich möchte ihn gerne in meiner Gruppe haben. Aber ich muss ihn noch fragen, weil er momentan nicht so aktiv bei uns ist.

*Aber ich meine, wir können es ja auch umschreiben, dass er mit der Szene
nichts zu tun hat, wenn er sich damit nicht identifizieren kann.*"

Insbesondere in ihrer Auseinandersetzung mit Ali beweist Leyla eine ausgesprochen starke Geduld, Beharrlichkeit und Toleranz. Anhand der auffallend langen
Erzählpassagen im Interview zu den Auseinandersetzungen um Homosexualität wird deutlich, dass Leyla dieses Thema besonders am Herzen liegt. Mit der
Übernahme der Regie des Theaterstücks zu dem Thema „Identität" kann sie es
weiterhin und diesmal in der exponierten Rolle der Regisseurin verfolgen. Leyla betont, nun habe sie mehr *Macht*. Doch will sie diese nicht missbrauchen, sondern weiterhin die Auseinandersetzung – auch mit neuen Jugendlichen – suchen.
Dabei ist sie offen für Kompromisse, um zum Beispiel Jugendliche wie Ali als
Mitspieler gewinnen zu können.

Aus der schüchternen, zurückgenommenen, jugendlichen Leyla ist in der JTI
eine junge erwachsene Frau geworden, die selbstbewusst von sich sagen kann:
„Ich fühle mich total respektiert in dem, wer ich bin und was ich mache. Hier
kann ich sein, wer ich will." Ob ihr dies auch außerhalb der JTI gelingen wird,
das ist nun die entscheidende Frage. Noch kann sie sich ein Leben ohne die JTI
nicht vorstellen. Sie ist für Leyla von existentieller Bedeutung und das Theaterspiel weit mehr als ein Hobby in der Freizeit. Leyla bekräftigt: „Ich möchte nicht,
dass das jemals endet."

4. „Was guckst du mich an?" Dieser Kampf immer wieder … – Aicha, Theaterregie

Aicha ist 1989 in Berlin geboren und war zum Zeitpunkt des Interviews 22 Jahre alt. Sie stammt aus einer Familie mit palästinensischem Hintergrund. Aicha
hat den mittleren Schulabschluss erreicht und besucht nun beim Internationalen
Bund eine ErzieherInnen-Fachoberschule. Bevor sie die JTI kennenlernte, hatte
sie einen offenen Mädchentreff in ihrem Stadtteil besucht, der sich insbesondere
der Arbeit mit Mädchen aus Familien mit arabischem Migrationshintergrund wid-
mete. Das Projekt der JTI besuchte sie seit 2009. Zufällig fand sie auf der Straße
in ihrem Wohngebiet einen Werbeflyer und nahm Kontakt auf. Sie initiierte die
Gründung einer Mädchentheatergruppe, die hauptsächlich aus Mädchen mit arabischem Hintergrund bestand. Einige davon kannte Aicha bereits aus dem Mädchentreff. Für ihr Engagement bei der JTI und ihre Theaterregie erhielt sie 2009
einen Preis beim deutschen „Plus Punkt Kultur Wettbewerb für junges Engagement in der Kultur".

Sich frei entfalten, frei die Meinung sagen und selbst bestimmen können – Aichas Mädchentheatergruppe

Aicha nahm im August 2011 an einem Gruppeninterview in der JTI teil. Der Ramadan und die für sie damit verbundene Fastenzeit hatten gerade begonnen. Aicha arbeitete an den Proben zur neuen Fassung ihres Theaterstücks. Im Gruppengespräch wurde die erste Fassung des Stückes nicht thematisiert. Bei dieser Fassung hatte Leyla die Regieassistenz übernommen, sie erzählt von dessen Geschichte:

> *„Es geht um ein Mädchen, die heißt Zeynep. Sie lebt mit ihrer Familie in Deutschland und ist in der Schule ziemlich schlecht, keine guten Ausbildungschancen, also kriegt keinen guten Abschluss, weil sie zuhause viel arbeiten muss. Ihr Vater unterdrückt sie'n bisschen und arrangiert auch ihre Hochzeit, obwohl man sie nicht gefragt hat. Sie kriegt auch keine Ausbildungschancen, weil sie'n Mädchen ist und Kopftuch trägt. Und da haben wir so Bewerbungsgespräche auf die Bühne gebracht. Beim ersten wird ihr halt gesagt, sie könne kein Deutsch sprechen, weil sie halt migrantische Herkunft hat, weil sie keine Deutsche ist. Und beim zweiten Bewerbungsgespräch wollte man sie belästigen, weil sie halt ne Frau ist. Und beim dritten hat man sie halt voll fertig gemacht, weil sie'n Kopftuch trägt. Und da hatten wir halt gezeigt, wie schwer das eigentlich ist, hier Fuß zu fassen oder so, wenn man halt überall nur Ablehnung spürt, auch in der Familie so. Und da hat sie sich halt von frei gekämpft."*

Die Idee zum Stück stammte von Aicha. Sie hatte auch die Regiearbeit übernommen. Für Leyla war die Regieassistenz damals Neuland gewesen. Die Mädchen und jungen Frauen arbeiteten weitgehend eigenständig. Der professionelle Schauspieler der JTI (Khaled) gab ihnen jedoch Tipps, wie sie die „Spannungskurve" halten und „Stilmittel" einbauen konnten, erinnert sich Leyla:

> *„Da hatten wir das Bild mit den Stühlen. Und da hat uns Khaled geholfen. Wir selber wären gar nicht auf die Idee gekommen, Hindernisse mithilfe von Stühlen einfach darzustellen, die einem im Weg sitzen oder stehen und wie man diese Hindernisse halt bewältigen kann. Das war halt eine Idee von ihm auch und auch diese Unterdrückung in der einen Szene zu zeigen, wo sie heiraten muss, wo sie alle so runterdrücken, also das halt so darzustellen, da hat er uns schon geholfen."*

Zehn Theaterspielerinnen waren an der ersten Fassung beteiligt, darunter die Mehrheit mit arabischer Herkunft. Davon brachen einige ab, weil die Probenarbeit ihnen „zu stressig" wurde, anderen verboten die Eltern die Mitwirkung. Ley-

la vermutet, dass sie das Stück „zu krass fanden", wegen einiger „Kraftausdrü-
cke" und vor allem wegen des Inhalts – „wahrscheinlich auch, weil sie sich davon
angesprochen und vielleicht auch'n bisschen angegriffen gefühlt haben, also die
Eltern, weil es war ja schon ziemlich direkt auch an Eltern gerichtet so". Aicha
arbeitete im Anschluss an die erste Aufführung an neuen Fassungen dieses Theaterstücks, das ihr sehr am Herzen liegt. Sie kommentiert:

> *„Die zweite Version ist besser. Es waren andere Mädchen. Und es war al-
> les im Prozess. Und es hat ja auch viel mit mir ausgemacht, in diesen zwei
> Jahren, den letzten zwei Jahren ist ja auch viel passiert, von der ersten Ver-
> sion bis zur zweiten Version jetzt. Und ja, es ist viel passiert. Und es ist im-
> mer noch in der Aufbauphase. Und die Aufführung zum Theaterfestival ist
> dann die dritte Version und ich hoffe dann, die letzte auch und dann auch
> die endgültige, wo wir dann drüber uns unterhalten können. Jetzt ist es noch
> nicht so vollständig."*

Aicha schätzt den Freiraum, den ihr die JTI zur kreativen Bearbeitung ihrer Themen und deren Präsentation bietet:

> *„Mir ist wichtig, dass wir hier die Möglichkeit haben, uns frei zu entfalten,
> frei zu entfalten, das heißt, auch frei die Meinung sagen und selbst zu be-
> stimmen. Also das schönste Beispiel bin ich und meine Mädels-Gruppe. Ich
> kam ganz am Anfang an und hab gesagt, ich hab meine eigenen Vorstellun-
> gen, meine eigenen Ideen, ich hab ne Version von Mädchen, Mädchen und
> ich, ich und Mädels auf der Bühne und hab das natürlich erläutert. Ja, und
> mir wurde aber der Rahmen hier gegeben, dass ich meine Pläne oder meine
> Ideen hier umsetzen kann. Und wir sind gut dabei. Ja, ich bin immer noch
> dabei mit den Mädchen."*

Anerkennung für jeden Einzelnen von uns – Kampf gegen Rassismus und Ausgrenzung

Auf die Frage danach, inwiefern die Jugendlichen von ihrem Engagement bei
der JTI profitieren, antwortet Aicha sowohl auf der persönlichen als auch politischen Ebene:

> *„Ja, natürlich profitieren wir alle davon. Das ist irgendwo'n Stück Ruhm,
> ein Stück Anerkennung für jeden Einzelnen von uns. Die einen nutzen das
> für ihren Lebenslauf, ich zum Beispiel. Es kommt immer gut an, wenn man so
> was angeben kann, dass man da mitgewirkt hat. Aber was ich eigentlich da-*

von profitieren möchte, was sich zeigen wird in der Zeit, also in der Zukunft, dass sich was ändert, ne, dass sich was ändert und dass wir nicht immer nur zeigen, wie's uns geht. Aber ich bin immer so'n Typ „Und jetzt?" Wie können wir zusammen- also Publikum und wir? Ihr seid ja da, ihr guckt euch das ja an, weil ihr Interesse habt und vielleicht, weil ihr auch'n Stück weit so tickt, oder weil ihr vielleicht nur kritisch kommt und guckt kritisch, was passiert hier? Aber am Ende, was passiert jetzt? Was können wir machen? Weil es ist'n Brennpunkt, das Ganze. Die ganze Welt ist'n Brennpunkt, glaube ich. Ja, und wir sollten wenigstens unseren Brennpunkt, der uns hier umgibt, wir können nicht die ganze Welt ändern oder die ganze Welt verbessern, aber wenigstens unseren Brennpunkt, mit dem wir zu kämpfen haben, jeder individuell, also hier, weil Islam. Und dann geht's hier um – um – um weiß ich nicht, um Nazis, um Rechtspopulismus – womit man halt zu kämpfen hat."

Für Aicha ist das Theaterspiel ein Sprachrohr, mit dem sie um Anerkennung ihrer Person, ihrer Lebensweise und ihres Engagements als Muslima kämpft und auf gesellschaftliche Probleme der Ausgrenzung aufmerksam machen möchte, mit denen sie bzw. die Jugendlichen des JTI konfrontiert sind (vgl. Munsch 2010). Damit eng verknüpft ist das Interesse, zum Handeln und zur „Verbesserung" anzuregen. Aicha benennt, was sie als „Brennpunkt", als unerträglich empfindet:

„Womit man zu kämpfen hat – mit Rassismus, mit Ausgrenzung, was jetzt zunimmt. Ich bin religiös, sehr überzeugte Muslima. Und die Leute nehmen sich einfach das Recht und immer über die Frau zu sprechen, die- die Tuch- aber egal, das hat man jetzt geschluckt. Aber das, was noch schlimmer ist, ist: Die Islamfeindlichkeit, die immer wieder steigt. Und es steigt und steigt. Und ich sage immer, es ist eine bestimmte, was sagt man, eine Frage der Zeit bis es bomb macht. Vielleicht ist die Zeit jetzt noch nicht. Aber es wird wirklich Bomben machen, in der Art vielleicht von Revolution, deswegen."

„Pass mal auf, was du da sagst – Bum machen", kommentiert ein anderer Jugendlicher im Gruppengespräch und Aicha merkt auf: „Nee, wieso? Ach so, meinste Terror?" Der Druck der Stigmatisierung von Moslems zu potentiellen Terroristen wird im Gruppengespräch deutlich.

Dieser Kampf immer wieder – pessimistischer Blick auf die Zukunft Deutschlands

Aicha ist – gefragt nach ihren Perspektiven in den nächsten zehn Jahren – pessimistisch, was Deutschland angeht:

*„Das Ganze, was sich jetzt zuspitzt in den letzen Jahren und jetzt hier auch:
Schafft es die deutsche Regierung, eine junge Frau wie mich hier zu halten? Weil ich hab mir das überlegt, in zehn Jahren zum Beispiel, hab ich
mir überlegt, in Ägypten zu sein und nicht mehr hier und dort was für meine Leute zu machen, wo ich da willkommen bin, wo ich nicht raus gehe und
mir – gestern saß ich noch in der U-Bahn und hab mich mit einem Typen
angelegt, weil er mich angestarrt hat, so, ne. Ich sag, ,Was guckst du mich
AN?' So ,Was denn?' Hab ihn blöd angemacht. Nee und dieser Kampf immer wieder, mit dem man zu tun hat, der geht langsam einem so auf die
Nerven, dass man auf diese Gedanken kommt. Entschuldigen Sie für diesen
Ausdruck, aber Scheiß auf Deutschland, weg hier, weil es war immer schon
Multikulti, nur die Leute wollen dieses Multikulti nicht sehen. Ne, nicht anerkennen. Die wollen immer dagegen kämpfen. Und das wird aber immer
so sein, auch wenn ich nicht mehr da bin oder der Murat nicht mehr da ist
oder der Carlo oder die Jasmin nicht mehr da ist, es wird immer diese Farben geben unter ihnen- nicht unter euch- unter ihnen, unter den Leuten, die
schwarzweiß wollen. Schwarzweiß gibt's aber nicht, wird's nie geben, so.
Entweder wir schlagen uns die Köppe ein, oder wir kommen klar miteinander. Und so wie's aussieht: Wir werden nicht miteinander klar kommen, ich
bin'n bisschen pessimistisch in der Hinsicht."*

Aicha fühlt sich als junge Muslima in Deutschland stark unter Druck gesetzt und
diskriminiert. Ihren Alltag erlebt sie als permanenten Kampf um Anerkennung
und Toleranz (vgl. von Wensierski, Lübcke 2007). Die JTI ist für Aicha der Ort, an
dem die Menschen nicht in Schwarz-Weiß-Kategorien denken und junge Frauen
wie sie, die mit Rassismus, Islamophobie und Diskriminierung von Frauen konfrontiert sind, sich frei entfalten können und auf kreative Weise den Diskurs in
Richtung Veränderung eröffnen können. Doch scheint der Diskurs nur begrenzt
möglich – Aicha befürchtet vielmehr den Kampf.

5. Plädoyer für Selbstbestimmung und freie Entfaltung, Vielfalt und
Vieldeutigkeit in künstlerischen und sozialen Aushandlungsprozessen

Die hier genannten Beispiele verdeutlichen, wie wichtig es ist, Jugendlichen Frei-
räume zu gewähren, in denen sie ihre vielfältigen und unterschiedlichen Erfahrungen, Themen und Probleme auf kreative Weise zum Ausdruck bringen und dabei
wichtige Bildungsprozesse durchlaufen können. Jugendkulturprojekte eröffnen
den Jugendlichen Diskursräume, die im Zuge ihrer Entwicklung von Identität,

bezogen auf ihre Selbstpositionierung und ihr Interesse an Wandel in unserer Ge-sellschaft höchst bedeutsam sein können. Die Konstruktion von Geschlecht (vgl. Butler 1991) ist dabei eng verwoben mit sozialen, inter- und transkulturellen Aus-handlungsprozessen: Wo fühle ich mich angemessen positioniert, was postuliere ich als selbstverständlich, was hinterfrage ich und wogegen muss ich kämpfen? Kreative (tänzerische, musikalische und theatrale) Inszenierungen ermöglichen den Jugendlichen und jungen Erwachsenen ihrer Auseinandersetzung mit solchen Fragen auch auf körperlicher Ebene Ausdruck zu verleihen. Dabei fällt auf, dass immer wieder der Aspekt der *freien* Entfaltung hervorgekehrt wird: Nicht nach Vorgaben tanzen müssen, eigene, ganz besondere Musik kreieren, eigenen Ge-fühlen und Wünschen Ausdruck verleihen, sich frei entfalten und seine Meinung zum Ausdruck bringen zu können. Tanz, Musik und Theater sind performative Künste, die den Jugendlichen und jungen Erwachsenen die Möglichkeit bieten, Einfluss zu nehmen: Ungewöhnliche Begegnungen initiieren, demonstrieren, dass Klischees durchbrochen werden können, Diskriminierungen und Unterdrückung in Frage stellen. Im Entstehungsprozess künstlerischer Produktionen lernen die Jugendlichen sich zu positionieren und auszuhandeln, wie und was sie entwickeln und schließlich präsentieren wollen. Verlaufen diese Prozesse weitgehend selbst-bestimmt und nicht nach Vorgaben der pädagogischen und künstlerischen Mit-arbeiterInnen, so können die Jugendlichen biografisch sinnhafte Erfahrungen der Partizipation machen und selbst für gesellschaftliche Veränderungsprozesse verantwortlich zeichnen (vgl. Winklhofer/Zinser 2008; S.84): sei es für die Stär-kung der Mädchen in der Breakdance-Szene, für die Entwicklung eines eigenen Cross-Over in der Musik, für die Thematisierung von Tabus bzw. die Kritik an Homophobie, für die Forderung nach Anerkennung und Selbstbestimmung junger muslimischer Frauen. Sind die Jugendgruppen in ihrer Zusammensetzung sozial und ethnisch heterogen, so erlernen die Jugendlichen Reaktionen auf Gegenpo-sitionen. Diese Aushandlungsprozesse gestalten zu lernen, mag im Hinblick auf politische Bildung wertvoller sein als reine Wissensvermittlung bezogen auf bri-sante Themen. Es ist das Prozessuale und Ergebnisoffene der Jugendkulturarbeit, das im Gegensatz zu formellem Lernen mit curricularen Vorgaben Jugendlichen und jungen Erwachsenen die Chance bietet, ihre Lebenserfahrungen, Wünsche und Probleme diskursiv auszuhandeln und damit Perspektiven zu entwickeln – für die Herstellung eines Kohärenzgefühls im biografischen Übergang junger Erwachsener (vgl. Stauber 2004) wie auch für die eigene Positionierung im ge-sellschaftlichen Kontext. Ausgehend von Tanz, Musik und Theater ergeben sich Fragen wie: Wie stehe ich zum Verhältnis von Leistung und Spaß? Wie entwick-le ich meinen eigenen Stil? In welchem Rahmen möchte ich öffentlich auftreten?

Wofür engagiere ich mich – auch gegen Widerspruch? Wie positioniere ich mich als junge Frau? Wie stelle ich mich zu Klischees über Frauen, wie sehe ich mich selbst und was halte ich eventuell dagegen?

Geschlechterreflexive Jugendkulturarbeit – so wie sie hier beschrieben wird – zielt auf ein gleich berechtigtes Geschlechterverhältnis (vgl. Wallner 2005). Sie bietet den Mädchen und jungen Frauen die Möglichkeit, zwischen geschlechtsheterogenen und geschlechtshomogenen Erfahrungsräumen zu wählen oder zu wechseln. Die portraitierten jungen Frauen erklären weder das eine noch das andere zu einem rigiden Maßstab. Sie nehmen für sich das Recht in Anspruch, in bestimmten Lebensphasen (vorwiegend im Mädchenalter), bezogen auf bestimmte künstlerische Praktiken (im männlich dominierten HipHop und Bandmusikbereich) oder thematische Zusammenhänge (die besondere Lage muslimischer Mädchen und junger Frauen) eigene Räume zu kreieren und zu nutzen. Für den Breakdance ergeben sich laut Tanjas Bericht geschlechtsspezifisch unterschiedliche Praktiken: Sie behauptet, dass das Training in weiblichen Gruppen weniger konkurrenzbetont verlaufe. Die Mädchen der Band *Ska Oriental* betrachten es als Selbstverständlichkeit, dass Mädchen in einer Band musizieren und dabei gleichermaßen alle instrumentalen Parts, auch die sogenannten männlich dominierten, besetzen. Sie wollen weder darüber diskutieren, noch sich in irgendeiner Weise als feministisch positionieren oder gar missionieren. Dieser Wunsch, sich nicht erklären zu müssen, gerät deutlich ins Wanken, als ein junger Mann um Aufnahme in die Band bittet. Nach langen Debatten entscheiden sie sich dafür, ihr (unausgesprochenes) Prinzip der Geschlechterhomogenität aufzugeben. Für Leyla war es im Mädchenalter selbstverständlich und wichtig, sich nur mit Freundinnen und Mädchengruppen zusammen zu tun. Insofern griff sie das Angebot der Mädchenbandförderung des JUKUZ dankbar auf. Im jungen Erwachsenenalter blieben Freundinnen zwar nach wie vor bedeutsam, jedoch favorisierte Leyla bei den Theaterproben der JTI die Arbeit und Auseinandersetzung in geschlechterheterogenen Gruppen. Aicha ist einerseits aktiv in das geschlechterheterogene Team der JTI eingebunden, bei der Realisierung ihres Theaterstücks bevorzugt sie aber ausschließlich mit Mädchen und jungen Frauen zu arbeiten, weil sie die besondere Rolle mehrfach diskriminierter muslimischer Frauen in geschütztem geschlechtshomogenem Kontext thematisieren möchte. Alle diese Beispiele und Varianten zeigen, dass geschlechterreflexive Jugendkulturarbeit den Mädchen und jungen Frauen keine Vorgaben machen darf, sondern ihnen die Möglichkeit bieten muss, selbst Wege zu erproben, unterschiedliche Begegnungsräume oder Nischen zu schaffen, um so den Chancen und Herausforderungen der Entstandardisierung von Geschlechterverhältnissen (vgl. Meier 2004) gerecht werden zu können.

Die hier portraitierten jungen Erwachsenen verwahren sich gegen „essentialisierende Zuschreibungen und Identitätsvorstellungen" (Munsch 2010; S. 68), gegen jedwedes Denken in Stereotypen und pochen auf ihr Recht auf Individualität: „Du tanzt für dich selber. Es muss dir gefallen und nicht den anderen", bekräftigt Tanja. „Wir machen es einfach und zeigen, es geht auch", betonen die Bandmitglieder von *Ska Oriental.* „Ich sehe es nicht ein, dass Leute nur wegen ihrer Sexualität anders sein sollen. Das ist ja genauso wie früher mit Schwarzen und Weißen. Sind doch auch nur Menschen", empört sich Leyla. „Schwarzweiß gibt's aber nicht, wird's nie geben, so. Entweder wir schlagen uns die Köppe ein, oder wir kommen klar miteinander", beschwört Aicha.

Literatur

Bohnsack, Ralf/Nentwig-Gesemann, Iris/Nohl, Arndt-Michael (2007) (Hrsg.): Die dokumentarische Methode und ihre Forschungspraxis. Grundlagen qualitativer Sozialforschung. Wiesbaden

Butler, Judith (1991): Das Unbehagen der Geschlechter. Frankfurt am Main

Josties, Elke (2008): Szeneorientierte Jugendkulturarbeit. Unkonventionelle Wege der Qualifizierung Jugendlicher und junger Erwachsener. Ergebnisse einer empirischen Studie aus Berlin. Berlin-Milow-Strasburg

Josties (2010): Jugendkulturarbeit. In: Bundeszentrale für politische Bildung: Dossier Kulturelle Bildung. http://www.bpb.de/popup/popup_druckversion.html?guid=VD9ZIC, (Zugriff: 28.8.2011)

Meier, Uta (2004): Abenteuer Bildung: Zur Zukunft der politischen Bildung. Visionen 2020. http://www.bpb.de/veranstaltungen/QR8DP8,0,0,Thesenpapier.html (Zugriff: 28.8.2011)

Munsch, Chantal (2010): Engagement und Diversity. Der Kontext von Dominanz und sozialer Ungleichheit am Beispiel Migration. Weinheim und München

Stauber, Barbara (2004): Junge Frauen und Männer in Jugendkulturen. Selbstinszenierungen und Handlungspotentiale. Opladen

Schiffauer, Werner (1997): Kulturalismus vs. Universalismus. Ethnologische Anmerkungen zu einer Debatte. In: Ders., Fremde in der Stadt. Frankfurt a. M., S. 144-156

Voigt-Kehlenbeck, Corinna (2003): Geschlechterreflexive Kinder- und Jugendhilfe und Gender Mainstreaming. In: neue praxis Jg. (2003) Heft 1, S. 46-61

Wallner, Claudia (2005): „Im Gender-Dschungel". Die Kinder- und Jugendhilfe auf neuen Wegen zur Gleichberechtigung. Eine Handreichung zu Perspektiven von Mädchen- und Jungenarbeit in Zeiten von Gender Mainstreaming und zu aktuellen Gleichberechtigungsanforderungen an

die Kinder- und Jugendhilfe. Senatsverwaltung für Bildung, Jugend und Sport: Sozialpäda-
   gogische Fortbildung Jagdschloss Glienicke. Berlin
Wensierski, Hans-Jürgen von/Lübcke, Claudia (2007): Junge Muslime in Deutschland. Lebensla-
   gen, Aufwachsprozesse und Jugendkulturen. Opladen & Farmington Hills
Wernet, Andreas (2000): Einführung in die Interpretationstechnik der objektiven Hermeneutik. Opladen
Winklhofer, Ursula/Zinser, Claudia (2008): Jugend und gesellschaftliche Partizipation. In: Bingel,
   Gabriele/Nordmann, Anja/Münchmeier, Richard (Hrsg.): Die Gesellschaft und ihre Jugend.
   Strukturbedingungen und Lebenslagen. Opladen & Farmington Hills

Mädchen spielen Fußball. Positionierungschancen in ‚männlich‘ dominierten Spiel-Räumen

Gabriele Sobiech

1. Einleitung: Geschlechterverhältnisse im Fußballsport

Trotz aller bisherigen Erfolge des bundesdeutschen Mädchen- und Frauenfußballs und der ungewöhnlichen Medienpräsenz bei der Fußballweltmeisterschaft der Frauen 2011 hat sich an der Tatsache, dass der Fußballsport eine „Arena der Männlichkeit" (Kreisky & Spitaler 2006) darstellt, nichts geändert. Dies hängt vorrangig mit der Position des Fußballsports im deutschen Sportraum zusammen, denn dieser verkörpert die Leidenschaften der Nation und das Bild, das diese sich von sich selbst machen will (vgl. Gebauer 2006; S. 118 ff). Wenn ein Sport auf eine solche Weise zentral für ein Land wird, wird er zum exklusiven Ort männlicher Vergemeinschaftung, von dem Frauen tendenziell ausgeschlossen bleiben. Dies zeigt auch die Geschichte des Frauenfußballs[1], obwohl sich faktisch gesehen, Frauen vom Fußball spielen trotz der Verbote durch den DFB nicht abhalten ließen (vgl. Pfister 2011). Aber dennoch, eine Kolonialisierung des „streng männlich-heterosexuell geordneten Fußballkosmos" (Sülzle 2005a; S. 37) durch Frauen oder gar seine Feminisierung (vgl. Markovits/Rensmann 2007; S. 131) wie in den USA ist in Deutschland kaum vorstellbar.

Dass Fußball eine Männlichkeitspraxis darstellt, zeigen ohne wenn und aber die Mitgliedszahlen in den Fußballvereinen. So sind im Jahr 2011 unter den im DFB 6,7 Millionen organisierten Mitgliedern etwas über eine 1 Million Mädchen und Frauen zu verzeichnen (vgl. Mitgliederstatistik 2011). Der Fußballsport stellt demnach und das für Generationen von Jungen und jungen Männern eine Gelegenheit dar sich in den männlichen Habitus, zu dem Gebrüll, kräftige Sprüche und eine mitunter rüde, Raum einnehmende Körpersprache gehören, einzuüben

---

1   Fußball spielen für Mädchen und Frauen war unter dem Dach des Deutschen Fußballverbands (DFB) von 1955-1970 verboten. Argumente zur Legitimation dieses Verbots bezogen sich hauptsächlich auf herrschende Weiblichkeitsideale, die den Kampf um den Ball sowie die dazu gehörige Härte und Aggression als unpassende Sportaktivität erscheinen ließ, da sie der gewünschten ästhetischen Präsentation des Frauenkörpers nicht entsprach. Nichtsdestotrotz spielten Frauen auf kommunalen Plätzen Fußball.

(vgl. Gebauer 2006; S. 85). Im Spiel, so die Idee, kämpfen zwei Mannschaften auf dem Platz bei offenem Ausgang um Sieg oder Niederlage. Dies klingt fast zu harmlos, wird doch Gewalt toleriert, wenn sie verdeckt ins Spiel kommt, wie die akzeptierten Regelbrüche und häufig verletzungsträchtigen Fouls[2] zeigen. Aber zu dem „Magnetfeld der Männlichkeit und Maskulinität" (Böhnisch & Brandes 2006; 133) gehören nicht nur Spieler und Spiel. Im Weiteren vervollständigen Jungen und Männer unterschiedlichster Herkunft als Zuschauer, auf den Tribünen wie an den Bildschirmen, als Funktionäre und die Vereinskultur das Feld hegemonialer Männlichkeit[3]. Auf die Spitze getrieben zeigen gewalttätige Fans, dass es um die Konfrontation mit männlicher Härte, um riskante Unternehmungen geht, in denen der eigene und der andere Körper aufs Spiel gesetzt wird.

Diese Körperumgangsweisen entsprechen den somatische Kulturen der Geschlechterdifferenz, wie sie Meuser (2005; S. 271 ff) beschreibt. Während Männer durch ein Riskieren des Körpers ihre Zugehörigkeit zur Männergruppe unter Beweis stellen, wählen Frauen eine Körperstrategie, die sich in der Sorge um den Körper zeigt. Letztere wird wiederum im Sport augenfällig: In der Mehrzahl betreiben Frauen Sportarten, die auf die Herstellung oder den Erhalt der ästhetischen Erscheinung, Gesundheit und Wohlbefinden abzielen. Bourdieu hebt hervor, wenn man verstehen will, wie grundlegende Prinzipien der legitimen Kultur – hier „des vergeschlechtlichten und vergeschlechtlichenden Habitus" – sich in Form von Positionen und Dispositionen des Körpers naturalisieren, so muss man die Bildungs- und Formungsarbeit beschreiben, die gerade auch durch die Eingewöhnung in einen symbolisch strukturierten Raum den Grundprinzipien und generativen Regeln des kulturell Willkürlichen Geltung verschaffen (vgl. Bourdieu 1999; S. 128). Die somatische Kultur einer Gesellschaft und die damit verbundenen sozialräumlichen Konstruktionsprozesse führen tendenziell zur Besetzung geschlechtsdifferenter Spielräume und damit zur Eingewöhnung in die damit verbundenen Körperordnungen und -umgangsweisen. So zeigen Untersuchungen zu

---

2   In einer in der Deutschen Zeitschrift für Sportmedizin (2006) publizierten Untersuchung
     von 23 FIFA-Turnieren wurden 700 Verletzungen bei Fußballspielern erfasst. 43% dieser
     Verletzungen gingen auf ein gegnerisches Foul-Spiel zurück.
3   Meuser und Scholz (2005; S. 223) verstehen unter männlicher Hegemonie „die Dominanz
     männlicher Wert- und Ordnungssysteme, Interessen, Verhaltenslogiken und Kommunikations-
     stile". Der gemeinsame Kern aller damit verbundenen Praktiken ist immer, dass das Männliche
     als Norm und dem Weiblichen als überlegen gilt. Die Sportart Fußball heißt z. B., wenn sie
     von Männern betrieben wird, schlicht ‚Fußball', die gleiche Aktivität von Frauen ausgeübt,
     wird dann als ‚Frauenfußball' bezeichnet (vgl. Sobiech 2006). Damit wird ein Anspruch auf
     männliche Autorität geltend gemacht, mit der dann im Weiteren die Ausübung männlicher
     Macht legitimiert wird. Im Vergleich dazu bezieht sich Connell's Konzept der hegemonialen
     Männlichkeit (1999) als bestimmende Position gegenüber anderen Männlichkeiten (z. B.
     marginalisierte Männlichkeit, komplizenhafte Männlichkeit).

vereinsbezogenen Projekten (vgl. Hermet 2000; Falk u. a. 2002), zu informellen Sportaktivitäten (vgl. Giess-Stüber 2006; S. 118) und zum Sportunterricht (vgl. Sobiech 2006; S. 148), dass Ballspiele, die einen körperlichen Kontakt und kämpferische Auseinandersetzung implizieren wie Basketball und Fußball, nach wie vor von Jungen dominiert sind. Während es neben einer Zugehörigkeit zum Fußballverein zur selbstverständlichen Alltagskultur von Jungen gehört, sich zum Fußball spielen, sei es auf dem nah gelegenen Bolzplatz oder auf der Straße, zu treffen, gehört es bis heute nicht zu den Gepflogenheiten von Mädchen, sich gegenseitig zum Fußball spielen abzuholen

Im sozialen Feld Fußball lässt sich demnach beobachten und beschreiben, wie die Ungleichheitsordnung der Geschlechter, die sich in Körperordnungen offenbart, gesellschaftlich produziert und naturalisiert, aber auch *verändert* wird. Die traditionelle Variante hegemonialer Männlichkeit, die sich durch unmissverständliche Heterosexualität, Dominanzfähigkeit und die klare Abgrenzung von allem Weiblichen auszeichnet, bricht z. B. mit der Aufforderung zur Selbstinszenierung im Zeitalter des Profifußballs als kommerzialisiertes Medienereignis und den darin eher flexibleren Formen kapitalistischer Vermarktung von Männlichkeit zunehmend auf. Z. B. sei auf den Gestaltungskünstler David Beckham verwiesen, der ein eher schillerndes Bild von Männlichkeit – und dies ziemlich erfolgreich – verkauft. Weitere Veränderungen des Feldes sind spätestens mit den 90er Jahren zu konstatieren, da unter dem Druck von Individualisierung und dem Zulauf zu Trendsportarten (vgl. Marschik 2006; S. 62) Frauen als hoffnungsvolle Ressource für die Erweiterung des Kundenkreises im Fußballsport gelten. Die gestiegene Teilnahme lässt sich sowohl für das Fußballpublikum an den Fernsehschirmen und in den Stadien – besonders auffällig während der Weltmeisterschaft 2006 im eigenen Land –, für die Vielzahl an Fankulturen und für die Beteiligung an den Fußballpraxen auf dem Rasen konstatieren. Dass mit dieser Partizipation von Frauen herkömmliche Geschlechterordnungen ins Wanken geraten, zeigt sich an dem Wandel traditioneller Bilder von Weiblichkeit. An die Stelle des empfindsamen, sich selbst zurücknehmenden Körpers, der Sorge um die ästhetische Erscheinung, tritt der kampfbereite und Raum einnehmende Körper, Härte und Aggressivität.

In diesem Beitrag sollen Teilergebnisse einer Studie präsentiert werden, in denen Fußballspielerinnen der 1. Bundesliga des SC Freiburgs zu ihrer Fußballkarriere befragt worden sind. Der Schwerpunkt liegt dabei auf der sozialen Positionierung der Interviewpartnerinnen in (Sport)-Spiel-Räumen, die wesentlich durch die Ressourcenausstattung und unter Beteiligung des Körpers erfolgt, so dass im nächsten Abschnitt die Aneignung von Körper und Geschlecht im Prozess der Subjektwerdung auf der Basis der Habitustheorie (vgl. Bourdieu 1999) und theoretischer Ansätze der sozialen Konstruktion von Geschlecht (z. B. Hirschauer 1989) in den Blick genommen werden (2). In einem weiteren Teil folgen Erläuterungen zur Methodologie und Methode der vorliegenden Studie, die sich in diesem Beitrag vorrangig auf die lebensweltliche Perspektive der befragten Fußballspielerinnen richten (3). Wie sich die Spielerinnen in einem männlich dominierten Feld wie dem Fußballsport in der Kindheit positionieren und wie ihre routinierte Geschlechtsdarstellung und ihre erworbenen Körperumgangsweisen mit der Pubertät erschüttert werden, zeigen die Ergebnisdarstellungen der Studie in einem weiteren Abschnitt (4) auf. Die Prozesse der Einübung bestimmter Körperhaltungen und Bewegungen in der Sphäre der Heterosexualität während der Adoleszenz erfordern je nach Spiel-Raum ein Changieren zwischen einer ‚weiblichen' und einer ‚männlichen' Körperinszenierung, was aber letztlich von den Fußballspielerinnen als größerer Handlungsspielraum wahrgenommen wird (5).

2. Die Aneignung von Körper und Geschlecht im Prozess der Subjektwerdung

Nach den Überzeugungen von Bourdieu (1999) findet die Konstruktion sozialer Ordnungen in der sozialen Praxis statt. Die Inkorporierung des Sozialen und seine Veräußerung in körperlichen Praxen sind dabei zwei Seiten einer Medaille. Die sinnhafte Konstruktion einer Situation und damit auch der Erwerb von Handlungsfähigkeit sind also keine rein geistigen, im Denken der Akteure angesiedelten Operationen. Vielmehr ist der Körper an diesen Prozessen wesentlich beteiligt. Er erscheint als Speicher sozialer Erfahrung, d. h. die inkorporierte Geschichte eines Individuums, in der auch die sozialen Strukturen eingelagert sind, wird durch den Habitus zum Ausdruck gebracht. Im Habitus sind die Denk- und Sichtweisen, die Wahrnehmungsschemata, die Prinzipien des Urteilens und Bewertens eingegangen, die in einer Gesellschaft von Bedeutung sind. Das Klassifikationsschema Geschlecht ist als Dimension des Sozialen Bestandteil der sozialen Ordnung und der von den AkteurInnen verwendeten Ordnungsschemata. Entgegen der alltagstheoretischen Grundannahme, dass die Geschlechtszugehörigkeit natürlich, von Geburt an vorgegeben und unveränderbar sei, verstehen Konzepte *sozialer Konstruktion* (vgl. z. B. Wetterer 2004; S. 122 ff; Gildemeister 2004; S. 132 ff) die soziale Wirklichkeit zweier Geschlechter als Ergebnis historischer Entwicklungsprozesse und einer fortlaufenden sozialen Praxis. Die Unterscheidung zwischen ‚gender' als sozialem Geschlecht und ‚sex' als biologischem Geschlecht wird in Frage gestellt, da letzteres, also auch der Geschlechtskörper, historisiert und „nicht als Basis, sondern als Effekt sozialer Praxis begriffen wird" (Hirschauer 1989; S. 1). Effekt insofern, als Erziehungspraktiken, Verhaltensweisen, Handlungsspielräume und Denkstile zu einer Formung des Geschlechtkörpers[4] in und durch körperliche Praxen führen. Der Habitus ist dabei der Operator, in den die zweigeschlechtliche Weltsicht eingeht und der zur zweigeschlechtlichen Ein- und Aufteilung der sozialen Welt führt, die hierarchisch geordnet und von Machtprozessen[5] durchzogen ist. Bourdieu (2005; S. 11) spricht von der lang andauernden „kollektiven Arbeit der Vergesellschaftung des Biologischen und der Biologisierung des Gesellschaftlichen in den Körpern und in den Köpfen", die eine naturalisierte gesellschaftliche Konstruktion der Geschlechterdifferenz (vergeschlechtlichter Habitus) als Naturfundiertheit einer letztlich willkürlichen Teilung erscheinen lässt.

Geschlechterkonstruktionen in Interaktionen umfassen nach Hirschauer (1989; S. 103) präziser zum einen Darstellungsressourcen wie Kleidung, Tätigkeiten, Raumnutzung etc. Diese sind allerdings nicht wie im Theater Insignien einer bewusst inszenierten Aufführung. Vielmehr handelt es sich um eine präreflexive, spontane und verbindliche „Zur-Schau-Stellung" der sozialen Ordnung im Alltag[6], die ein körperliches „know-how" voraussetzt. Dieser präreflexive Charakter der Darstellungspraxis erleichtert zugleich die Verschleierung des Konstruktionsprozesses. Da aber jede Interaktion auf Typisierung und Klassifikation des Gegenübers[7] basiert, stellt die Interaktion einen formenden Prozess dar, dem sich die Beteiligten kaum entziehen können. Die andere Dimension bezieht sich auf Geschlechtsattributionen, die von den anderen beteiligten Personen in der Interaktion vorgenommen werden. Die Zuschreibung eines Geschlechts gilt dabei als interaktive Kompetenz des Interaktionspartners, denn ein falsch zugewiese-

---

4   Die Formung des Geschlechtskörpers ist nicht als passiver Einschreibungsprozess, sondern als aktives Interagieren innerhalb der Familie, Peergroup oder in formellen und informellen Gemeinschaften zu verstehen, in denen geschlechtsbezogene Verhaltens- und Handlungsmuster ausgeführt, eingeübt und verkörpert werden.

5   Über die Inkorporierung von Macht erhalten die Herrschenden von den Beherrschten eine Zustimmung, die nicht aufgrund einer bewussten Entscheidung gegeben wird, sondern dadurch, dass „die Resultate und Bedingungen ihrer Wirksamkeit in Form von Dispositionen dauerhaft in das Innerste der Körper eingeprägt sind" (Bourdieu 2005; S. 73).

6   Die „Zur-Schau-Stellung" der Geschlechtszugehörigkeit verweist auf die Bildmächtigkeit sozialer Wirklichkeit, mit der eine Augenfälligkeit und Anschaulichkeit sozialer Ordnung erzeugt wird, die ungleich wirkungsvoller ist als es Diskurse sein können (vgl. Hirschauer 1994; S. 673):

7   Interessant ist, dass die Klassifikation, also die Zuordnung zu einem Geschlecht, *nicht* dadurch geschieht, dass Personen bestimmte Gesten, Sprechweisen und Haltungen aufgrund ihres Geschlechts zeigen, sondern vielmehr umgekehrt, ihnen wird ein bestimmtes Geschlecht zugeordnet aufgrund der gezeigten Gesten und Verhaltensweisen (vgl. Hirschauer 1994; S. 670).

nes Geschlecht fällt auf die eigene Person zurück. Erst diese beiden Dimensionen ergeben nach Hirschauer (1989; S. 112) die sozial konstruierte Geschlechtszugehörigkeit. Innerhalb von Konstruktionsprozessen spielen zusätzlich Sexuierungsprozesse eine Rolle, d. h. kulturellen Objekten wie Artefakten, Räumen[8], aber auch bestimmten Tätigkeiten und Charaktereigenschaften wird ein Geschlecht zugeschrieben. Spielen z. B. Frauen auf einem Fußballplatz, der als Raum für die Darstellung eines männlichen Habitus gilt, drohen die Frauen zu vermännlichen.

Um die Funktionsweise des Habitus sichtbar zu machen, verwendet Bourdieu gern die Metapher des Spiels, z. B. des Fußballspiels. Der Habitus wird in diesem Kontext durch „Mitspielen", also dem „doing", in der sozialen Praxis (vgl. Engler 2004; S. 225) von Praxis zu Praxis, von Körper zu Körper weiter gegeben, ohne den Weg über den Diskurs oder das Bewusstsein zu nehmen. Grundlegende, auch geschlechterdifferente Schemata werden also durch Handlungen im strukturierten Raum und strukturierter Zeit erworben. Die „praktische Meisterung" dieser grundlegenden Schemata – jede Gesellschaft hält für ein Lernen durch schlichte Gewöhnung und der expliziten und ausdrücklichen Übertragung von gesellschaftlichen Regeln Strukturübungen bereit (vgl. Bourdieu 1999; 136 ff) – führt letztlich zur „dauerhaften Transformation des Körpers und der üblichen Umgangsweise mit ihm" (vgl. ders.; S. 128). Auch die konstruktivistische Geschlechterforschung betont, dass im Prozess der Sozialisation diejenigen Regeln erworben werden, nach denen die soziale Konstruktion von Geschlechterdifferenzen erfolgt (vgl. Gildemeister 1992; S. 231). Die feldspezifischen oder auf einen bestimmten Spiel-Raum bezogenen Regeln legen fest, was im Rahmen einer bestimmten Praxis oder eines Spiels erlaubt bzw. verboten ist, welche Spiel-Praktiken angewendet werden müssen, um sich als Mit-SpielerIn zu definieren. Nur durch das Mitspielen und der ständigen Anwendung der gültigen Regeln, die mit der sozialen Ordnung des Feldes übereinstimmen, wird ein Habitus erzeugt, der das Spiel als wichtig erachtet. Dieser praktische Sinn oder „Spiel-Sinn" ist demnach nichts anderes „als Natur gewordene, in motorische Schemata und automatische Körperreaktionen verwandelte gesellschaftliche Notwendigkeit" (Bourdieu 1987, zit. n. Krais 2001; S. 322). Der Sinn für das Spiel ist jedoch zugleich auch ein Sinn für Grenzen. Ein maßgeblicher Faktor für Gestaltungschancen und –grenzen bildet die inkorporierte Geschichte der AkteurInnen, die in die Praxis einfließt. Die einverleibten kulturellen Ressourcen und Dispositionen tragen entscheidend dazu bei, auf welche Weise räumlich-materielle Arrangements genutzt

---

8   Auch Löw (2001, S. 246 ff) betont die Rolle kultureller Objekte, insbesondere von Räumen,
     bei der sozialen Konstruktion von Geschlecht. So werden in institutionalisierten Raumkon-
     struktionen, in die die Geschlechterverhältnisse eingelassen sind, durch entsprechende Regeln
     und Ressourcen Geschlechterdifferenzen wiederum aktualisiert und reproduziert.

und Gebrauchsmöglichkeiten von Artefakten und Spielobjekten im eigenen und gemeinsamen Handeln umgesetzt werden (vgl. Alkemeyer et.al. 2009; S. 13).

3. Methodologie und Methode der vorliegenden Studie

Anliegen der vorliegenden Studie war in einem ersten Schritt zunächst die lebensweltliche Perspektive der handelnden Subjekte im Frauenfußball, z. B. der Spielerinnen und des Trainers, in den Fokus zu stellen, die im Rahmen von Methodologie und Methode der Biografieforschung als komplexe und reflexive Erfahrungskonfiguration erschlossen werden kann (Dausien 2006; S. 35). Die Attraktivität der Methode zeigt sich insbesondere darin, dass mit ihr sowohl die subjektive Aneignung und Konstruktion von Gesellschaft als auch die gesellschaftliche Konstruktion von Subjektivität nachvollziehbar wird (vgl. Lutz & Davis 2005; S. 232). Mit diesem Anliegen wird die Methode anschlussfähig an das Habituskonzept von Bourdieu und dem dialektischen Zusammenspiel von Struktur und Akteur. Damit wird auch der doppelten Gegebenheit des Körpers Rechnung getragen: der Körper erscheint zum einen als Objekt kultureller Formung, als strukturierte Struktur, auch im Hinblick auf das Zusammenwirken der unterschiedlichen Differenzkategorien (Geschlecht, Ethnie etc.), und zum anderen als das Soziale strukturierende Prinzip, das über Praktiken soziale Ordnungen (re-)produziert. Das Interesse der biografischen Analyse richtet sich hierbei auf die biografische Selbstpräsentation, dem Selbstmanagement von Erfahrungen in der retrospektiven Sinnkonstruktion und damit auf die rekonstruktive Verwendung körperbezogener Elemente des Erlebens in Interaktionen in der biografischen Erzählung, die sich über wechselnde Situationen mit wechselnden Interaktionspartnern hinweg zu „Interaktionsgeschichten" verdichten. Die Gestaltung einer Biografie gilt als besondere Leistung eines Individuums in der Interaktion mit anderen, aber sie nimmt zugleich Bezug auf soziale Räume mit ihren geschlechtshierarchischen Einschränkungen und Möglichkeiten.

Insgesamt habe ich 11 themenzentrierte Interviews mit den Fußballspielerinnen der 1. Bundesliga des SC Freiburg und zusätzliche Experteninterviews (Mädchenreferent für den Bezirk Freiburg, damalige Trainer des SC Freiburg) durchgeführt. Die individuelle Geschichte der Fußballspielerinnen lieferte den empirischen Zugang zur Rekonstruktion gesellschaftlicher Verhältnisse im Allgemeinen und der Geschlechterverhältnisse im Fußballsport im Besonderen. Dabei stand im Zentrum, wie die konkreten geschlechtsbezogenen Erfahrungen und

Deutungen[9], mit denen die Befragten z. B. im Laufe ihrer Fußballkarriere umgehen müssen, in die jeweilige biografische Erfahrungsstruktur eingefügt werden,
ihnen also Sinn verleihen. Besondere Vorsicht im Interview war im Hinblick auf
die Reifizierung der Geschlechterdifferenz geboten, d. h. die Geschlechter sollten nicht in gewohnter Weise konstruiert werden. Die individuelle, auch gende-
risierte Positionierung galt es daher eher indirekt zu erschließen, beispielsweise
durch das Erfragen von Einstellungen und Haltungen zu riskantem Körperein-
satz im Fußballsport[10]. Da im Rahmen des Forschungsvorhabens einzelne Teil-
linien der Lebensgeschichte relevant waren, bot sich das Leitfadeninterview als
adäquate Form der Interviewführung an. Gefragt habe ich nach der Körper- und
Bewegungsbiografie, also z. B. nach Bewegungsmöglichkeiten im Vorschulalter,
nach Schulsporterfahrungen und Freizeitgestaltung, nach dem Selbst- und Körperkonzept sowie selbstverständlich danach, durch wen und wie das Fußballspielen
Relevanz erhalten hat und wie genau die Fußballkarriere begonnen und sich bis
zur Gegenwart im Fußballclub SC Freiburg fortgesetzt hat, wie insgesamt aus der
Teilnahme am Spiel der praktische Glaube an das Feld, also Spiel-Sinn entsteht.

Was die Technik der Interviewführung betraf, habe ich mich der Forschungs-
programmatik des problemzentrierten Interviews nach Andreas Witzel (1985; S.
227 ff) angeschlossen. Soweit es im Arrangement einer Interviewsituation möglich war, sind die Rollen der am Interview Beteiligten symmetrisch gestaltet und
damit dem sozialen Alltagsgespräch angeglichen worden.

Das Auswertungsverfahren des erhobenen Materials ist als ‚systematische
thematische‘ Analyse zu bezeichnen, die sich von einem reinen Bericht der Ori-
ginaltexte unterscheidet. Die themenzentrierten Interviews werden nach einer
ersten und zweiten Sichtung des Datenmaterials in Aussagen zerlegt und diese
einem aus der Sichtung entwickelten Kategoriensystem[11] zugeordnet. Hierin enthalten sind sowohl spezifische Faktoren, die den Einzelfall charakterisieren als
auch intersubjektiv geteilte Orientierungsmuster. In einem weiteren Schritt erfolgte die Interpretation dieser Aussagen, bei der sowohl die Befragten mit ihren
eigenen Deutungsmustern als auch die Forscherin durch thematische und theoretische Beiträge zu Wort kommen.

---

9   Dausien (2006; S. 36) unterscheidet in der Rekonstruktion geschlechtsbezogener biografischer
     Erzählungen die implizite Geschlechterkonstruktion, die im Modus der einfachen Reflexion
     schlicht vorkommt von der expliziten Stellungnahme, also einer selbstreflexiven Haltung.
10   Meuser (2006) beschreibt das Riskieren des Körpers in verletzungsanfälligen Körperkontakten
     wie im Fußballspiel als Praxis, mit der sich Jungen einen männlichen Habitus aneignen können.
11   Die qualitativen Daten sind mit Hilfe der computergestützten Datenanalyse ‚MAXqda‘ sy-
     stematisiert und kategorisiert worden. Ausgewertet wurden die Daten nach der qualitativen
     Inhaltsanalyse nach Mayring (2003).

Weitere Untersuchungsergebnisse, die *zweitens* die systematische Beobachtung der körperlichen Anordnungen, die Zweikampfkonstellationen auf dem Fußballfeld betrafen, sowie *drittens* die Ergebnisse der Gruppendiskussion mit den befragten Fußballspielerinnen können in diesem Beitrag nicht näher ausgeführt werden (vgl. Sobiech 2011).

4. Aneignung männlich definierter Spielräume oder: „girls play soccer"[12]

Der Traditionsverein SC Freiburg, der 1904 gegründet wurde, bietet sich zur Untersuchung von Frauenfußball besonders an, da hier mit einer Unterbrechung Frauenfußball bereits seit den 70er Jahren etabliert ist. Seit 1992 spielten die Freiburgerinnen bereits sieben Mal um den Aufstieg in die 1. Liga. Erfolgreich waren sie im Jahr 1998, stiegen allerdings in der nächsten Saison wieder ab. Seit 2001 spielen sie mit Ausnahme der Saison 2009/10 in der 1. Bundesliga.

Als Grundvoraussetzung für institutionell geordnete Bildung, wie sie auch die Ausübung sportlicher Aktivitäten in einem Sportverein darstellt, gilt, dass Kinder sich freiwillig schulähnlichen Gruppennormen unterziehen, die unter der Anleitung von Erwachsenen vermittelt werden. Dazu gehören allgemein verbindliche und für eine Bildungskarriere zentrale Grundkenntnisse wie Leistungsorientierung, Pflichteinhaltung, z. B. die verbindliche Teilnahme am Training und Wettkampf, Kontrolle der Affekte, Disziplin und Durchhaltevermögen. In einer Untersuchung von Hössl (2006; S. 168) betonen die befragten Jungen, dass beim Fußball spielen im Verein, die Beachtung sozialer Spielregeln, körperliche Geschicklichkeit und die Erfüllung der Leistungserwartungen und Konzentration auf das Spiel Anforderungen sind, denen sie sich stellen müssen. Die wichtigste Voraussetzung für ein nachhaltiges Interesse, Engagement und die Bereitschaft, Anstrengungen auf sich zu nehmen und dabei etwas zu lernen, ist der Spaß an der Sache und die Anerkennung der Gruppenmitglieder und des Trainers für das eigene Können. Spaß, Anerkennung und Erfolg sind auch für die befragten Fußballspielerinnen zentrale motivationale Faktoren für die eingeschlagene Leistungssportkarriere, die mit einer aufstiegsorientierten Bildungskarriere korreliert (vgl.

---

12 Seiffge-Krenke & Seiffge (2005; S. 270) verweisen in ihrem Beitrag auf die geteilten Aktivitäten von Mädchen und Jungen „Boys play sport – girls like to talk". Diese Aussage muss nicht nur in Bezug auf Jungen revidiert werden, die nach der Untersuchung der Autoren enge Freundschaftsbeziehungen zu Jungen pflegen. Auch für Mädchen zählt die Ausübung von Sportaktivitäten seit geraumer Zeit zu den beliebtesten Freizeitbeschäftigungen. Dieser Beitrag verweist zusätzlich auf gegenkulturelles Handeln von Mädchen, nämlich bei denjenigen, die Fußball spielen.

Kellermann 2006; S. 115). Neun von elf Spielerinnen schlossen das Gymnasium mit dem Abitur ab und zwei erwarben einen Realschulabschluss.

Um zu verstehen, wie das gespeicherte Wissen und die körperlichen Routinen mit der Pubertät ins Wanken geraten, soll zunächst der Blick darauf gerichtet werden, was zum Engagement im Fußballverein geführt hat, welches Körpermanagement die Mädchen in ihrer Kindheit bevorzugen, mit wem und auf welche Weise sie Fußball gespielt haben.

Aufwachsen in jungendominierten Spielräumen

Alle Interviewpartnerinnen wachsen mehr oder weniger in einem Dorf auf, durch dessen Struktur sich eine Vielzahl an Bewegungsmöglichkeiten bietet. Wiese, Wald und Straßen, auf denen ohne Gefahr Fußball gespielt werden kann, stehen allen zur Verfügung. Die meisten kommen aus Familien, in denen Fußballspielen eine gewisse Tradition hat. Dies hängt wohl auch damit zusammen, dass in dem Ort häufig nur ein Einspartenverein, also ein Fußballverein, ansässig ist. Großväter, Väter[13], die zum Teil im einzigen Fußballverein eine Jungenmannschaft trainieren, sowie Brüder, die bereits Fußball spielen sind Vorbilder bzw. Anreiz sich mit Bällen zu beschäftigen. Egal bei welchem Spiel, so sagt eine Spielerin, „der Ball war immer dabei". Dies gilt für das Fußballspielen auf der Straße[14], bei dem sie häufig als einziges Mädchen beteiligt sind und ebenso beim ‚Kicken' auf dem Schulhof mit den Jungen in der Grundschule. Die Aneignung von Spielräumen, die in der Regel von Jungen und Männern besetzt sind, und die gleichzeitige Unterstützung von männlichen Spielpartnern scheint auch in der Untersuchung von Scraton u.a (1999)[15] der wesentliche Faktor für den Eintritt in die zunächst informelle, männlich dominierte Fußballwelt zu sein. „It would seem that the majority of the footballers in our research gained access to the male sporting world of the streets and parcs to male contacts and support" (dies.; S. 102).

Die meisten der Befragten treten etwa im Alter von 5 bis 6 Jahren dem ortsansässigen Fußballverein bei, der zumeist kein Fußballtraining unter Mädchen anbieten kann, da sich zu wenig Mädchen dafür finden lassen. Das bedeutet, bis

---

13 Auch Pfister (1999; S. 267) hebt in ihrer Untersuchung hervor, dass Mädchen häufig durch männliche Verwandte wie Brüder oder Väter, aber auch durch Freunde zum Fußballspielen kommen. Im weiteren Verlauf der Fußballkarriere übernehmen eher die Mütter wichtige Unterstützungsfunktionen: Sie bringen ihre Töchter zum Training und holen sie ab, wenn der Trainingsort weiter entfernt liegt. Sie übernehmen alle Versorgungsleistungen und begleiten die Töchter auch bei ihren Wettkampfspielen.

14 84 % der befragten aktiven Fußballspielerinnen (n = 207) aus einer Studie von Rother (2007; S. 107) geben an, während der Kindheit fast täglich auf der Straße Fußball gespielt zu haben.

15 Scraton et. al. (1999) haben Fußballspielerinnen in Deutschland, England, Norwegen und Spanien im Rahmen einer qualitativen Untersuchung zu ihrer Fußballkarriere befragt.

auf eine Ausnahme kommen alle in Jungenmannschaften und spielen dort bis sie aus Altersgründen in eine Mädchenmannschaft wechseln müssen. Das ist etwa im Alter von 13, 14 Jahren der Fall. Alle beurteilen das Training und die Wettkampfspiele mit den Jungen positiv, die sie als Gleiche wertschätzen. Der wesentliche Grund für die Anerkennung liegt in dem jungenhaften Körpermanagement der Mädchen, also einer männlichen Geschlechtsdarstellung (vgl. Hirschauer 1989; S. 103) mit Hilfe der Bekleidung – Röcke zu tragen oder andere Insignien von Weiblichkeit wird vehement abgelehnt –, gezeigter Eigenschaften und ausgeübter Tätigkeiten, wie Leistungsstärke, Schnelligkeit und körperliche Durchsetzungskraft und nicht zuletzt durch das erfolgreiche Fußballspielen in den Jungenmannschaften. Das jungenhafte Körpermanagement gilt es noch einmal genauer zu betrachten, da das Fußball spielen für die Mädchen in diesem Alter analog zu den Jungen als Strukturübung zu verstehen ist, durch die sie ein „nicht bewusstes Bemühen"[16] an den Tag legen, dem Modell von Männlichkeit als homosoziale und kompetitive Praxis zu entsprechen. Im Englischen existiert für diesen Mechanismus der Sexuierung, also der Zuschreibung eines Geschlechts aufgrund bestimmter Tätigkeiten, präsentierter Eigenschaften im Umgang mit anderen oder einer bestimmten Raumnutzung, der Begriff „Tomboy" (Scraton et. al. 1999; S. 105). In der Studie von Scraton et. al. verwenden die befragten Fußballspielerinnen diesen Begriff, um deutlich zu machen, dass sie gesellschaftliche Geschlechtergrenzen überschreiten. Zugleich aber wird mit dieser Vorstellung die symbolische Ordnung der Zweigeschlechtlichkeit anerkannt und die Geschlechterdifferenz reproduziert und naturalisiert. "The use of the term 'tomboy' supports the 'naturalness' of the dualities of male sport / female sport and masculinity / femininity thus reducing cultural and social constructs to biological fact." (ebd.) Dies zeigt sich zum einen in den Formulierungen der von mir befragten Fußballspielerinnen: „Und ich bin eh jemand, der so ein bisschen rau ist beim Sport und eher Gas gibt, was bei mir eher vielleicht so *Jungeneigenschaften* sind" (B.). Zum anderen führen diese Haltungs- und Bewertungsschemata dann auch in der Schule zur Präferenz eher ‚männlich' konnotierter sportlicher Aktivitäten und Körperumgangsformen im Spiel mit den Jungen. Dies drückt sich bspw. in der Ablehnung von Sportarten aus, die ‚weiblich' konnotiert sind wie Tanzen oder Geräteturnnen bis hin zur „Ballgymnastik". Eine Spielerin berichtet darüber, dass sie ihre Abneigung mit den Mädchen Sport zu treiben so deutlich auch gegenüber den Lehrkräften zeigte, so dass sich der Sportlehrer schließlich „erbarmt" und sie zu den Jungen bei Fußball, Basketball oder Handball – also männlich konnotierten

---

16   Siehe dazu die Ausführungen zur Funktion von Strukturübungen im Konzept der Strukturvermittlung nach Bourdieu (1999) in Kapitel 2.

Sportarten – „einfach mit dazugenommen hat" (I). Während festes Werfen oder Schießen von Seiten der Jungen für die anderen Mädchen ein Problem darstellte, denn wurden sie getroffen, „haben sie ein bisschen herumgeheult" (J), erleben die Interviewpartnerinnen die Möglichkeit ab und zu mit den Jungen Fußball spielen zu können als ihren Präferenzen und Fähigkeiten angemessen. Die empfundene Zugehörigkeit zur Jungengruppe fördert ein Körperkonzept, das potenziell machtvoll und auf offensive Konfrontation angelegt ist.

> *„Das Gefühl der Kraft herrschte vor. Ich hab halt die Jungs ein bisschen geärgert, ein bisschen Schläge[17] verteilt. (...) Mit den Jungs konnte ich es auch machen. Mit den Mädchen weniger, weil die sich nicht wehren konnten." (J)*

Die Ausgrenzung und auch Abwertung von ‚weiblichen' Inszenierungs- und Verhaltensweisen ist nach Meuser (2008; S. 120) ein Grundmotiv von (hegemonialer) Männlichkeit. Auch Sülzle (2005b; S. 185 f) beschreibt, dass zur Teilhabe an der Männerdomäne Fußball die Ablehnung traditioneller Weiblichkeit gehört. Das heißt, es werden nur diejenigen Frauen im Stadion akzeptiert und als ‚echter' Fan zugelassen, die Fußball als Männersache bestätigen und zugleich eine weibliche Körperpräsentation vermeiden. Aufgrund dieser impliziten Regeln des Feldes ist zu vermuten, dass die befragten Spielerinnen diese ‚nicht bewusste' Strategie wählen, um sich als Mitspielerin in einem männlichen Feld zu definieren, denn Fußball ist und bleibt ein Ort männlicher Vergemeinschaftung. Diese These wird auch dadurch gestützt, dass einige sogar stolz darauf sind, dass Zuschauer von Wettkampfspielen nicht erkennen, dass sie als *Mädchen* in einer Jungenmannschaft spielen. Auch, dass sie sogar in Alltagssituationen als „Junge" angesprochen werden, stört sie wenig, im Gegenteil, einige wünschen sich sogar Junge zu sein, weil da „vieles einfacher" wäre[18].

Diese Geschlechtsdarstellung der Mädchen wird von bedeutsamen Anderen bestätigt (Geschlechts-attribution), was als ergänzender Faktor im Rahmen der sozial konstruierten Geschlechtszugehörigkeit dargestellt worden ist. Da sind zunächst die Teammitglieder, die Jungen selbst, die die Mädchen aufgrund ihres Körpermanagements und ihrer fußballerischen Fertig- und Fähigkeiten als kompetente *Mitspieler*, als Gleiche, anerkennen. Die Anerkennung ist sicher die Vor-

---

17 Die Möglichkeit Schläge austeilen zu können, ist nach Meuser (2005; S. 283 f) kennzeichnend für Verletzungsmächtigkeit, deren Zuschreibung eine expansive Raumaneignung ermöglicht, im Gegensatz zur Verletzungsoffenheit, die Schutzmaßnahmen für den eigenen Körper nahelegt. Interessanterweise wird letztere eher Frauen zugeschrieben, obwohl in der Mehrzahl Männer Opfer gewalttätiger Handlungen sind.

18 Dies darf nicht so verstanden werden, dass die Mädchen wirklich Junge sein wollen. Vielmehr geht es um den Wunsch nach eindeutiger Zugehörigkeit zur Jungengruppe und den damit verbundenen größeren Raumnutzungschancen.

aussetzung dafür, dass die Mädchen in weitere homosoziale Umgangsformen inkludiert werden, wie es auch das gemeinsame Duschen nach dem Training und Wettkampfspiel darstellt. Der doch so offensichtlich scheinende biologische Unterschied wird also schlicht nicht wahrgenommen: „Das war einfach normal" (F), sagt eine Spielerin.

Des Weiteren ist der Trainer zu nennen, der die Fußball spielenden Mädchen nicht anders als die Jungen behandelt. „Dadurch hat sich das dann einfach so entwickelt, dass wir dabei geblieben sind, dass es uns Spaß gemacht hat" (F). Aber auch auf höherer Ebene, z. B. vom Verbandstrainer, wird die Mitgliedschaft in einer Jungenmannschaft unterstützt und damit auch die jungenhafte Körperinszenierung.

Für die Mädchen ist die Mitgliedschaft in einer Jungenmannschaft nicht nur deshalb von großem Vorteil, weil sie von der Leistungsbezogenheit der Jungen profitieren können, die als „schneller und robuster", als die „eigentlich stärkeren" im Hinblick auf Leistungs- und Durchsetzungsfähigkeit gelten, sondern vor allem auch deshalb, weil Jungenmannschaften vom DFB besser gefördert[19] werden als Mädchenteams.

Zusammenfassend kann festgehalten werden, dass Geschlechtszugehörigkeit in der Kindheit der Fußballspielerinnen kaum Relevanz erhält. Der Darstellungsstil kann, wie gesehen, die Geschlechterdifferenz quasi ‚kaltstellen' oder auf eine Weise herunterspielen, die der Aktualisierung vorbeugt (vgl. Hirschauer 2001; S. 221). Die Naturalisierung der Geschlechterdifferenz, die Zuschreibung von weiblicher Geschlechtsdarstellung an Frauen und umgekehrt, wird also durch die Praxis der Fußballspielerinnen dekonstruiert (vgl. Sobiech 2007).

Die Pubertät: Bruch mit körperlichen Routinen

Die mit der Veränderung der Körperlichkeit verbundenen Umgestaltungen in der Pubertät sind keine rein biologischen oder physiologisch sich vollziehenden Prozesse, „sie sind eingebunden in eine Vielzahl sozialer Bedeutungszuschreibungen und Weiblichkeitsbilder, die den Prozess der psychischen Verarbeitung und Aneignung dieser Veränderungen und damit auch das Körpererleben und die Körperwahrnehmung junger Frauen prägen" (Flaake 2004; S. 50). Dies trifft insbesondere auf die sportlichen Mädchen zu, da nun das ästhetische Erscheinungsbild

---

19 Sinning (2006; S. 136 f) zeigt die Zusammenhänge auf, die dazu führen, dass Mädchen in
    Mädchenmannschaften durch die Strukturen des DFB immer noch zu wenig gefördert werden.
    Auch Rother (2007; S. 111) konstatiert, dass aufgrund der höheren Dichte gleichaltriger und
    gleichstarker Spieler in Jungenmannschaften eine Förderung besser möglich sei. Dies stellt
    sich in Mädchenteams, in denen die Altersdifferenz bis zu zehn Jahren betragen kann, als
    wesentlich schwieriger dar.

ins Zentrum der Betrachtung durch andere gerät und körperliche Fähigkeiten und Fertigkeiten dahinter zurücktreten. Ein Umstand, der sich massiv auf die körperliche Selbstsicherheit im Umgang mit anderen auswirkt (vgl. Sobiech 1994; S. 212). Die Kulturindustrie wie Medien und Mode verstärken diese Verunsicherung, da sie suggerieren, jede kann dem herrschenden Körperideal entsprechen, wenn sie nur will und an sich arbeitet. Das Entscheidende dabei ist, dass sich Mädchen im Rahmen einer heterosexuellen Norm stärker daran orientieren sollen, für andere (Jungen / Männer) attraktiv und begehrenswert zu erscheinen, anstatt dem eigenen Begehren nachzugehen. Jüngstes Beispiel dafür ist die Präsentation nahezu unbekleideter U17-U19 Fußballnationalspielerinnen im Playboy. Ihr Wunsch zu zeigen, dass sie keine „Mannweiber" sind, verweist auf die immer noch, nicht nur in der westlichen Kultur, tief verankerte Idee, es als Stärkung der eigenen Person und Position zu empfinden, wenn der inszenierte weibliche Körper als Objekt für männliche Wünsche und Fantasien ‚dienen' kann[20].

In den erzählten Interaktionsgeschichten der Fußballspielerinnen wird offenbar, dass sich mit dem Eintritt in die Pubertät soziale Beziehungen in der Schule und im Fußballclub verändern. In den Vereinen wird ihnen, unabhängig von der körperlichen Entwicklung, im Alter von 12 Jahren, eine eigene Umkleidekabine zugewiesen, auch das gemeinsame Duschen findet nicht mehr statt. Diese Vorgehensweise wird im Vereinskontext selbst nicht besprochen, was die Spielerin zur Anderen, auch sexuell Anderen, werden lässt: „Als ich dann eine eigene Kabine bekommen habe, kamen so Bemerkungen, ja, jetzt wird sie alt, jetzt kann sie nicht mehr so" (C). Durch die Ausgrenzung aus den homosozialen Umgangsformen wird den Mädchen nunmehr ein Geschlecht zugewiesen, das eine sexuelle Dimension erhält und damit als bedrohlich wahrgenommen wird. Bedrohlich insofern als eine Facette kollektiver Fantasien über weibliche Sexualität sich „auf das Bild der Frau als Verführerin und des Mannes als Opfer" richtet (Flaake 2004; S. 53). Das Mädchen erscheint als potentielle Verführerin, da sie in den Augen des Trainers[21] bei den Mitspielern erotische Wünsche und Fantasien wecken könnte. Der Ausschluss „(…) jetzt kann sie nicht mehr so" und die damit verbundene soziale Distanzierung erhalten jedoch einen latenten Schuldvorwurf, als ob der

---

20   Darin, dass der eigene Körper freiwillig als Ware für den männlichen Konsum hergerichtet wird, offenbart sich die symbolische Herrschaft.

21   Es geht hier nicht um den Trainer als Person, sondern als Vertreter der Institution, die als männerbündische Organisation Erotik und Sexualität innerhalb des Systems nicht zulassen will, da hierin eine potentielle Gefährdung des Männerbundes liegt. Dieser Ausschluss hat eine lange Tradition. So zeigt die Geschichte der Integration von Frauen in den Sport zu Beginn des 20. Jahrhunderts, wie sexuelle Fantasien vom Wahrnehmungsakt abgetrennt werden, so dass ‚die Frau' als asexueller Kamerad zum Sportsystem zugelassen werden kann (vgl. Sobiech 1994; S. 64).

Körper des Mädchens etwas Anstößiges hätte, was zurückgewiesen werden muss. Die auf diese Weise sowohl bei den Mädchen als auch bei den Jungen ausgelöste Verunsicherung und Hilflosigkeit führen zu unterschiedlichen Strategien. Während die Jungen die Verunsicherung in eine Situation von Überlegenheit wenden können[22] – sie dringen z. B. zu mehreren in die für die Mitspielerin vorbehaltene Schiedsrichterkabine ein – und indem sie an wenig wertschätzende gesellschaftliche Bilder weiblicher Körperlichkeit und Sexualität anknüpfen, „(...) da kamen so Bemerkungen über (...)", erleben die Mädchen die Zuschreibung potentieller Verführung häufig als Scham über den eigenen Körper (vgl. ebd.). So möchte eine Spielerin die körperliche Entwicklung zum Mädchen am liebsten aufhalten oder sogar verhindern: „Wenn ich es abschaffen könnte, würde ich es abschaffen" (E).[23]

Spätestens mit der ersten Menstruation (Durchschnittsalter 14 Jahre) ist es nicht mehr zu umgehen, dass sie zur Gruppe der Anderen gehören, zu den Mädchen, die sie als wenig herausfordernd und schwierig im Umgang wahrgenommen, deren Körpermanagement sie eher abgelehnt haben. Vor diesem Hintergrund lässt sich leicht verstehen, warum nur eine der Befragten dieses Ereignis als Eintritt in den „Erwachsenenstatus" – wie sie es selbst formuliert – positiv aufgenommen hat. Alle anderen empfinden die Menarche als Beginn eines unumgänglichen Übels oder sogar als Schock. Der „Schock" nun Frau zu werden, hängt sicher auch mit der Bewertung von Menstruation zusammen, die bis in die Gegenwart in unserem Kulturkreis tabuisiert wird. Tatsächliche Kommunikation findet nur dann statt, wenn es um Aspekte der Menstruationshygiene oder um Menstruationsbeschwerden geht, was wohl kaum zu einer positiven Besetzung des Übergangs vom Mädchen zur Frau führen wird (vgl. Sobiech 1994; S. 211 ff). Die Empfindungen von Ausgeliefert-Sein dem eigenen Körper gegenüber und nicht mehr so sein zu dürfen, wie sie als Kinder waren, erweist sich als Quelle von Angst und Unsicherheit. Bei Zweien sind die Konflikte so groß, dass es zu psychischen und physischen Problemen kommt. Bei einer Spielerin bleibt die Regelblutung aus, sie muss mit Hormonen behandelt werden. Bei einer anderen Spielerin sind es Essstörungen, die sie selbst als „grenzwertig" bezeichnet, „weil ich auf einmal ganz arg abgemagert war" (B). Eine dritte Spielerin gibt ebenfalls an, dass sich ihr Gewicht in dieser Phase radikal reduziert hat. Essstörungen sind

---

22   „Es scheint für die Jungen in gesellschaftlichen Bildern weiblicher Körperlichkeit und Sexualität eine verankerte und damit sozial abgesicherte Erlaubnis zu geben, dass sie ihre Probleme und Verunsicherungen auf Kosten des anderen Geschlechts versuchen dürfen zu bewältigen" (Flaake 2006; S. 32).

23   Diese Spielerin erlangt eine Ausnahmegenehmigung, sicher auch aufgrund ihrer retardierten körperlichen Entwicklung, so dass sie noch bis 16 Jahren in einer Jungenmannschaft Fußball spielen darf.

über alle Schultypen weit verbreitet, was sicher auch damit zusammenhängt, dass Mädchen in der Adoleszenz dazu gedrängt werden einen nach gesellschaftlichen Vorstellungen ‚weiblichen' Habitus zu entwickeln. Die gewohnte Selbstverständlichkeit des körperlichen Seins kann deshalb auf eine Weise erschüttert werden, so dass die „selbstverständliche, selbstgewisse Verankerung im Körper-Selbst auf neuem Niveau wiederhergestellt werden muss" (King 2002; S.171). Dies trifft vor allem auf die sportlichen Mädchen zu, die mit den Jungen Fußball spielen. Denn sie erleben den körperlichen Entwicklungsschub zusätzlich als Einbuße, die im Training mit den gleichaltrigen Jungen ihre besondere Zuspitzung erfährt.

> *„Ich hätte mir gewünscht, dass ich noch besser hätte mithalten können, dass der Körper stärker oder schneller wäre. Das habe ich dann versucht durch andere Sachen auszugleichen (z. B. durch Technik G. S.). Ich habe halt gemerkt, dass ich langsamer werde im Vergleich zu den Jungen. Mir kam es vor, als würde ich stehen bleiben und sie würden stärker und kräftiger."* (F)

Ein weiterer Faktor, der Vorstellungen eines angemessenen Verhaltens und einer angemessenen Geschlechtsdarstellung der Fußballspielerinnen in dieser Entwicklungsphase forciert, tritt durch die Gruppe der gleichaltrigen Mädchen hinzu, die soziale Definitionen des „‚Normalen', des ‚Richtigen' und des ‚Attraktiven' vermitteln" (Flaake 2006; S. 37). Insbesondere dann, wenn die soziale Ordnung, das gesellschaftliche Gebot der Zweigeschlechtlichkeit: „Es gibt zwei und nur zwei Geschlechter (weiblich und männlich)" (Villa 2000; S. 73), missachtet zu werden scheint, erhöht sich der Druck, sich nun nach gängigen Vorstellungen wie ein Mädchen zu kleiden und zu verhalten. Eine Spielerin erinnert sich im Interview vor allem an gleichgeschlechtliche Peers in der Schule[24], die das von dieser Norm abweichende Verhalten hart sanktionieren. „Ich denke mir, mir wurde es dann irgendwann auch zu viel mit den ganzen Anmerkungen in der Schule. Dann haben viele gesagt: ‚Zwitter, Zwitter!' Und irgendwann war es dann zu viel und ich habe gedacht, jetzt muss etwas passieren." (D)

Die Verwendung des Begriffes „Zwitter" beinhaltet nicht nur Abwertung und Ablehnung, sondern zugleich die Androhung des Ausschlusses, da die Zugehörigkeit zur Mädchengruppe aufgrund der Geschlechtsdarstellung zur Disposition steht. Der Wunsch nach Zugehörigkeit erhöht den Druck die von der Peergroup als angemessen deklarierte Geschlechterinszenierung in körperlichen Auffüh-

---

24 Oswald (2008; S. 321) hebt hervor, dass vor allem innerhalb von Institutionen, wie in der Schule, Gleichaltrigengruppen wichtige Interaktionspartner sind, die im Verlauf von Kindheits- und Jugendphase immer bedeutsamer werden. Geschlechtshomogene Peers scheinen dabei besonders für die Aneignung und Auseinandersetzung mit geschlechtlichen Identitäten zentrale PartnerInnen zu sein (vgl. Flaake 2006; S. 37).

rungen zu übernehmen. Aber es ist nicht nur die Aushandlung der geschlechts-
adäquaten Darstellung in der Peergroup, die zum Aufbau eines gesellschaftlich
legitimen ,weiblichen' Habitus führt. Zum anderen machen diejenigen Mädchen,
deren Begehren sich auf das männliche Geschlecht richtet, die Erfahrung, dass
sie zwar als geschlechtsneutraler Kamerad, als Kumpel wahrgenommen werden,
aber nicht als Partnerin, die für eine Liebensbeziehung in Frage kommt.

> *„Ja, und was ich auch noch genau weiß, dass ich eine ganze Zeit lang mit
> den Jungs in der Mannschaft, also mit 15, 16 kumpelhaft umgegangen bin.
> Aber es hat mich keiner der Jungen in dem Alter als Frau wahrgenommen, als
> weiblich oder so, weil ich vielleicht auch nicht so weiblich war. (...) Ich kann
> mich eigentlich an keinen Jungen erinnern, der irgendwie daran interessiert
> war, mich nicht nur kumpelhaft kennen zu lernen, sondern auch anders."* (E)

Die Auswirkungen eines solchen Körpermanagements sind zwar einerseits der
Schutz vor der Reduzierung auf die Körperhülle, aber andererseits bleibt das eigene Begehren unerfüllt, was dann wiederum zur Unzufriedenheit mit dem eigenen Körper führen kann.

Die Verkörperung von Geschlecht am Ende der Kindheit kann als Prozess
des Einübens von Körperhaltungen, Bewegungen, Gesten, Stilentscheidungen
in der Sphäre der Heterosexualität bezeichnet werden (vgl. Arbeitsgruppe Gender 2004; S. 262). So berichten alle Spielerinnen davon, dass sie sich nach und
nach in einer Art „schleichendem Prozess" „weiblicher" kleiden und verhalten.
Im Prozess des Einübens werden konkrete Handlungen, z. B. Röcke und Klei-
der zu tragen oder sich längere Haare wachsen zu lassen, inszeniert, korrigiert
und erneut praktiziert.

Allerdings ist dies ein längerer Prozess, der bei drei Spielerinnen bis in die
Adoleszenz reicht (17-19 Jahre). Adoleszenz kann in diesem Sinne nach King
(2002) als Antwort auf gesellschaftliche Konstellationen und Erfordernisse begriffen werden.

Ein Großteil der Befragten beginnt nun quasi in zwei Welten zu leben: In
der Schule teilen sie die Praxen der Mädchen, zu Hause, auf der Straße und im
Verein wird weiter mit den Jungen Fußball gespielt, bis sie schließlich aus Altersgründen in eine Mädchenmannschaft wechseln müssen. Dort relativiert sich
dann die Vorstellung schwach und kraftlos zu sein, weil sie unter den Mädchen
zu den leistungsstärksten Spielerinnen gehören.

5. Zusammenfassung und Ausblick

Die Ausführungen haben gezeigt, dass die inkorporierten Schemata der Fußballspielerinnen in der Interaktion mit der gleichaltrigen Mädchengruppe in der
Schule spätestens mit Eintritt in die Pubertät an der geforderten Darstellung der
Geschlechterunterscheidung scheitern. Den Spielerinnen fehlte schlicht das Wissen, Handlungssituationen zu entschlüsseln, vor dem Hintergrund ihres inkorporierten Wissens zu deuten und mit entsprechenden Praktiken darauf zu reagieren.
Oder anders formuliert, ein etablierter Habitus trifft auf Erfordernisse eines neu-
en, ihm gewissermaßen fremden sozialen Feldes, so dass ein routinierter Vollzug
von Praktiken im Sinne einer selbstverständlichen Wiederholung von Handlungs-
mustern im Kontext der Schule ausbleibt. Ebrecht (2002; S. 236) spricht von einem kulturellen Transformationsprozess, der zu einer spezifischen Konstellation
zweier Schemata oder präziser einer Konstellation sich überschneidender, miteinander konkurrierender habitualisierter Schemata innerhalb eines inkorporierten Dispositionssystems führt. Dieser Prozess zwischen Beharrung und Veränderung ist als Prozess des Einübens angemessener Geschlechterinszenierungen
nach Maßgabe der geschlechtshomogenen Peergroup beschrieben worden. Die
damit verbundenen unterschiedlichen Strukturen und Spielregeln können, wie
Bourdieu (2001; S. 206) beschreibt, zur inneren Zerrissenheit[25] führen: „So lässt
sich beobachten, dass widersprüchliche Positionen, die auf ihre Inhaber strukturelle Doppelzwänge ausüben können, oft zerrissene, in sich widersprüchlichen
Habitus entsprechen, deren innere Gespaltenheit Leiden verursacht."

Dass Wissensordnungen in den leiblich-mentalen Strukturen sich überlap-
pen und somit in einen Widerspruch geraten können, zeigt sich auch im Übergang von den Jungen- zu den Mädchenteams, denen die Spielerinnen in der Regel
mit 14 Jahren beitreten müssen. In der folgenden Äußerung einer Spielerin wird
deutlich, dass das eigene Identitäts- und Körpermanagement einer Neuinterpre-
tation unterzogen werden muss, da die habitualisierten Schemata sich in der Praxis nicht mehr als erfolgreich erweisen.

„Ich habe ein Jahr lang gebraucht, bis ich mich im Mädchenfußball zurecht
gefunden habe. Jegliche Zweikampfsituationen wurden bei mir abgepfiffen,
obwohl ich doch nur das getan habe, was ich bei den Jungen gelernt hatte
(sich körperlich durchzusetzen G. S.). Ein Jahr lang hat es gedauert, bis ich
kapiert habe, du musst dich hinwerfen, dann wird die andere abgepfiffen." (G)

---

25   Palzkill (1990) hat diese Zerrissenheit zwischen „Sportler-Sein" und „Frau-Sein" in ihrer
     Studie über Leistungssportlerinnen in Zielschussspielen mit dem Titel „Zwischen Turnschuh
     und Stöckelschuh" anschaulich dargestellt.

Das Changieren zwischen einer ‚weiblichen‘ und ‚männlichen‘ Körperinszenierung bleibt für die befragten Spielerinnen auch in der 1. Bundesliga aktuell. Scraton et.al. (2005; S. 84) sprechen von „shifting identities“, die Fußballspielerinnen entwickeln müssen, um sich innerhalb der gesellschaftlichen Geschlechterbilder, Zuschreibungen und eigener Vorstellungen zu positionieren. Die Anforderungen sich einerseits als Leistungssportlerin im Fußballsport und andererseits als attraktive Frau in alltäglichen Interaktionen zu präsentieren, müssen die Spielerinnen auf der persönlichen Ebene lösen[26].

Insgesamt erleben die befragten Fußballspielerinnen das Fußball spielen als größeren Spielraum oder besondere Positionierung in einem männlich besetzten Feld. Damit entsteht ein Gefühl für das Selbst jenseits kultureller Vorgaben, d. h. es wird eine Subjektivität konstruiert, die, auch aufgrund der Zugehörigkeit zu einer Gruppe von Gleichen, trotz Widerständen und fehlender gesamtgesellschaftlicher Anerkennung den eigenen Selbstwert sichert. Dies ist letztlich die Voraussetzung dafür, dass die Frauen im Fußballsport verbleiben und ihre Karriere bis in die Frauenteams der 1. Bundesliga fortsetzten.

Literatur

Alkemeyer, Thomas / Brümmer Kristina / Kodalle, Rea / Pille, Thomas (2009): Einleitung: Zur Emergenz von Ordnungen in sozialen Praktiken. In dies. (Hrsg.): Ordnung in Bewegung. Choreographien des Sozialen. Körper in Sport, Tanz, Arbeit und Bildung. Bielefeld, S. 7-20
Arbeitsgruppe Gender (2004). Begehrende Körper und verkörpertes Begehren. Interdisziplinäre Studien zur Performativität und gender. In. Paragrana. Internationale Zeitschrift für Historische Anthropologie. Praktiken des Performativen. Bd. 13, H. 1, S. 251-309
Bourdieu, Pierre. (2005): Die männliche Herrschaft. Frankfurt a. M.
Bourdieu, Pierre. (2001): Meditationen. Zur Kritik der scholastischen Vernunft. Frankfurt a. M.
Bourdieu, Pierre. (1999): Sozialer Sinn. Kritik der theoretischen Vernunft. Frankfurt a. M.
Böhnisch, Lothar / Brandes, Holger (2006): „Titan“ und „Queen von Madrid“ – Fußball zwischen Männlichkeitspraxis und Kommerz. In: Brandes, Holger / Christa, Harald / Evers, Ralf (Hrsg.): Hauptsache Fußball. Sozialwissenschaftliche Einwürfe. Gießen, S. 33-146
Connell, Robert W. (1999): Der gemachte Mann. Konstruktion und Krise von Männlichkeiten. Opladen

---

26 Dass dies allerdings ein gesellschaftliches Problem darstellt, zeigt sich im öffentlichen Diskurs, z. B. in den Medien, und der Bewertung von Sportlerinnen, die nicht dem weiblichen Körperideal entsprechen (vgl. Hartmann-Tews & Rulofs 2007).

Dausien, Bettina (2006): Geschlechterverhältnisse und ihre Subjekte. Zum Diskurs von Sozialisation und Geschlecht. In: Bilden, Helga/Dausien, Bettina (Hrsg.): Sozialisation und Geschlecht. Theoretische und methodologische Aspekte. Opladen & Farmington Hills, S. 17-44

Deutsche Zeitschrift für Sportmedizin, Jg. 57, Nr. 5 (2006), VI-VIII

Ebrecht, Jörg (2002): Die Kreativität der Praxis. Überlegungen zum Wandel von Habitusformen. In: Ebrecht, Jörg/Hillebrandt, Frank (Hrsg.): Bourdieus Theorie der Praxis. Erklärungskraft – Anwendung – Perspektiven. Wiesbaden, S. 225-241

Engler, Stefanie (2004): Habitus und sozialer Raum. Zur Nutzung der Konzepte Pierre Bourdieus in der Frauen- und Geschlechterforschung. In: Becker, Ruth/Kortendiek, Beate (Hrsg.): Handbuch Frauen- und Geschlechterforschung. Theorie, Methoden, Empirie. Wiesbaden, S. 222-233

Falk, Rüdiger/Breidenbach, Raphael/Niessen, Christoph (2002): Come on girls, let's play BASKETBALL. Schorndorf

Flaake, Karin (2004): Körper, Sexualität und Identität. Zur Adoleszenz junger Frauen. In: Rohr, Elisabeth (Hrsg.): Körper und Identität. Gesellschaft auf den Leib geschrieben. Königstein/Taunus, S. 47-68

Flaake, Karin (2006): Geschlechterverhältnisse – Adoleszenz – Schule. Männlichkeits- und Weiblichkeitsinszenierungen als Rahmenbedingungen für pädagogische Praxis. Benachteiligte Jungen und privilegierte Mädchen? Tendenzen aktueller Debatten. In: Jösting, Sabine/Seemann, Malwine (Hrsg.): Gender und Schule. Geschlechterverhältnisse in Theorie und schulischer Praxis. Oldenburg, S. 27-44

Flick, Uwe (2000): Triangulation in der qualitativen Forschung. In: Flick, Uwe/Kardorff, Ernst v./Steinke, Ines (Hrsg.): Qualitative Forschung. Ein Handbuch. Reinbek bei Hamburg, S. 309-318

Gebauer, Gunter (2006): Poetik des Fußballs. Frankfurt a.m./New York

Gieß-Stüber, Petra (2006): Gender Mainstreaming in der Sportentwicklungsplanung – Erfahrungen und Perspektiven. In: Gieß-Stüber, Petra/Gabriele Sobiech (2006) (Hrsg.): Gleichheit und Differenz in Bewegung. Entwicklungen und Perspektiven für die Geschlechterforschung in der Sportwissenschaft. Jahrestagung der dvs-Kommission Geschlechterforschung vom 4.-6. November in Freiburg. Hamburg, S. 113-122

Gildemeister, Regina (2004): Doing Gender: Soziale Praktiken der Geschlechterunterscheidung. In: Becker, Ruth/Kortendiek, Beate (Hrsg.): Handbuch der Frauen- und Geschlechterforschung. Theorie, Methoden. Empirie. Wiesbaden, S. 132-140

Gildemeister, Regina (1992): Die soziale Konstruktion von Geschlechtlichkeit. In: Ostner, Ilona/Lichtblau, Klaus (Hrsg.): Feministische Vernunftkritik. Ansätze und Traditionen. Frankfurt a. M./New York, S. 230-239

Hartmann-Tews, Ilse./Rulofs, Bettina (2007): Zur Geschlechterordnung in den Sportmedien – Traditionelle Stereotypisierungen und Ansätze ihrer Auflösung. In: Schierl, Thomas (Hrsg.) Handbuch Medien, Kommunikation und Sport. Schorndorf, S. 137-154

Hermet, Dieter (2000): „Gemeinschaftserlebnis Sport". Praktische Erfahrungen in einem offenen Projekt aus jungenpädagogischer Sicht. In: Sportunterricht, 49, 10, 322-327

Hirschauer, Stefan (2001): Das Vergessen des Geschlechts. Zur Praxeologie einer Kategorie sozialer Ordnung. In: Heintz, Bettina (Hrsg.): Geschlechtersoziologie. Kölner Zeitschrift für Soziologie und Sozialpsychologie, Sonderheft 41, 208-235

Hirschauer, Stefan (1994): Die soziale Fortpflanzung der Zweigeschlechtlichkeit. In: Kölner Zeitschrift für Soziologie und Sozialpsychologie, Jg. 46, H. 4, S. 668-692

Hirschauer, Stefan (1989): Die interaktive Konstruktion von Geschlechtszugehörigkeit. In. Zeitschrift für Soziologie, 18 (2), S. 100-118

Hössl, Alfred (2006): Die Bedeutung nonformaler und informeller Bildung bei Schulkindern. Ergebnisse einer Studie zu Freizeitinteressen. In: Tully, Claus J. (Hrsg.): Lernen in flexibilisierten Welten. Wie sich das Lernen der Jugend verändert. Weinheim und München, S. 165-182

Kellermann, Guido (2006): Die Amateurfußballspieler – Sozialisation und Fußballkarriere. In: Sportunterricht, 55, H. 4, S. 113-117

King, Vera (2002): Die Entstehung des Neuen in der Adoleszens. Individuation, Generativität und Geschlecht in modernisierten Gesellschaften. Opladen

Krais, Beate (2001): Die feministische Debatte und die Soziologie Pierre Bourdieus: Eine Wahlverwandtschaft. In: Knapp, Gudrun-Axeli / Wetterer, Angelika (Hrsg.): Soziale Verortung der Geschlechter. Münster, S. 317-338

Kreisky, Eva / Spitaler, Georg (2006) (Hrsg.): Arena der Männlichkeit. Über das Verhältnis von Fußball und Geschlecht. Frankfurt a.M. / New York

Löw, Martina (2001): Raumsoziologie. Frankfurt a.M.

Lutz, Helma / Davis, Kathy (2005): Geschlechterforschung und Biographieforschung: Intersektionalität als biographische Ressource am Beispiel einer außergewöhnlichen Frau. In. Völter, Bettina / Dausien, Bettina / Lutz, Helma / Rosenthal, Gabriele (Hrsg.): Biographieforschung im Diskurs. Wiesbaden, S. 229-247

Markovits, Andrei S. / Rensmann Lars (2007): Jenseits des Männlichkeitskults: Fußball, Gender(politik) und Geschlechterverhältnis in den USA und Europa. In: Markovits, Andrei S. / Rensmann, Lars (Hrsg.): Querpass. Sport und Politik in Europa und USA. Göttingen, 129-148

Marschik, Matthias (2006): „It's a Male Ball" – Über Fußball und Maskulinität, Cultural Studies und Kulturwissenschaften. In: Kreisky, Eva / Spitaler, Georg (Hrsg.): Arena der Männlichkeit. Über das Verhältnis von Fußball und Geschlecht. Frankfurt a. M., S. 53-65

Mayring,, Philipp (20038). Qualitative Inhaltsanalyse. Grundlagen und Techniken. Weinheim und Basel

Meuser, Michael (2008): It's a Men's World. Ernste Spiele männlicher Vergemeinschaftung. In: Klein, Gabriele / Meuser, Michael (Hrsg.): Ernste Spiele. Zur politischen Soziologie des Fußballs. Bielefeld, S. 113-134

Meuser, Michael (2005): Frauenkörper – Männerkörper. Somatische Kulturen der Geschlechterdifferenz. In: Schroer, Markus (Hrsg.): Soziologie des Körpers. Frankfurt a. M., S. 271-294

Meuser, Michael (2006): Riskante Praktiken. Zur Aneignung von Männlichkeit in den ernsten Spielen des Wettbewerbs. In: Bilden, Helga / Dausien, Bettina (Hrsg.): Sozialisation und Geschlecht. Theoretische und methodologische Aspekte. Opladen & Farmington Hills, S. 163-178

Meuser, Michael / Scholz, Sylka (2005): Hegemoniale Männlichkeit. Versuch einer Begriffsklärung aus soziologischer Perspektive. In. Dinges, Martin (Hrsg.): Männer – Macht – Körper. Hegemoniale Männlichkeiten vom Mittelalter bis heute. Frankfurt a. M., S. 211-228

Oswald, Hans (2008): Sozialisation in Netzwerken Gleichaltriger. In: Hurrelmann, Klaus / Grundmann, Matthias (Hrsg.). Handbuch Sozialisationsforschung. Weinheim / Basel, S. 321-332

Palzkill, Birgit (1990): Zwischen Turnschuh und Stöckelschuh. Die Entwicklung lesbischer Identität im Sport. Bielefeld

Pfister, Gertrud (2011): Das Geschlecht des Fußballs – Mythen, Konstruktionen und Praktiken im 20. Jahrhundert. (unveröfftl. Vortrag auf der Tagung „Rough girls? Körperkonstruktionen und kulturelle Praktiken im ,FrauenFußball" 2011 in Freiburg)

Pfister, Gertrud (1999): Sport im Lebenszusammenhang von Frauen. Schorndorf

Rother, Martina (2007): Die Amateurfußballerinnen – die weibliche Seite einer populären Alltagskultur. In: Jütting, Dieter H. (Hrsg.): Fußball im Westen. Empirische Studien und verbandliche Projekte. Münster / New York / München / Berlin, S. 103-124

Scraton, Sheila./Caudwell, Jayne/Holland, Samantha (2005): 'BEND IT LIKE PATEL': Centring 'Race', Ethnicity and Gender in Feminist Analysis of Women's Football in England. In. International Review For The Sociology Of Sport. Jg. 40, S. 71-88

Scraton, Sheila/Fasting, Kari/Pfister, Gertrud/Bunuel, Ana (1999): It's Still A Man's Game? The Experiences of Top-Level European Women Footballers. In. International Review For The Sociology Of Sport. Jg. 34, H. 2, S. 99-111

Seiffge-Krenke, Inge/Seiffge, Jacob M. (2005): „Boys play sport...?" Die Bedeutung von Freundschaftsbeziehungen für männliche Jugendliche. In: King, Vera/Flaake, Karin (Hrsg.): Männliche Adoleszenz. Sozialisations- und Bildungsprozesse zwischen Kindheit und Erwachsensein. Frankfurt a.M., S. 267-286

Sinning, Silke (2006): Aufbruchstimmung im Mädchen- und Frauenfußball! – Welche Wirkungen zeigt die aktuelle Erfolgsbilanz? In: Gieß-Stüber, Petra/Sobiech, Gabriele (Hrsg.): Gleichheit und Differenz in Bewegung. Entwicklungen und Perspektiven für die Geschlechterforschung in der Sportwissenschaft. Jahrestagung der dvs-Kommission Geschlechterforschung vom 4.-6. November 2004 in Freiburg. Hamburg, S. 130-139

Sobiech, Gabriele (2011): Die „Logik der Praxis": Zur Herstellung einer kompetenten Mitgliedschaft im Frauenfußball. In: Spectrum der Sportwissenschaften 23, H. 2, S. 41-69

Sobiech, Gabriele (2007): Zur Irritation des geschlechtstypischen Habitus in der Sportspielpraxis: Frauen spielen Fußball. In. Hartmann-Tews; Ilse/Dahmen, Britt (Hrsg.): Sportwissenschaftliche Geschlechterforschung im Spannungsfeld von Theorie, Politik und Praxis. Jahrestagung der dvs-Kommission Geschlechterforschung vom 9.-11.11. 2006 in Köln. Hamburg, S. 25-36

Sobiech, Gabriele (2006): Im Abseits? Mädchen und Frauen im Fußballsport. In: Brandes, Holger, /Christa, Harald/Evers, Ralf (Hrsg.): Hauptsache Fußball. Sozialwissenschaftliche Einwürfe. Gießen, S. 147-170

Sobiech, Gabriele (1994): Grenzüberschreitungen. Körperstrategien von Frauen in modernen Gesellschaften. Opladen

Sülzle, Almuth (2005a): Fußball als Schutzraum für Männlichkeit? Ethnographische Anmerkungen zum Spielraum für Geschlechter im Stadion. Koordinationsstelle Fanprojekte (KOS) bei der deutschen Sportjugend (Hrsg.): gender kicks. Texte zu Fußball und Geschlecht. Frankfurt a. M., S. 37-52

Sülzle, Almuth (2005b): Männerbund Fußball – Spielraum für Geschlechter im Stadion. Ethnographische Anmerkungen in sieben Thesen. In. M. Dinges (Hrsg.): Männer – Macht – Körper. Hegemoniale Männlichkeiten vom Mittelalter bis heute. Frankfurt a. M., S. 173-191

Villa, Paula-Irene (2000): Sexy Bodies. Eine soziologische Reise durch den Geschlechtskörper. Opladen

Wetterer, Angelika (2004): Konstruktion von Geschlecht: Reproduktionsweisen von Zweigeschlechtlichkeit. In: Becker, Ruth/Kortendiek, Beate (Hrsg.): Handbuch der Frauen- und Geschlechterforschung. Theorie, Methoden. Empirie. Wiesbaden, S. 122-131

Witzel, Andreas (1985): Das problemzentrierte Interview. In: Jüttemann, Gerd (Hrsg.): Qualitative Forschung in der Psychologie. Grundlagen, Verfahrensweisen, Anwendungsfelder. Weinheim, S. 227-255

AutorInnenangaben

Bütow, Birgit, Prof. Dr. habil., Soziologin und Sozialpädagogin, Universität Zürich (z.Zt.) und Universität Marburg (Privatdozentin) sowie FH Jena. Ihre Arbeitsschwerpunkte sind: Jugend- und Jugendhilfeforschung, Gender, Theoretische und empirische Aspekte Sozialer Arbeit.

Friese, Nina, Dipl-Päd., Technische Universität Dortmund, Hochschuldidaktisches Zentrum. Ihre Arbeitsschwerpunkte sind: Tiefenhermeneutische Medienanalyse, Sozialisation durch Massenmedien, Geschlechterforschung, Hochschul- und Bildungsforschung.

Herschelmann, Michael, Dr. phil., Diplom-Pädagoge, Kinderschutz-Zentrum Oldenburg, Lehrbeauftragter an der Carl von Ossietzky Universität Oldenburg. Seine Arbeitsschwerpunkte sind: Jungenarbeit/-sozialisation, Präventiver Kinderschutz, Praxisforschung.

Josties, Elke, Prof. Dr., Erziehungswissenschaftlerin und Sozialpädagogin, Alice Salomon Hochschule Berlin. Ihre Arbeitsschwerpunkte sind: Theorie und Praxis Sozialer Kulturarbeit, Musik und Jugendkulturforschung.

Kahl, Ramona, Diplom-Pädagogin, Philipps-Universität Marburg, Institut für Erziehungswissenschaft. Ihre Arbeitsschwerpunkte sind: Medienrezeptionsforschung, Tiefenhermeneutische Kulturanalyse, geschlechtsspezifische Sozialisationstheorie, Adoleszenzforschung.

Litau, John, Diplom-Pädagoge, wissenschaftlicher Mitarbeiter an der Universität Tübingen (Institut für Erziehungswissenschaft) und Universität Frankfurt am

Main (FB Erziehungswissenschaften). Seine Arbeitsschwerpunkte sind: Jugendforschung, Alkoholforschung, Übergangsforschung.

Schär, Clarissa, M.A. Erziehungswissenschaft, Universität Zürich, Institut für Erziehungswissenschaft, Lehrstuhl Sozialpädagogik Aktuelle Arbeitsschwerpunkte:
Jugend und Internet, Migration, Geschlechterforschung, Theorie und Geschichte
der Sozialpädagogik, Fotoanalysen.

Schuboth, Britta, BA Soziologin und Studentin der Sozialen Arbeit, Universität
Kassel. Ihre Arbeitsschwerpunkte sind: Postmoderne feministische Theorien,
Medienanalyse, Jugendsoziologie.

Sobiech, Gabriele, Prof. Dr., Sportwissenschaft, Pädagogische Hochschule Freiburg. Ihre Arbeitsschwerpunkte sind: Soziologie des Körpers und des Sports, Geschlechterkonstruktionen in Gesellschaft und Sport, Heterogenität in Ungleich-
verhältnissen, Körper-, Bewegungs- und Raumaneignung.

Stach, Anna, Dr. phil, freie wissenschaftliche Mitarbeiterin an der Universität
Wuppertal im Schwerpunkt „Gender und Diversity in den Erziehungs- und Sozialwissenschaften". Ihre Arbeitsschwerpunkte sind: Medienanalyse, Geschlech-
tersozialisation, Frauenbewegung, Adoleszenztheorie und Jugendkulturen.

Stauber, Barbara, Prof. Dr. rer. soc., Professorin für Erziehungswissenschaft an
der Universität Tübingen, Institut für Erziehungswissenschaft, Abteilung Sozialpädagogik. Ihre Arbeitsschwerpunkte sind: Biographische Übergangsforschung,
Gender und Diversität, Jugendkulturen.

Tuzcu, Pinar, MA Kocaeli Üniversitesi (Türkei), Doktorandin und Dozentin am
Fachbereich Gesellschaftswissenschaften der Universität Kassel im Fachgebiet
Soziologie der Diversität. Ihre Arbeitsschwerpunkte sind: Feministische Theo-
rie, Popkultur in postkolonialen und (Post)Migrations-Ländern mit dem Fokus
Artikulation von (trans)kulturellen Identitäten und Geschlechterrollen in HipHop
Musik, Film, und Literatur.

The manufacturer's authorised representative in the EU is Springer
Nature Customer Service Centre GmbH, Europaplatz 3, 69115 Heidelberg,
Germany. If you have any concerns regarding our products, please
contact ProductSafety@springernature.com

Printed and bound by CPI Group (UK) Ltd, Croydon, CR0 4YY

01/05/2026

02101002-0001